EIT 1948

1968 Typ 912 Coupé
4 Zylinder, Hubraum 1582 cm³, 66 kW (90 DIN-PS)
Gewicht 995 kg, ca. 190 km/h

1969 Typ 911 S Targa
6 Zylinder, Hubraum 2195 cm³, 132 kW (180 DIN-PS)
Gewicht 1020 kg, ca. 220 km/h

1970 Typ 914
4 Zylinder, Hubraum 1679 cm³, 59 kW (80 DIN-PS)
Gewicht 900 kg, ca. 180 km/h

1972 Typ 916
6 Zylinder, Hubraum 2341 cm³, 140 kW (190 DIN-PS)
Gewicht 910 kg, ca. 230 km/h

1972 Typ 911 E Targa
6 Zylinder, Hubraum 2341 cm³, 121 kW (165 DIN-PS)
Gewicht 1075 kg, ca. 220 km/h

1974 Typ 911 Carrera RS
6 Zylinder, Hubraum 2687 cm³, 155 kW (210 DIN-PS)
Gewicht 900 kg, ca. 240 km/h

1974 Typ 911 Coupé
6 Zylinder, Hubraum 2687 cm³, 129 kW (175 DIN-PS)
Gewicht 1075 kg, ca. 225 km/h

1976 Typ 911 TURBO
6 Zylinder, Hubraum 2994 cm³, 191 kW (260 DIN-PS)
Gewicht 1140 kg, ca. 250 km/h

1976 Typ 924
4 Zylinder, Hubraum 1984 cm³, 92 kW (125 DIN-PS)
Gewicht 1080 kg, ca. 200 km/h

1977 Typ 928
8 Zylinder, Hubraum 4474 cm³, 177 kW (240 DIN-PS)
Gewicht 1456 kg, ca. 230 km/h

1978 Typ 911 TURBO 3,3
6 Zylinder, Hubraum 3299 cm³, 221 kW (300 DIN-PS)
Gewicht 1300 kg, ca. 260 km/h

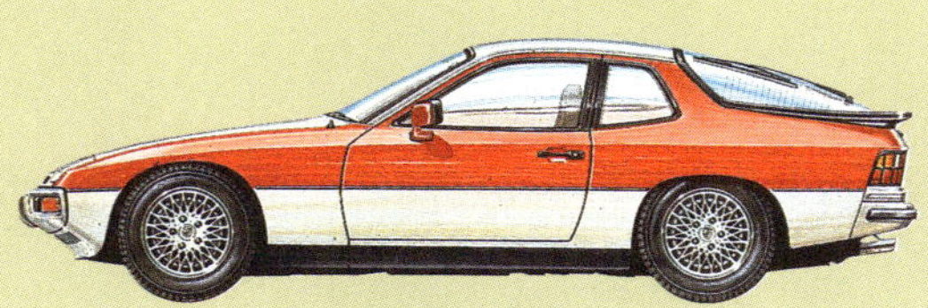
1979 Typ 924 TURBO
4 Zylinder, Hubraum 1984 cm³, 125 kW (170 DIN-PS)
Gewicht 1180 kg, ca. 225 km/h

1980 Typ 924 Carrera GT
4 Zylinder, Hubraum 1984 cm³, 155 kW (210 DIN-PS)
Gewicht 1180 kg, ca. 240 km/h

1982 Typ 944
4 Zylinder, Hubraum 2479 cm³, 120 kW (163 DIN-PS)
Gewicht 1180 kg, ca. 220 km/h

1985 Typ 928 S
8 Zylinder, Hubraum 4664 cm³, 228 kW (310 DIN-PS)
Gewicht 1530 kg, ca. 255 km/h

1985 Typ 911 Carrera Cabrio
6 Zylinder, Hubraum 3164 cm³, 170 kW (231 DIN-PS)
Gewicht 1260 kg, ca. 245 km/h

1985 Typ 944 Turbo
4 Zylinder, Hubraum 2479 cm³, 162 kW (220 DIN-PS)
Gewicht 1280 kg, ca. 245 km/h

1985 Typ 959
6 Zylinder, Hubraum 2850 cm³, ca. 450 PS
Ca. 300 km/h

INGO SEIFF

Das große PORSCHE Buch

INGO SEIFF

Das große PORSCHE Buch

PORTRAIT EINER LEGENDE

Bechtermünz Verlag

INHALT

VORWORT

Mehr als 1,1 Millionen Porsche-Autos sind seit 1948 auf die Straßen gerollt, und die Stuttgarter Edelschmiede hochkarätiger Sport- und Rennsportwagen hat unauslösliche Spuren in der mehr als hundertjährigen Geschichte des Automobils hinterlassen.

Porsche ist nicht nur die erfolgreichste Sportwagenfirma der Welt, sondern mit einem Porsche »mobil« zu sein, zählt immer noch zu den schönsten Erlebnissen, die man als Freund leistungsstarker Autos heutzutage haben kann. Einen Porsche zu fahren war seit der Präsentation des Boxsters im Herbst 1996 noch aufregender geworden. Und dann wurde ein Jahr später die womöglich letzte Evolutionsstufe des legendären 911 präsentiert. Der neue 911 ist von Grund auf eine Neuentwicklung – und zum ersten Mal mit Wasserkühlung! Aber er ist optisch und technisch unverkennbar ein 911 – ein Beweis für die Tragfähigkeit dieses Konzepts und für die Leistungsfähigkeit der Porsche-Ingenieure. Diese geballte Ladung PORSCHE war Grund genug, mein GROSSES PORSCHE-BUCH aus dem Jahr 1985 zum ersten Mal 1997 und zum zweiten Mal im Sommer 1998 neu zu editieren. Ich habe das Buch in vielen Bereichen aktualisiert, auch im Bildteil. Meine Änderungen und Ergänzung in den Textbeiträgen weise ich in Kursivschrift aus, während ich andererseits aber auch Texte unverändert ließ, die richtungweisend waren und als wichtige Zeitdokumente gelten können, wie z. B. der Text über den 911 Turbo, das Synonym für Turbo-Autos schlechthin. Und dann gab es seit der Neuedition im Jahr 1997 eine Zäsur, die eingeschworene 911-Fans ein wenig sentimental stimmte: am 31. März 1998 rollte der letzte luftgekühlte 911 vom Band, 50 Jahre nach der Gründung der Firma Porsche.

Wer sich als Autor immer wieder mit dem Thema Porsche befaßt, wird zu der Erkenntnis kommen, daß das eine »unendliche Geschichte ist«. Wie sagte doch der am 27. März 1998 verstorbene Prof. Ferry Porsche: »Das letzte Auto, das jemals gebaut werden wird, wird ein Porsche sein«.

Im Juni 1998 Ingo Seiff

INGO SEIFF

»BELLA MACCHINA!«

Nein, mein Herzschlag erhöhte sich überhaupt nicht, als ich mich zum ersten Mal hinter das Steuer des 911 Carrera klemmte. Auch blieben meine Handflächen ganz trocken. Eher beschäftigte mich die Frage, wie man sich als Debütant mit diesem Boliden vertraut macht, ohne Schaden anzurichten. Spielt man sofort den starken Mann auf der Autobahn, oder prügelt man den Porsche erst mal schnell über den legendären Nürburgring, um dort die Feuertaufe zu bestehen...?

Da ich prüfen wollte, ob ich mein Lebensgefühl mit dem Charakter des Carrera in Einklang bringen kann, entschloß ich mich für die »Bildungstour« ins klassische Norditalien. Denn ein Porsche brauche, so hatte ich mich belehren lassen, ein Ambiente, in dem man ihn voll genießen könne. Zunächst muß ich aber ganz profan den Fabrikhof in Zuffenhausen über die Porschestraße in Richtung Autobahn verlassen und bis zur zweiten Ampel beschleunigen, an der Greenhorns traditionsgemäß den Heckmotor zum ersten Mal abwürgen.

»Ganz langsam die Kupplung kommen lassen«, lautete der wohlgemeinte Ratschlag. Ach Gott, die haben gut reden, bin ich doch an die butterweiche Trennung von Motor und Getriebe in einem gutmütigen, biederen Sechszylinder aus Köln gewöhnt. Die Einfädelung in die B 10 gerät mühelos, und auch die Auffahrt auf die Autobahn in Richtung Süden ist kein Problem. Die sechs luftgekühlten Zylinder hinter mir blasen zum Halali. Da Europas Straßenbauer in den vergangenen Jahren ganze Arbeit geleistet haben, wird die Fahrt bis zum St. Gotthard in der Schweiz zu einer gemütlichen Spritztour, wobei der Motor gelangweilt niedrigtourig vor sich hin dreht. Traffic Jams und Geschwindigkeitsbegrenzungen kaufen dem Carrera den Schneid ab.

Die neuen Schweizer Autobahnen umfahren viele touristische Highlights, und zahlreiche aufregende Straßenabschnitte, die jahrzehntelang Tausende von Sportwagenfahrern fasziniert haben, sind den Bulldozern zum Opfer gefallen. Die Tellplatte, wo der legendäre Schweizer Nationalheld Wilhelm Tell seinem Sohn mit dem Pfeil einen Apfel vom Kopf geschossen haben soll, wird vom Seelisberg-Tunnel unterfahren. Den bequemen St.-Gotthard-Straßentunnel lasse ich links liegen und benutze die bis in 2108 Meter Höhe führende Paßstraße. Hier soll der Carrera endlich wieder richtig durchatmen können und sich wohlfühlen, aber auch diese Piste ist entschärft. Auf der Südseite ist die Paßstraße so großzügig ausgebaut wie die Rollbahn eines Regionalflughafens. Mit solchen biederen Serpentinen kann man einen Carrera nicht aus der Reserve locken. Der dritte Gang reicht völlig. Nur ab und zu muß der zweite zu Hilfe gerufen werden. Daß dicht hinter meinem Rücken ein luftgekühlter Sechszylinder-Boxermotor rasselt und arbeitet und angestrengter tut, als es in Wirklichkeit der Fall ist, geht auf Kosten der Stereomusik. Aber wer redet denn bei einem Carrera vom Stereosound! Der Heckmotor macht und ist doch die Musik! Habe ich alles dazulernen müssen...

Am Morgen darauf tanke ich um 7 Uhr in Porlezza am Luganer See. Ob ich mal im Leerlauf so richtig »durchtreten« könne, bittet der Tankwart. Das Aufkreischen der 231 PS quittiert er mit einem entzückten »Mama mia!« Wenige Minuten später kommt der Comer See in Sicht, den der französische Dichter Stendhal schon vor mehr als 120 Jahren »den schönsten Platz auf Erden« nannte. Als das Reisen noch Luxus war und nur wenigen vergönnt, war der Comer See schon überall in der kultivierten Welt bekannt. Seit den Zeiten der römischen Besiedlung zu Beginn des zweiten vorchristlichen Jahrhunderts ist er Erholungsort von Kaisern, Königen, Feldherren, Kardinälen, Künstlern, Schriftstellern und Bonvivants gewesen.

Den Carrera behutsam in diese jahrtausendealte Kulturlandschaft der Alten Welt einzuführen, verlangt Takt und Fingerspitzengefühl. Die Abfahrt nach Menaggio erfolgt im zweiten Gang. Das Motorengeräusch des Carrera hallt aus den Weinbergen wider wie ein schepperndes Allegro con brio. Das befreiende Herausbeschleunigen aus dem romantischen Ort bringt wenig: Kurz hinter einem Tunnel wird schon wieder reglementiert. So bleibt Zeit genug, die vielen ehrwürdigen Villen zu betrachten, die sich die Berühmtheiten vieler

Jahrhunderte hier erbaut oder die sie bewohnt haben, wie die Komponisten Bellini und Donizetti oder Physiker wie Volta. Kurz nach Menaggio kommt die Villa Margherita ins Blickfeld, wo Giuseppe Verdi seine Oper »La Traviata« vollendete. Hoch über dem Ort Cadenabbia thront die Villa »La Collina«, in der sich der erste deutsche Bundeskanzler Konrad Adenauer stets von seiner Arbeit erholte und wo er auch seine Memoiren schrieb. Im Süden – auf der Spitze einer Landzunge – taucht im Frühnebel die Villa Arconati auf, die sich vor zweihundert Jahren der prunksüchtige Kardinal Angelo Durini erbauen ließ. Die Villa gehört heute einer amerikanischen Familie.

So reiht sich Villa an Villa, teilweise überzogen von der Patina der Jahrhunderte und manchmal so luxuriös ausgestattet, daß sich Hugh Hefners Playboy Mansions in Chicago und Los Angeles wie einfache Hütten dagegen ausnehmen. Die Autofähre setzt uns über nach Bellagio, einem eleganten, geschichtsträchtigen Städtchen. Es wird beherrscht von der jahrhundertealten Villa Serbelloni, heute im Besitz der Rockefeller-Stiftung, die sie als Geschenk von der deutschen Prinzessin Ella von Thurn und Taxis übernahm. In Bellagio rollt der Carrera über ein Pflaster, auf dem schon Leonardo da Vinci, Napoleon, Mark Twain, Henry Wadsworth Longfellow, Franz Liszt, Arturo Toscanini usw. schritten.

Ich parke den Porsche neben der tausendjährigen St.-Jacobs-Basilika. Beim Capuccino werde ich mehrere Male gestört: Ob ich denn bitte den Motorraum öffnen könne, anlassen, Gas geben ... Ich ernte ein vielstimmiges »Bella macchina!« Es ist Sonnabend, und allmählich treffen die ersten Playboys aus Mailand ein. Ihre Ferraris, Maseratis und Lamborghinis hecheln eifersüchtig am Bürzel des Carrera vorbei, und die amerikanischen Gäste der Villa Serbelloni, zum Apéritif auf der Piazza eingetroffen, schmücken den Porsche mit Lobpreisungen wie »What a nice car!« und »Typisch deutsche Wertarbeit!«. Er füge sich wie selbstverständlich in das romanische Ambiente dieses einmalig schönen Plätzchens am Lake of Como ein ... Man könne sich wahrlich keinen Lincoln Continental oder einen Ford Edsel in dieser Umgebung vorstellen. Ein Porsche sei eben ein Produkt des »Abendlandes«.

Anspielend auf Leonardo da Vincis Aufenthalt in Bellagio, fragen wir uns, ob der geniale Tüftler wohl Verständnis für den Porsche-Heckmotor gehabt hätte. Aber – so wenden meine amerikanischen Freunde ein – das sei doch gar nicht die Frage, bei einem Porsche müsse man doch eher die nach dem »Gesamtkunstwerk« stellen. Mit Recht gehöre ein Porsche zu den am meisten beachteten Exponaten des Museums of Modern Art in New York ...

So nahm das »Benzingespräch«, dem wir Europäer so gern nachhängen, eine überraschende Wende. Wieviel er »mache«, wieviel PS am Werk seien, wie er beschleunige – davon war gar nicht mehr die Rede. Eher interessierte uns, welche Musik man mit einem High-Tec-Product wie dem Porsche assoziieren könne. Auf Deutschlands Autobahnen etwa Richard Wagners »Ritt der Walküre«, beim langsamen Boulevard Driving in L. A. vielleicht James Brown's »I'm a sex machine« und zum Grande Finale mit der Co-Pilotin gar Ravels »Bolero«? Zumal ja unterschwellig beim Thema Porsche erotische Bezüge im Spiel seien.

»Bitte nicht an den Wagen lehnen, es sei denn, Sie sind nackt!« – so schäkerte ein 906-Besitzer auf einem Plakat anläßlich eines Porsche-Treffens in Missouri. Sigmund Freud hätte an einem Porsche seine Freud gehabt, als Phallus-Symbol, als Libido-Ersatz, als Jungbrunnen in der Midlife-Krise – Klischees, die die Porsche-Leute in Zuffenhausen, Ludwigsburg und Weissach als längst überholt betrachten. Und doch – meine Erfahrungen gehen dahin, daß es selbst einem 50jährigen nicht an hübschen, jungen Co-Pilotinnen fehlt, wenn er dezent signalisiert, daß er mit einem Porsche unterwegs sei. Dabei klingen Elton John und Bruce Springsteen in meinem großräumigen schlappen Sechszylinder aus dem Jahr 1978 viel besser ...

Der Entzückensschrei »Macchina potente« galt sicherlich eher dem sechszylindrigen Heckmotor des Porsche als mir. Aber kann man einem Automobil Besseres wünschen, als mit Elogen bedacht zu werden, die vom »Kunstwerk« bis zur »Sex Machine« reichen? Längst ist der Porsche in *Bereiche des Irrationalen* vorgedrungen.

Diese »italienische Reise« wiederholte ich des fairen Vergleichs wegen mit einem 944. Samuel Barbers »Adagio für Streicher« klang – vom Motorenlärm unbehelligt – aufs vortrefflichste. Kein Italiener ließ die Motorhaube öffnen, kein Ferrari oder Maserati zeigte Neidkomplexe. Als mich Freunde fragten, wie denn nun mein Eindruck sei, nachdem ich auch einen »neuen« Porsche getestet hätte, konnte ich voller Überzeugung sagen: »Der 944 macht süchtig – während der 911 schon zu Lebzeiten eine Legende geworden ist.« Beide Typen trennen astronomische Weiten hinsichtlich ihres technischen Konzepts. Und doch sind beide unverwechselbare Porsche-Autos. Ich wollte dahinterkommen, warum das so ist. Das ist der tiefere Grund, warum ich dieses Buch gemacht habe.

VON 40 BIS 1100 PS

Frage: Herr Professor: Der Ruhm der Marke Porsche – was ist ihr Geheimnis?

Prof. Porsche: Da muß man sehr weit in die Vergangenheit zurückgehen. Schon als junger Mensch habe ich darüber gestaunt, daß man meinen Vater weltweit gekannt hat, mehr als jeden anderen Autokonstrukteur. Es war immer eine heiße Zeitungsmeldung, wenn er von Austro-Daimler zu Daimler ging und später von dort zu Steyr. Wechselte ein anderer Chefkonstrukteur die Firma, nahm kein Mensch davon Notiz. Daß mein Vater so sehr im Mittelpunkt des Interesses stand, lag – so glaube ich – an seiner Art, seiner Bescheidenheit.

Typisch auch, daß man schlicht und einfach von Porsche-Konstruktionen sprach, ganz gleich, ob es sich um seine Arbeiten für Austro-Daimler, Daimler oder Steyr handelte. Historisch interessant ist ja auch die Tatsache, daß mein Vater selber keinen Porsche-Wagen gebaut hat. Er hat immer nur für Fremde gearbeitet. In die Entwicklung und den Bau des Volkswagens wurde aus politischen Gründen viel hineingeheimnist, was meinen Vater überhaupt nicht interessierte. Ihm ging es nur um die reizvolle Aufgabe. Als wir nach dem Krieg die ersten eigenen Autos bauten, lebte in ihnen der Name Porsche weiter, und zwar so logisch, daß mich eines Tages ein Journalist unbefangen fragen konnte, wann mein Vater eigentlich verstorben sei ... Als ich ihm antwortete, es sei 1951 gewesen, und wir hätten seit 1950 wieder in Stuttgart gearbeitet, blickte er mich ganz verwundert an und meinte: »Dann ist das ja alles gar nicht von Ihrem Vater gemacht worden hier, sondern von Ihnen!« Ich habe eben nie versucht, mich selber produktiv zu profilieren, sondern ich habe die Handschrift meines Vaters weitergeschrieben. Das Ende der von ihm geprägten Epoche und der Neubeginn in Stuttgart unter meiner Leitung sind eng ineinander verwoben; der Porsche-Mythos entstand schon zu Zeiten meines Vaters, aber zur vollen Blüte kam er erst, als wir in Gmünd anfingen, die ersten unverwechselbaren Porsche-Autos zu bauen.

Frage: Zunächst möchte ich noch einmal auf die Zeit Ihres Vaters bei Daimler, später Daimler-Benz in Untertürkheim, zurückkommen. Da hat er sich ja intensiv mit Kompressormotoren befassen müssen.

Prof. Porsche: Seine Entwicklungsarbeit fußte auf der von Paul Daimler, der bereits im Ersten Weltkrieg die ersten Versuche mit aufgeladenen Motoren gemacht hatte. Als mein Vater nach Untertürkheim kam, waren die Kompressormotoren noch nicht serienreif. Der SSK zum Beispiel, dem mein Vater den letzten Schliff gab, baute auf den Erfahrungen auf, die Daimler-Benz bereits gesammelt hatte.

Frage: Der Kompressor hat ja in der Entwicklungsarbeit des Hauses Porsche nach dem Krieg keine Rolle gespielt ...

Prof. Porsche: Stimmt nicht ganz. Wir hatten während des Krieges den Auftrag, den VW-Motor als stationäres Aggregat mit einer gewissen Leistung auch für Verwendung in großen Höhen, also auch für das Gebirge, als Stromerzeuger zu entwickeln. Wir haben einen normalen VW-Motor genommen und ein Roots-Gebläse angeschlossen. So kamen wir auf 45 bis 50 PS. Ich fand diese Möglichkeit so interessant, daß ich schon damals einen VW mit diesem Kompressormotor fuhr.

Frage: Und warum haben Sie solch einen Kompressormotor nicht von Anfang an für die ersten 356er verwendet?

Prof. Porsche: Zunächst einmal war dieses Kompressor-Aggregat noch nicht ausgereift; es mußte im Krieg mit den vorhandenen Mitteln gebaut werden. Ein Roots-Gebläse allerdings gab es zu kaufen. Beim 356 habe ich einen anderen Weg eingeschlagen, nämlich die Leistung über radikale Gewichtseinsparung und nicht über die Motorstärke zu holen.

Frage: Ein Prinzip, das Sie Ihr Vater gelehrt hat, oder wurde es aus der Not geboren?

Prof. Porsche: Das ist ein Grundprinzip des Autobaus schlechthin. Das Leistungsgewicht sagt aus, wie leistungsfähig ein Auto ist. Nicht die hohen PS-Zahlen bemessen die tatsächliche Stärke eines Wagens, sondern das Leistungsgewicht. Wenn ich hohe PS-Zahlen in einem schweren Auto habe, kann das Leistungsgewicht durchaus schlecht sein.

Frage: Aber dieser von Ihnen betont verwendete Begriff »Leistungsgewicht« spielt heute in der Autowerbung und auch beim normalen Autofahrer doch überhaupt keine Rolle, wenn über die Qualität eines Autos gesprochen wird.

Prof. Porsche: Richtig. Wahrscheinlich liegt es daran, daß man sich in der Autoindustrie zu sehr danach richtet, was für die Werbung wichtig ist. Und welcher Laie kann sich unter dem Begriff Leistungsgewicht Konkretes vorstellen? Der Techniker schon, der normale Verbraucher nicht. Deswegen halte ich es auch für einen Fehler, daß immer nur über Höchstgeschwindigkeit gesprochen wird, obwohl von vielen Seiten her gegen dieses Verkaufsargument gewettert wird. Und dabei ist die Höchstgeschwindigkeit die unmittelbare Konsequenz des Leistungsgewichts. Mit anderen Worten: Wenn ich ein Auto habe, das über genügend Leistungsüberschuß verfügt (also ein sehr gutes Verhältnis zwischen Gewicht und Leistung), dann ist eben die Geschwindigkeit hoch. Daraus folgert: Wenn ich ein Auto habe, das gut beschleunigt, habe ich automatisch eine hohe Geschwindigkeit.

Frage: Der 356 gilt als einer der markantesten Meilensteine in der Geschichte des Sportwagenbaus. Ist er für Sie das Produkt eines langen Denkprozesses gewesen (»Ich bau' mir ein Auto, von dem ich schon immer geträumt habe«) – oder wie ist das entstanden? Die Material- und Aggregatbeschaffung ist in der damaligen Zeit doch ein großes Problem gewesen – so kurz nach dem Krieg. Wie entstand diese geniale Konzeption?

Prof. Porsche: Die Konstruktion lag bereits sozusagen auf dem Tisch. Als wir 1933 begannen, den Auto-Union-Rennwagen zu entwikkeln – ich war in jeder Phase dabei –, haben wir Überlegungen angestellt, die später auch beim VW angewandt wurden. Ein Beispiel: Der Auto-Union-Rennwagen hatte seinen Benzintank, der immerhin 210 Liter faßte, im Schwerpunkt des Wagens. Somit war die Gewichtsverteilung mit vollem oder mit leerem Tank gleich. Bei den Konkurrenzwagen war das anders: Bei denen war zu Anfang eines Rennens die Hinterachse mehr belastet als bei Ende des Rennens mit leerem Tank. Bei unserem Auto-Union-Rennwagen gab es das nicht.

Als wir den Volkswagen in Angriff nahmen, gab es ein entscheidendes Kriterium: Er mußte vom Preis her ein niedriges Gewicht haben. Und er sollte ein Viersitzer sein. Daraus folgerte wiederum: Wenn ich einen Viersitzer mit sehr niedrigem Gewicht baue, spielt die Zuladung eine viel größere Rolle als bei einem großen Mercedes. Denn ob in diesem schweren Wagen zwei oder drei Personen sitzen – das merkt das Auto gar nicht, weil dessen Eigengewicht bereits bei 1500 kg liegt. Nachdem aber der Volkswagen nicht mehr als 650 kg wiegen sollte, war es schon entscheidend, *wie* die Zuladung verteilt wird. Und aus dieser Überlegung heraus entstand der Heckmotorwagen, mit dem geringsten Unterschied zwischen »voll« und »leer«. Ein Auto wie der VW wird meistens von ein oder zwei Personen gefahren, die dann vor dem Schwerpunkt sitzen. Kommen noch zwei hinzu, dann sitzen die knapp hinter dem Schwerpunkt, also bleibt die Gewichtsverteilung etwa immer gleich. Diese Erfahrungen mit dem Volkswagen waren die Grundlage für unseren ersten Sportwagen.

Denn mit dem wollten wir den gleichen Effekt erzielen, wie auch später beim 911, wo die Gewichtsverteilung bei »voll« und »leer« immer gleich ist. Hingegen ist es bei allen anderen Sportwagen so, daß man vorn einen nicht zu kleinen Motor hat und den Tank hinten. Und es macht in puncto Gewichtsverteilung einen Riesenunterschied, ob der Tank voll oder leer ist.

Frage: Bevor wir über den 356 weitersprechen, noch ein Wort zum Cisitalia. War er Ihr Lieblingskind?

Prof. Porsche: Ja, das kann man sagen.

Frage: Wegen der konstruktiven Leckerbissen, die Sie eingebaut hatten?

Prof. Porsche: Einmal das – und er war für uns der erste Wiederanfang nach dem Krieg. Von 1939 bis 1945 waren wir dazu verurteilt, auf dem zivilen und sportlichen Sektor überhaupt nichts machen zu können. Unsere Mitarbeiter waren zwar mit Entwicklungsarbeiten am Volkswagen beschäftigt, aber in erster Linie drehten sich unsere Arbeiten um den Kübelwagen, den Schwimmwagen, Panzerkonstruktionen usw. Und da kommt durch den Auftrag von Dusio plötzlich wieder frischer Wind in unser Geschäft ... Ich hatte beim Neuanfang mit dem Cisitalia vor, trotz der damals gültigen 1,5-Liter-Formel bei dieser Neuentwicklung die gleichen Werte zu erzielen wie beim Auto-Union-Rennwagen, der immerhin einen 6-Liter-Kompressormotor hatte. Der Auto-Union-Wagen hatte zuerst einen Einstufenkompressor, in den letzten Rennjahren einen Doppelstufenkompressor, während wir bei dem 1,5-Liter-Motor des Cisitalia von vornherein einen Zweistufenkompressor vorsahen.

Frage: Verlangte Ihr Auftraggeber Vierradantrieb?

Prof. Porsche: Nein, er ließ uns völlig freie Hand.

Frage: War Vierradantrieb für Sie technisches Neuland? Für solch einen schnellen Wagen?

Prof. Porsche: Teils, teils. Wir haben zum Beispiel den Volkswagen mit Vierradantrieb gebaut, als sogenannte Kommandeur-Limousine. Beim VW-Schwimmwagen war ja der Vierradantrieb unabdingbar, sonst wäre das Fahrzeug gar nicht aus dem Wasser gekommen, hätte umdrehen müssen, um die Böschung verkehrt herum rauffahren zu können.

Frage: Welche technischen Besonderheiten des Cisitalia sind in Ihre späteren technischen Entwicklungen eingeflossen? Haben Sie später sagen können: »Das haben wir schon vor vielen Jahren ins reine gezeichnet?«

Prof. Porsche: Es passiert immer wieder in Gesprächen mit den Herren der Entwicklungsabteilung, daß ich darauf verweisen kann: »Das haben wir schon vor 40 Jahren auf dem Reißbrett gehabt, zum Beispiel Vierventiler.« Man hat diese Technik damals nicht angewandt, weil sie mehr kostet als ein Zweiventiler. Heute ist sie wieder interessant, weil man einen großen Aufwand treibt, um den Verbrauch zu senken und die Abgase zu verringern.

Frage: Also ist das alles nichts Neues, was uns Autofahrern als solches verkauft wird?

Prof. Porsche: Im Grunde genommen nicht.

Frage: Wie hat Ihr Vater Ihren Entwurf für den Cisitalia beurteilt?

Prof. Porsche: Er kehrte aus der Gefangenschaft zurück und bekam die Auflage, sich zunächst einmal in der französischen Zone Österreichs aufzuhalten. So fuhr ich mit allen Zeichnungen nach Kitzbühel, um ihm meine Entwürfe zu zeigen. »Ich hätte nicht einen Strich anders gemacht« – so lautete sein Urteil. Es war eine Bestätigung für mich, daß ich die Aufgabe richtig gelöst hatte.

Frage: Mir scheint es im nachhinein fast unmöglich, daß man kurz nach dem Krieg ein Auto wie den 356 fast wie ein Handwerker in einem kleinen Schuppen bauen konnte. Kein Material, die ganzen Logistikprobleme. Wie hat das funktioniert, vor allem mit den ersten 50 Gmünder Autos?

Prof. Porsche: Wir hatten noch einige Volkswagenteile aus der Entwicklungszeit bei uns gelagert. Es gab Motorgehäuse, Kurbelwellen, Pleuelstangen und viele andere Teile. Aber es fehlten dennoch einige wichtige Dinge. Die haben wir uns dann, wie wir es im Krieg gelernt hatten, »organisiert«.

Frage: Auch im Ausland?

Prof. Porsche: Auch im Ausland. Ich bin selber einige Male über die deutsch-österreichische Grenze mit Zündkerzen in den Hosentaschen gefahren, die ich bei Bosch aufgetrieben hatte.

Frage: Die ersten Karosserien waren aus Aluminium? Eine Notlösung?

Prof. Porsche: Nein, ich wollte das. Mir wäre es lieber gewesen, der 356 hätte weiterhin Karosserien aus Aluminium behalten. Die damalige Wirtschaftssituation hat uns die weitere Verwendung von Aluminium nicht erlaubt. Das Alublech der ersten Wagen stammte aus der Schweiz.

Frage: Wurde es mit der Hand geformt? Wer konnte denn das damals?

Prof. Porsche: Von Hand geformt, über Holz geklopft. Wir hatten einen Experten, der ein Könner seines Fachs war. Aber sein Arbeitsrhythmus war eigenwillig: Sobald er eine Karosserie fertig hatte, machte er blau, betrank sich. Dann kehrte er zurück, klopfte die nächste Karosserie ... und so ging das. Er hatte schon bei meinem Vater in Wiener Neustadt, bei Austro-Daimler, gelernt.

Frage: Das Styling, das Design des 356 – von wem stammt es?

Prof. Porsche: Das stammt von mir.

Frage: Gab es ein historisches Vorbild?

Prof. Porsche: Nein, die Form des 356 entstand aus meinem Fahrgefühl heraus. Da sind viele Elemente zusammengekommen, viele Erfahrungen. Ich fuhr schon immer gern Auto und besaß einen Alfa Romeo mit Pininfarina-Karosserie und einen 3-Liter-BMW, um nur zwei zu nennen. Mir vermittelte der Alfa Romeo mit der Farina-Karosserie ein ganz besonderes Fahrgefühl. Das lag aber nicht etwa an der besseren Straßenlage, sondern die Kotflügel waren so geformt, daß man tatsächlich das Gefühl hatte, die Räder zu sehen. Die Markierung war demnach ganz deutlich. Nach dem Krieg hatte ich die Gelegenheit, einen kleinen Cisitalia zu fahren, einen Sportwagen, der aus FIAT-Teilen gebaut war. Motor vorn, Starrachse – von der Größe her ein sehr handliches Auto. Mir gefiel nur nicht, daß sich der Motor unter einer riesigen Motorhaube verbarg und man keinerlei Markierungen für die Begrenzung hatte. Aus diesen Eindrücken filterte ich die Idee der 356-Karosserie, wie sie nach meinem Geschmack sein müßte: von der Größe her wie ein Volkswagen oder der Cisitalia-Sportwagen. Darüber hinaus hatte ich schon die Überlegung, eines Tages ein Auto zu entwerfen, dessen vordere Kotflügel mit den Rädern mitschwenken ..., was es ja auch schon gab. Aber es wäre zu sportlich gewesen für einen Reisewagen.

Frage: Haben Sie sich damals schon Gedanken gemacht über den C_w-Wert? Gab es den Begriff schon?

Prof. Porsche: Aber ja, den gab es schon. Wir waren mit dem Bernd-Rosemeyer-Weltrekordwagen schon im Windkanal, sowohl in Friedrichshafen als auch in Berlin-Adlershof in der DVL. Wir haben viel herumgetüftelt, um optimale Werte zu erzielen. Mit dem Begriff C_w-Wert wird auch heute noch fehlerhaft umgegangen: Man müßte neben C_w-Wert auch von F sprechen, denn der Luftwiderstandsbeiwert wird durch die Formel $C_w \times F$ ausgedrückt, wobei F für Fläche steht. Je kleiner F ist, desto größer darf das C_w sein, um trotzdem einen niedrigeren Wert als andere Wagen zu erreichen.

Frage: Und das war damals schon wissenschaftlich zu erfassen?

Prof. Porsche: Ganz klar. Da wir in Gmünd keinen Windkanal hatten, haben wir den ersten Prototyp des 356 wie folgt getestet: Genau wie für einen Test in einem richtigen Windkanal haben wir Fädchen auf die gesamte Karosserie-Oberfläche geklebt und fuhren auf einer ganz normalen Straße unter einer Brücke durch, von wo aus wir den Wagen, der mit 100 km/h passierte, von allen Seiten fotografierten. Dann haben wir geprüft, ob die Fädchen anliegen oder nicht und was wir noch verbessern müssen.

Frage: Wenn man solch einen Prototyp entwirft, denkt man dann an Marktforschung?

Prof. Porsche: Das ist immer so ein heikler Punkt in meinem späteren Leben gewesen. Es gab in meiner Anfangszeit kein Marketing im heutigen Sinn. Aber schon beim Volkswagen habe ich darauf hingewirkt, daß etwas entsteht, was weltweit zu verkaufen war. Also nicht irgendein Kleinwagen, mit dem man nicht einmal von Stuttgart nach Wien fahren durfte, weil er sonst auseinandergefallen wäre, oder der nur halb besetzt gefahren werden durfte ..., sondern er sollte voll besetzt »ordentlich« sein.

Oder ein anderes Beispiel: Beim ersten VW ging die Tür in Fahrtrichtung auf. Als ich mit meinem Vater in den USA war, stellten wir fest, daß dieser Türanschlag vorn dort nicht akzeptiert wurde. Nicht etwa aus gesetzlichen oder sicherheitstechnischen Gründen, sondern weil die Kunden das nicht mochten. Besonders die Damen nicht, denn wenn sie bei dieser Türanordnung ein- oder ausstiegen, konnte man ihnen unter den Rock schauen. Also haben wir im letzten Moment die Scharniere vorn angebracht – alles ohne irgendeine Marketingabteilung. Der Volkswagen hatte auch als erstes Auto eine Heizung. Zur damaligen Zeit gab es im normalen Auto noch gar keine Heizung. Die Füße wurden eh warm, weil die Bretter zum Motor hin sowieso nicht ganz dicht schlossen.

Frage: Beim 356 hat doch sicherlich eine große Rolle gespielt, daß er wartungsfreundlich war. Konnten Sie auf VW-Werkzeuge zurückgreifen, oder gab es Spezialwerkzeuge?

Prof. Porsche: Für die Karosserie in keiner Weise, auch fürs Fahrgestell nicht. Nur für Motor, Getriebe und Vorderachsteile konnten wir auf VW-Sachen zurückgreifen. Aber die Wartungsfreudigkeit war ja in erster Linie dadurch gegeben, daß wir weltweit die Volkswagenhändler ansprechen durften, ob sie unser Auto vertreiben wollten. Das hatte ich mit Nordhoff vereinbart.

Frage: War es schwierig, die VW-Händler für den 356 zu interessieren?

Prof. Porsche: Überhaupt nicht.

Frage: Es soll ja ziemlich abenteuerlich und unorthodox gewesen sein, wie Sie die ersten Exemplare an den Mann gebracht haben ...

Prof. Porsche: Ja – die ersten waren Petermax Müller, Raffay in Hamburg (der Vater natürlich), Fritz Hahn in Stuttgart und Glöckler in Frankfurt. Wir haben ihnen einige der ersten Wagen vorgeführt. »Aber«, haben wir betont, »ihr müßt uns helfen. Jeder von euch bestellt so viele Autos, wie im ersten Jahr abzusetzen sind, und den letzten von uns gelieferten Wagen bezahlt ihr im voraus.« Damit hatten wir die finanzielle Grundlage geschaffen, um überhaupt eine Autofabrik zu werden. Diese Verkaufsmethode war für die damalige Zeit etwas ganz Neues. Im übrigen war unser 356 auf dem Automobilsalon in Genf ein derartiger Erfolg, rief eine derartige Begeisterung hervor, daß wir keinerlei Absatzschwierigkeiten hatten.

Frage: Haben Sie jemals geglaubt, daß Ihre Firma so groß werden würde?

Prof. Porsche: Nein. Wir haben damals ganz bescheiden angefangen und an etwa 500 Autos gedacht. Und aus diesen 500 Exemplaren des 356 sind etwa 80 000 geworden.

Frage: Ein Buch über Sie heißt: »Ein Traum wird Wirklichkeit.« War der 356 die Erfüllung eines jahrzehntelangen Traums? Oder war er gar nicht mit dieser Sentimentalität beladen?

Prof. Porsche: Diese Verwirklichung eines Traums war weniger der 356 – sondern das, was ich aus der Firma gemacht habe. Der 911 war noch eher »mein« Auto als der 356. Da hatte ich nämlich endlich so viel Geld, daß ich bauen konnte, wozu ich Lust hatte. Denn beim 356 mußten wir ja noch auf technische Dinge zurückgreifen, die vorhanden waren. Beim 911 haben wir es mit einem eigenen Motor, eigenem Getriebe, eigener Vorderachse zu tun. Kein Schräubchen ist vergleichbar mit irgendeinem Teil aus einer Großserie.

Frage: Was hat zur Ablösung des 356 geführt? Rein technische Überlegungen, oder verlangte der Markt etwas Neues?

Prof. Porsche: Der 356 hat viele Stadien durchgemacht. Motorleistung und -volumen wurden erhöht, wobei wir von 1,1 Liter über 1,3 auf 1,6 Liter gegangen sind. Wir haben aus dem normalen Schaltgetriebe ein eigenes, ein Synchrongetriebe, entwickelt. Wir haben eigene Bremsen eingebaut usw. Der 356 wurde immer weiterentwickelt, Schritt um Schritt. Bis ich mir in einem gewissen Stadium sagen mußte: »Jetzt ist das Ende erreicht!« Das letzte, was dem 356 noch einmal einen Anstoß gab, war der Viernockenwellen-Motor, erst mit 1,5 Liter, dann mit 2 Liter. Und dann habe ich meine Herren gefragt: »Was fehlt dem 356? Er hat mit dem Viernockenwellen-Motor genug Leistung, aber er ist sehr laut. Dann ist der Kofferraum des 356 sehr klein. Da paßt nicht einmal ein Golfbesteck rein ...« Das waren so die typischen Kundenanmerkungen.

So entstanden neue Entwürfe. Zunächst fingen wir an, den 356 in ein Viersitzer-Coupé zu verwandeln, haben das aber sehr schnell aufgegeben, nach dem Motto: »Schuster, bleib bei deinem Leisten!« Viersitzer gab es genug, warum sollte man auch noch einen Porsche-Viersitzer kaufen! Also blieb es beim Prinzip 2 + 2 Sitze, aber darüber hinaus mehr Raum als im 356, größere Laufruhe usw. Das war der Ausgangspunkt für den 911. Wobei einige Entwürfe vorlagen, die einen zu großen Schritt nach vorn vorschlugen, so daß ich dann angehalten habe.

Da habe ich gesagt: »Ich habe hier von meinem ältesten Sohn Ferdinand Alexander einen Styling-Entwurf, den will ich realisiert haben!« Dieser Entwurf ging in die Karosseriekonstruktion, und als ich die ersten Versuche sah, war schon wieder daran rumgebastelt worden. Doch größer und länger. Ich habe dann klipp und klar gesagt: »Wenn das nicht funktioniert, dann übergeben wir alles der Karosseriefabrik Reutter zur Weiterbearbeitung« (die Firma Reutter hatten wir mittlerweile übernehmen müssen). Von da an haben die eigenen Konstrukteure mitgezogen, weil sie gesehen haben, daß sie mit ihren Vorstellungen nicht durchkamen. So entstand der 911 in seiner Urform, die schon 120 PS auf die Straße brachte. Heute hat er mit Turboladung mehr als 300 PS, und im Grunde genommen sind die Motoren, wie sie heute in der Gruppe C fahren, auch aus dem 911-Motor entstanden und haben noch viel mehr PS. Also war der 911 wiederum ein Anfang, weil wir mit den von VW gelieferten Teilen am Ende waren.

Frage: Das Heckmotorprinzip, wie es Porsche vehement vertritt, war ja vor einigen Jahren heftig umstritten, wie man in allen Archiven nachlesen kann. Wie stehen Sie persönlich heute dazu? Ist der luftgekühlte Sechszylinder-Boxermotor ein Relikt aus einer großen Motorbauzeit, die längst passé ist?

Prof. Porsche: Passen Sie mal auf – das möchte ich beschreiben an einer Geschichte, die wir jetzt im Augenblick erleben. Wir haben bei uns im Haus schon lange Entwürfe für vierradangetriebene Autos gemacht, an deren Realisierung wir immer gehindert wurden. Ich hatte zum Beispiel die Idee, einen VW-Passat als Zweitprodukt bei uns auf Vierradantrieb umzurüsten und über unsere Verkaufsorganisation auf den Markt zu bringen, mit dem normalen Passat-Motor. Das war vor vielleicht zwölf Jahren. Das Volkswagenwerk hat mir das verboten. Wir haben dann auch den VW-Transporter, den Typ 2 von VW, als allradangetriebenes Auto bauen wollen. Wurde auch vom VW-Werk abgelehnt – jetzt bauen sie beides selber...

Frage: Nach Porsche-Entwürfen?

Prof. Porsche: Nein, nicht nach unseren Entwürfen, aber das Prinzip ist nicht anders. Wir hatten unsere Prototypen genauso gebaut wie die Wolfsburger heute. Und wenn Sie heute die Rallye-Erfolge betrachten, die Ferdinand Piëch von Audi mit dem Audi Quattro hatte und hat, dann sind die zum Teil sozusagen in Gedanken schon hier in Zuffenhausen entstanden, als Herr Piëch noch hier war. Und plötzlich tauchen nun Autos bei den Rallyes auf, die dem Quattro überlegen sind, zum Teil mit Mittelmotor. Das heißt, wenn man aufs Extreme geht, dann liegen wir heute mit dem 911 noch nicht einmal falsch. Das heißt, so sehr dagegen angekämpft wurde, wenn man eine extreme Tauglichkeit für Rallyes anstrebt..., dann ist der 911er mit zusätzlichem Vorderradantrieb heute das modernste Auto. Man sieht an den Erfolgen von Peugeot und Lancia, daß nun mal extreme Leistungen nicht unbedingt mit einem Normalkonzept erreichbar sind.

Frage: Was kann man daraus für den Bau »ziviler« Autos lernen? Relativ wenig?

Prof. Porsche: Allerlei immerhin. Mit dem Vierradantrieb sind Sie wintertauglicher als mit Zweiradantrieb. Aber auch da gibt es ja große Unterschiede: Am schlechtesten verhält sich ein zweiradangetriebenes Auto im Winter mit dem Motor vorn und dem Antrieb hinten. In der Wintertauglichkeit folgt dann das zweiradangetriebene Fahrzeug mit Motor und Antrieb vorn. Noch besser ist es, wenn Antrieb und Motor hinten sind, weil auf diese Weise auch am Berg die Antriebswege am besten belastet sind. Also ein Motor, der sein Gewicht an derjenigen Stelle hat, wo die Räder die Traktion brauchen. Deshalb ist nach wie vor für bestimmte extreme Fälle das Konzept des 911 nicht falsch.

Frage: Mir fällt in den Porsche-Chroniken auf, daß die Modelle 914/4 und 914/6 ein bißchen stiefmütterlich behandelt werden. Waren das ungeliebte Kinder?

Prof. Porsche: Der 914 war eine konsequente Weiterentwicklung in Richtung Mittelmotor. Aber zwei Dinge haben eine unglückliche Rolle gespielt: Alle 914-Karosserien wurden bei Karmann gebaut und repräsentierten deswegen nicht unbedingt Porsche-Qualität. Das war *ein* Handikap. Der zweite Grund: Der billige 914 mit VW-Motor hieß sogar »VW-Porsche«, was nicht gerade dazu beitrug, daß ihn die Käufer als einen »echten« Porsche akzeptierten. Drittens kann man sagen, daß der Einbau einmal des Vierzylinders, dann aber auch des Sechszylinders, zu Kombinationen führten, die konstruktiv nicht sehr glücklich waren. Meine Idee war damals, *ein* Auto von vorn bis zur Motortrennwand einheitlich zu bauen, aber – je nach Motor – zwei verschiedene Hinterteile anzubieten. Die Konstrukteure haben versucht, diese zwei Hinterteile in einem zu vereinigen, mit einigen grundsätzlichen Nachteilen. Es blieb nämlich hinter den Sitzen nicht einmal Platz für eine Aktentasche – und lauter solche unglücklichen Umstände.

Frage: Der 911 war die erste große Zäsur in Ihrer Modellpolitik. Dann muß die Entscheidung für wassergekühlte Motoren *vorn* für Sie doch noch viel einschneidender gewesen sein. Dieses neue Motorenkonzept hat anfangs viel Verwirrung bei den Porsche-Fans gestiftet...

Der 928 hat es zu Anfang doch sehr schwer gehabt, sich durchzusetzen.

Prof. Porsche: Deswegen ist es ja bisher auch noch nicht gelungen, den 911er wegzustreichen. Weder der 928 noch der 924 haben den 911 aus dem Feld schlagen können. Es werden heute immer noch zweieinhalbmal so viele 911 wie 928 gebaut.

Frage: Der 924 als nicht ganz für voll genommener Porsche war ja wohl so eine Art »Geschenk« von VW. Aber der 928 muß doch von jemandem durchgeboxt worden sein...

Prof. Porsche: Ja, Professor Fuhrmann hat den durchgeboxt.

Frage: Haben Sie lange gebraucht, sich daran zu gewöhnen, daß ein Porsche auch so ganz anders aussehen könnte?

Prof. Porsche: Ich habe mich nicht gewehrt. Ich habe eigentlich immer versucht, solange ich hier allein maßgeblich war, alle meine Herren an langer Leine laufen zu lassen, denn man soll doch dem einzelnen, wenn er kreativ ist, nicht unbedingt etwas aufzwingen wollen. Wenn einer die Überzeugung hat, der 928 müsse so aussehen und nicht anders, soll man ihm nicht zuviel reinreden, denn sonst entsteht gar nichts. Und wenn sich schon die Familie zu einem fremden Management entschlossen hat, dann muß man auch damit rechnen, daß es andere Einstellungen und Absichten hat.

Frage: Sind Sie eigentlich glücklich darüber, daß Sie als Familienfirma die Geschicke der Firma in fremde Hände gelegt haben? Der Entschluß hat sich doch bewährt...

Prof. Porsche: Jede Familie wächst. Mein Vater war allein. Die nächste Generation waren meine Schwester und ich. Die dritte Generation bilden acht Kinder von uns beiden. Und in der vierten Generation sind es bereits 25 Nachkömmlinge. Da stellt man sich doch die Frage: Wie kann so etwas – unsere Firma – in einer Hand bleiben? Je größer das Gremium wird, desto weniger kann es funktionieren.

Frage: Da wir gerade über familiäre Dinge sprechen... Es hat in Unternehmen, die als Familienbetrieb geführt werden, schon immer den Konflikt zwischen dem erfolgreichen Vater einerseits und dem Sohn, der auf seine große Chance wartet, andererseits gegeben.

Prof. Porsche: Ja, den Vater-Sohn-Konflikt gab es bei uns auch. Aber ich habe dabei auch viel gelernt. Mein Vater und ich haben viele Reisen gemeinsam gemacht. Wenn ich mit ihm allein war, konnte ich ihm zu allen Belangen meine kritische Meinung sagen. Aber sobald Dritte dabei waren, erschien das nicht ratsam. Mein Vater war zu autoritär, als daß er es zugelassen hätte, in Gegenwart von Fremden von mir kritische Anmerkungen zu hören.

Frage: Was haben Sie von Ihrem Vater als Unternehmer gelernt?

Prof. Porsche: Positive und negative Dinge. Mein Vater stand bis Mitternacht am Reißbrett, wenn er ein kniffliges Problem lösen wollte. Ich habe für mich daraus gelernt, daß dieser Weg falsch ist. Wenn man über eine Aufgabe, über ein Problem lange nachdenkt und innerhalb einer bestimmten Zeit nicht zu einem positiven Ergebnis kommt, halte ich es für besser, abzuschalten, spazierenzugehen oder ähnliches zu machen, und dann wieder frisch an die Aufgabe heran. Schon bei der Zusammenarbeit mit meinem Vater bin ich auf diesen Grundsatz gekommen. Ich kann mich noch daran erinnern, als es um die Hinterradaufhängung des Volkswagens ging: Da wurde herumgetüftelt, immer wieder neu gezeichnet, und es hat ihm nicht gefallen. Nächte sind vergangen. Und eines Tages kommt er zum Ingenieur Mickl, der an dieser Aufgabe gearbeitet hat, und sagt: »Ich habe die Lösung: Sie ist mir heute früh im Traum eingefallen!« Also genau in einer Phase des Abschaltens ist sie ihm eingefallen.

Frage: Ich möchte mit Ihnen auch noch gern über das Thema »Ästhetik im Automobilbau« sprechen. Im Auto-Styling spiegelt sich ja auch immer eine bestimmte Art Schönheitsempfinden des Käufers wider.

Prof. Porsche: Für unsere Firma möchte ich in Anspruch nehmen, daß man Funktion und Schönheit nicht trennen kann. Schönheit als Selbstzweck ist im Automobilbau fehl am Platz. Wenn ein Karosseriedetail wirklich ästhetisch befriedigend sein soll, dann muß es funktionell begründet sein. Also: Ein guter C_w-Wert muß Unästhetisches ausschließen. Die unästhetischen Dinge am Auto sind meistens nur durch Gesetze entschuldbar, wie zum Beispiel der Außenrückspiegel. Er ist ausgesprochen unästhetisch, verursacht einen Haufen Luftwiderstand – ist aber Vorschrift . . .

Frage: . . . und ist auch nützlich.

Prof. Porsche: Sicher, aber muß er diese oft häßlichen Formen haben? Ein anderes Beispiel sind die Kennzeichenschilder. Die Italiener haben den großen Vorzug, daß sie vorn an ihren Autos diese schmalen, unauffälligen Schilder benutzen dürfen, während wir mit diesen Riesendingern herumfahren müssen, die das Auto bestimmt nicht schöner machen. Wenn man das in Italien darf, warum nicht auch bei uns?

Frage: Hat man früher für den Autoliebhaber attraktivere Autos gebaut?

Prof. Porsche: Herr Kales vom Volkswagenwerk in Wolfsburg hat einmal gesagt: »Wenn man heute nicht mehr ganz genau die Markenschilder auf den Autos liest, kann man die Autos gar nicht mehr unterscheiden.«

Es ist die Stärke von Porsche, daß wir diese Uniformität vermeiden. Natürlich war früher ein Sportwagen optisch stärker abgesetzt von einem normalen Auto. Heute gibt es bestimmte Gesetze, die die Stylisten an die Kette legen. Ein Beispiel: Heute müssen Sie die Wintertauglichkeit der Frontscheibe testen, indem Sie sie einfrieren und in soundsoviel Minuten soundsoviel Prozent bei minus 20 Grad auftauen. Darüber hat sich früher kein Gesetzgeber Gedanken gemacht! Wer hat denn schon beim Mercedes-Benz SSK an eine beheizte Scheibe gedacht? Diese extremen Vorschriften gibt es bei Motorrädern nicht. Darum werden auch so viele teure Motorräder von Sportwagen-Fans gefahren – als Ausgleich!

Frage: Wie ist das Auto des Jahres 2000?

Prof. Porsche: Das Automobil wird natürlich umweltfreundlicher werden müssen; dazu gehört auch die Geräuschminderung. Wegen des immer mehr überlasteten Straßennetzes, besonders in den Industrieländern, wird das kleine Auto bevorzugt werden. Die kleinen Autos werden eines Tages all das können, was heutzutage nur ein Mittelklassewagen kann. Aber es wird meiner Meinung nach weiterhin teure und billige Autos geben.

Frage: Letzte Frage, Herr Professor – wird Porsche selbständig bleiben? Selbständig bleiben wollen?

Prof. Porsche: Wollen, ja! Ich bin kein Prophet. Man kann nicht sagen, wie weit das möglich sein wird und wie weit nicht. Vor 60 Jahren gab es in den USA noch rund 25 Autofirmen – heute sind es noch vier.

Frage: . . . und Ferrari mußte bei FIAT unterschlüpfen . . .

Prof. Porsche: Ferrari lebt mehr vom Sport als von einem großen Kundenkreis. Wenn Porsche sich einem großen Konzern angliedern müßte, dann hätte dieser Konzern sehr darauf zu achten, daß er nicht eine einmalige Ausgabe gemacht hat, von der er aber nicht profitiert. Denn im Schatten eines Großen lediglich Werbezwecken zu dienen und nicht selbständig sein zu können – das geht auf die Dauer nicht gut.

Das Gespräch mit Professor Ferdinand Porsche führte Ingo Seiff im Jahr 1985.

PORSCHE
STUTTGART

PORSCHE

234
97
Capital

23
24

START Mobil ZIEL

1 Einfüllstutzen eines 935 (1978)
2 Porsche Nr. 1 (»Sport 356/1«), vor vollständiger Restaurierung

3 Ferry Porsche am Steuer von »Nr. 1«, anläßlich der Porsche-Parade auf dem Nürburgring 1981

4 Porsche-Parade Nürburgring 1981
5 Typ 356 A – 1600 GS Carrera (Speedster), 1958

6 Typ 356 A – Speedster (1956)
7 Typ 356 A – 1600 Speedster (1956)
8 Typ 356 A – 1600 GS Carrera (Speedster) 1958

PORSCHE
1600
AEC-356
FEB
COLORADO
84
ARIZONA
60 CAB

PORSCHE
Carrera

9

10

11

9–13 Viersitziger Prototyp 695 (1962), mit T-7-Karosserie und Carrera-2-Motor. Die Bugpartie dieses Prototyps wurde später für den 911 übernommen.
14 Typ 356 B Cabrio (1959)
15 Typ 356 B (»Super 90«) 1961

12

13

PORSCHE
STUTTGART
356
OWNERS
CLUB
Italy
PORSCHE
CLUB
GB
PORSCHE
356
CLUB DE FRANCE
PORSCHE 90

zylindermotor als Antriebsquelle. Dieser hat 2 Liter Hubraum, produziert 130 PS und verhilft dem Coupé zu einer Höchstgeschwindigkeit von etwas über 200 km/h.

Die eingefleischten 356-Fahrer laufen sehr bald Sturm gegen diesen neumodischen Porsche. Das sei kein echter Porsche-Sportwagen mehr, weder Form noch Technik könnten gefallen, und überhaupt sei er viel zu teuer. Eine Reaktion, die so oder ähnlich das Haus Porsche in den folgenden Jahren immer dann trifft, wenn ein neues Produkt vorgestellt wird, welches sich vom Vorläufer stark unterscheidet.

Doch die 24 000 DM, die der Porsche 911 kostet, scheinen tatsächlich für viele Umsteiger eine Nummer zu groß. Ihrem Wunsch nachgebend, gibt es bald eine Magervariante des 911, den Porsche 912. Er ist kaum anders ausgestattet als das Topmodell, aber mit dem alten Vierzylindermotor von 90 PS bestückt. Obwohl angeblich von genauso vielen Kunden verlangt, bleibt der 912 immer im Schatten seines großen Bruders und läuft bald, nachdem er noch einige Jahre in den USA angeboten wurde, aus.

Das beste Mittel, ein neues Auto bekannt zu machen und ihm schnellstens die unvermeidlichen Kinderkrankheiten abzugewöhnen, sind laut Porsche die Einsätze im Renn- oder Rallyesport. Dem 911 ergeht es da nicht anders als vielen seiner Vorgänger. Schon 1965, wenige Monate nach Anlauf des Verkaufs, geht der seriennahe Heckmotorwagen bei der Rallye Monte Carlo durchs Fegefeuer. Der Lohn: Klassensieg durch die hauseigenen Ingenieure Herbert Linge und Peter Falk!

Wie der Erfolg in Le Mans 1951 dem 356-Alu, so hilft das Monte-Ergebnis dem 911 auf die Räder. Gut ein halbes Jahr nach dem Rallye-Erfolg kann Porsche den nächsten Knüller präsentieren: das erste serienmäßige Sicherheitscabriolet der Welt, den 911 Targa. Dieser Targa (italienisch: Schild) ist ein Cabriolet mit einem optisch geschickt verpackten Überrollbügel. In den vorgestellten Ausführungen gibt es den Targa außer mit einem herausnehmbaren Dachmittelteil (bis heute so im Programm) auch mit einer heraustrennbaren, flexiblen Heckscheibe. Aus technischen Gründen wird die letzte Variante bald wieder eingestellt.

Die Eskalation der Leistungssteigerung bei den Normal-Limousinen zwingt auch Porsche ständig, sein Angebot anzupassen. Das geschieht beim 911 in erster Linie durch eine Hubraumerhöhung. Diese reicht von anfänglich 2,0 Liter über 2,2 Liter, 2,4 Liter, 2,7 Liter, 3,0 Liter bis zum aktuellen 85er-Modell mit 3,2 Liter Hubraum. Der luftgekühlte Sechszylinder-Boxermotor akzeptiert dabei klaglos alle Leistungsabgaben zwischen 110 und 231 PS. Erhalten bleibt der unnachahmliche Sound des heiser klingenden Triebwerks, der seit Jahrzehnten Schulkinder genauso begeistert wie gestandene Männer.

Wer auf sich hält, es sich leisten kann, wer »in« sein will und muß, kauft Porsche 911. Um ganz besonderen Ansprüchen zu genügen, die häufig aus den Reihen der Porsche-Kunden kommen, bieten die Stuttgarter »Besonderes für Besondere«: zum Beispiel eine Carrera-Ausführung des jeweils aktuellen Basismodells. 1972 einen 911 Carrera mit 2,7-Liter-Motor (210 PS, 240 km/h) und 1975 eine 3-l-Version mit 200 PS, 230 km/h schnell.

Die erste Carrera-Ausführung des Porsche 911 propagiert übrigens ganz ungewollt einen tausendfach kopierten Trend: den Heckspoiler, bei Porsche »Birzel« genannt.

Wiederum sind es Erfahrungen aus dem Rennsport, dieses Mal mit der Turboausführung des Typs 917, die Porsche veranlassen, diese in die Serie einfließen zu lassen. Der 917-10 Spyder sorgt nämlich 1973 in nachdrücklicher Weise dafür, daß die Abgasaufladung salonfähig wird. Zehn Jahre später ist diese Art der Leistungssteigerung selbst bei ehemals braven Limousinen gang und gäbe. Der 911 Turbo (intern Typ 930) kommt 1974 auf den Markt und stellt mit 260 PS aus 3,0 Liter Hubraum zu dieser Zeit das Optimum dar. Schon drei Jahre später werden der Hubraum auf 3,3 Liter erweitert und die Leistung auf glatte 300 PS angehoben. Die Höchstgeschwindigkeit von über 260 km/h scheidet Knaben von Männern, denn dieser Porsche verlangt aufgrund seiner enormen Kraftentfaltung eine kundige, kräftig zupackende Hand – besser Hände. Vielleicht gerade deshalb und trotz eines Kaufpreises, der Ende 1984 bei mehr als 110 000 DM liegt, ist der bis dahin nominell stärkste 911 ein Verkaufsschlager.

Die erste weltweite Ölkrise 1973/74 macht auch den Automobil-Herstellern zu schaffen. Die Firma Porsche, die knapp 50 Prozent ihrer Produktion in die Vereinigten Staaten verkauft, spürt deutlich die gebremste Kaufkraft. Und ähnlich wie das Volkswagenwerk, das auch zu lange auf den Erfolg eines Modells setzte, zeigt nun der Typ 911 bei Porsche, daß er in die Jahre gekommen ist.

Eine an sich schlechte Nachricht aus Wolfsburg kommt da den Stuttgartern überraschend zu Hilfe. Das Denkzentrum von Porsche in Weissach hatte für das VW-Werk einen Sportwagen serienreif entwickelt, als dort das Projekt quasi über Nacht gestoppt wird. Porsche handelt kurz entschlossen, kauft seine eigene Entwicklung zurück und präsentiert sie 1975 als Porsche 924.

Das technische Konzept dieses 2 + 2-Sitzers bricht sehr konsequent mit den bis dato gepflegten Bautraditionen im Haus: Der 924 hat einen wassergekühlten Vierzylindermotor aus dem VW-Konzern unter der vorderen Haube installiert, das Getriebe ist samt Differential an die Hinterachse verpflanzt. Motor und Getriebe sind mit einem starren Rohr verbunden. Die Techniker bezeichnen dieses System als Transaxle. Auch zum 924 gibt es von den Porschisten sofort eine ablehnende Haltung: »Eines Sportwagens der Marke Porsche unwürdig, viel zuviel Volkswagen.« Obwohl sich die Techniker aus Weissach in den folgenden Jahren bemühen, den 924 von diesem VW-Image zu lösen, bleibt er in den Augen der meisten Fans ein – wenn auch gut gemachtes – VW-Coupé.

Bei Frauen wegen seiner femininen Formen sehr beliebt, zuverlässig, sparsam und auch schnell (125 PS, knapp 200 km/h), findet dieses Modell guten Absatz in einem neuen Käuferkreis. Erst 1986 läuft der 924 mit dem VW-Konzern-Motor aus, erhält aber eine gedrosselte Motorversion aus dem Porsche 944 und erlebt als Einsteigermodell in die Porsche-Palette einen neuen Frühling. Kurzzeitig ist der Porsche 924 und der drei Jahre später folgende 924-Turbo (2 Liter, 170 PS) auch in den USA ein Marktrenner. Doch die japanischen Automobil-Hersteller wehren sich mit allen Möglichkeiten und können so den Aufschwung des 924 bald bremsen.

Etwa zu diesem Zeitpunkt werden Gerüchte immer lauter, die besagen, daß die Geschäftsführung den altgedienten und ebenso renommierten 911 aus dem Programm nehmen will. Seine technische Weiterentwicklung wird vernachlässigt. So altert der 911 schneller als normal, und die Verkaufs- sowie Produktionszahlen sinken rasch in die Nähe der Rentabilitätsgrenze.

Der als Alternative zu diesen klassischen Heckmotor-Sportwagen gedachte Porsche 928 (ab 1977) leidet schon bei seiner Premiere daran, daß er auf dem Markt zu überhastet angeboten wird und auch in seiner Philosophie an den Bedürfnissen vorbeizielt. Der ebenso wie der Typ 924 nach dem Transaxle-System aufgebaute 928 (4,5 Liter Hubraum, V8-Alumotor, 240 PS) ist besonders im Elektronik-Bereich unausgereift, und bei nicht überzeugenden Fahrleistungen verbraucht der Motor zuviel Benzin. Dem 928 und sogar dem 928 S (4,7 Liter, 300 PS), der ab 1979 angeboten wird, hängt dieses negative Image auch dann noch an, als das Programm Ende 1982 auf ein Modell zusammengestrichen wird.

Jetzt heißt es nur noch 928 S, hat 310 PS, die aber weiterhin aus 4,7 Liter Hubraum geschöpft werden. Einen technischen Höhepunkt erreicht dieses schnelle Sport-Coupé mit der Vorstellung der 5-l-Version. Der bewährte V8-Motor erhält Vierventil-Zylinderköpfe, eine geänderte Ansauganlage, eine LH-Jetronic und einen Katalysator. Die Präsentation dieses 928 S mit 32 Ventilen erfolgt Ende 1984 zuerst als US-Version. In den USA muß sich der Kunde allerdings mit recht mageren 292 PS bescheiden. In Deutschland gibt es diesen 928 S erstmals im Herbst 1985 auf der Internationalen Automobilausstellung zu sehen.

Ein in Berlin geborener Amerikaner bringt Deutschlands bekannter Sportwagen-Schmiede die Wende. Peter W. Schutz übernimmt am 1. Januar 1981 den Vorstandsvorsitz. Schutz, Prototyp eines Verkaufsmanagers, mit respektablen, manchmal hemdsärmeligen Aktivitäten, erkennt schnell, daß das positive Image des Porsche 911 nicht verschleudert werden darf. Eine schon länger zurückliegende Idee wird aus der Schublade gezogen, und Porsche kann 1981 auf der IAA seinen vergessenen Oldtimer als Vollcabriolet präsentieren.

Kurz zuvor hatte der Porsche 944 seine Premiere, der noch von Schutz-Vorgänger Dr. Ernst Fuhrmann in Auftrag gegeben wurde. Der 944 ist ein optisch und technisch aufgemöbelter Typ 924, der endlich auch die kritischen Porsche-Kunden zufriedenstellt. Der Vierzylinder-Reihenmotor, ein überarbeiteter, halbierter V8-Motor aus dem Porsche 928, hat 2,5 Liter Hubraum. Zum besseren Rundlaufverhalten der über 600 ccm großen Einzelzylinder sind zwei Ausgleichswellen installiert. Dieser Motor ist ausgesprochen drehmomentstark, treibt den 944 auf etwa 220 km/h Höchstgeschwindigkeit und schluckt im Durchschnitt rund 11 Liter Super-Benzin.

Bei einem anfänglichen Verkaufspreis deutlich unter 40 000 DM ist der Porsche 944 in Europa und Übersee auf Anhieb ein Volltreffer. Ein Porsche, dem der Haus-Slogan zur Ehre gereicht: »Fahren in seiner schönsten Form.«

Doch es dauert nicht lange, und im Trend der automobilen Leistungsaufrüstung haben Limousinen aus Ingolstadt, München und Untertürkheim mit dem Typ 944 aus Zuffenhausen gleichgezogen, ja überholen ihn sogar. Diese Herausforderung nehmen die Ingenieure an, und zu Beginn des Jahres 1985 erblickt ein 944 Turbo das Licht der Öffentlichkeit. Die monatelang anhaltende Entscheidungsfindung der politischen Gremien um die Installation von Katalysatoren in Autos bringt auch diesem Porsche-Modell ein halbes Jahr Verzögerung auf den ursprünglichen Zeitplan.

Doch das, was man dann anbietet, kann sich sehen lassen: Eine von außen fast nicht sichtbare Renovierung von Ex- und Interieur, gleichzeitig auch beim 944-Sauger durchgeführt, sowie eine komplette Überarbeitung der Technik führen zu einem abgasaufgeladenen 2,5-l-Vierzylinder, der 220 PS mit oder ohne Katalysator leistet. Bei einer Höchstgeschwindigkeit von knapp 250 km/h und Verbrauchsmittelwerten zwischen 11 und 13 Liter Super-Benzin mausert sich diese Baureihe zu einer echten 911-Alternative. Was sich übrigens auch im Preis ausdrückt, der mit mehr als 72 000 DM eindeutig in die 911-Phalanx zielt.

Porsches neuer Chef gibt aber grünes Licht, den so bedrängten 911 stufenweise zu renovieren. Ein Aufatmen geht durch die Fan-Gemeinde, und sie dankt es, indem sie so viele Porsche 911 bestellt wie selten zuvor in den zurückliegenden Jahren. Als erstes erhält der 911 zur IAA 1983 die Bezeichnung Carrera, und damit verbunden den auf 3,2 Liter aufgebohrten Sechszylindermotor. Mit nun 231 PS erreichen Coupé, Cabriolet und Targa knapp 250 km/h Spitze. 20 Jahre (!) liegen damit zwischen dem ersten 911 mit 2-l-Sechszylinder, 130 PS und etwa 200 km/h sowie diesem 911-Carrera.

Im Jahr 1983 setzte Porsche mit dem Technologieträger 959 neue technische Maßstäbe. Noch nie zuvor war ein reinrassiges Renntriebwerk aus der Gruppe C in einen Straßensport-

wagen implantiert. Seine 450 PS garantierten exorbitante Fahrleistungen. Mit seinem elektronisch geregelten Allradantrieb beschleunigte der Wagen in 3,7 Sekunden auf 100 km/h und kam auf eine Höchstgeschwindigkeit von 317 km/h.

Im 911-Segment erschien 1988 eine neue Variante, ein reinrassiger Speedster. Sein einfaches Verdeck verschwindet unter einer, mit zwei Höckern ausgeformten Kunststoffabdekkung, die in Verbindung mit der breiten Turbokarosse dem Wagen eine kraftvolle Ausstrahlung verleiht.

Der zeitgleich präsentierte 911 Carrera 4 mit Allradantrieb wird auffällig durch den bei 80 km/h ausfahrenden Heckspoiler, der den Auftrieb selbst bei 260 km/h reduziert. Unter dem Blech eine kleine Revolution: Der 911 hat nun erstmals ein Fahrwerk mit Schraubenfedern, ABS und Servolenkung serienmäßig. Im Heck sorgt ein 3,6-Liter-Motor mit Doppelzündung und 250 PS für Fahrleistungen nahe am stärkeren Turbo. Ein Jahr später kommt der Carrera 2.

Die Zuffenhäuser verpassen 1989 dem Turbo ein Fünfgang-Getriebe, womit sich der Turboschub noch mehr genießen läßt. Die Turbo-Entwicklung setzt danach ein Jahr aus, aber 1991 erscheint der Turbo II mit 320 PS, womit er allerdings kaum schneller als ein gut gehender Carrera 2 ist. Also legt das Werk 1993 mit einem Turbo nach, der nun 360 PS leistet.

Auch die Transaxle-Modelle, also die Porsches mit Frontmotor und Wasserkühlung, werden laufend weiterentwickelt. Der 924 wird mit 160 PS bis 1988 gebaut und die Typenreihe des 944 gipfelt 1992 im 944 Turbo mit 250 PS Leistung. Über 260 km/h schnell! 1992 rollt der 968, Nachfolger des 944, mit nur einer Motorvariante, 3-Liter-Vierzylinder und 240 PS Leistung, auf die Straße. Der überarbeitete Motor erhält eine variable Nockenwellensteuerung. Sein Bug erinnert stark an den 928 S4. Er wird bis 1995 11 602mal gebaut.

Der 928 hatte 1986 ein Facelift erhalten. In seiner letzten Existenzphase – von 1991 bis 1995 – wurde der 928 von einem gewaltigen, faszinierenden 5,4-Liter-Motor angetrieben. Englische Fachjournalisten nannten ihn schlichtweg »Das beste Auto der Welt«. Aber das hat ihm wenig genutzt. Er verschwand genauso heimlich, still und leise vom Markt wie die anderen modernen wassergekühlten Frontmotorwagen der Firma Porsche vor ihm. Im Grunde genommen ein Jammer!

Damit kehrte Porsche zur Monokultur zurück. Auf der IAA 1993 in Frankfurt war der neue Carrera zu bewundern. Erstmals in seiner Geschichte wurde die Form des Elfers nachhaltig geändert. Die vorderen Kotflügel sind nun flacher, das Heck breiter und die Stoßfänger wurden in die Karosserie integriert. Die zeitlos schöne Silhouette ist aber voll erhalten geblieben. Fahrwerk- und Motorverbesserungen lassen den 911 noch agiler fahren. Der Motor hat nun einen hydraulischen Ventilspielausgleich und leistet jetzt 272 PS. Über ein 6-Gang-Getriebe werden 270 km/h erreicht. 1995 wurde der Motor modifiziert, er bringt 285 PS. Im Carrera RS leistet ein 3,8-Liter-Motor 300 PS.

Der Turbo hat in seiner Neuauflage 1994 erstmals einen Bi-Turbomotor mit 408 PS, bei niedrigsten Abgaswerten und serienmäßigem Allradantrieb.

Am 15. Juli 1996 lief der 1 000 000te Porsche vom Band, und im Herbst desselben Jahres erblickt der Boxster, eine komplette Neuentwicklung, das Licht der Welt. Damit hat die Modellmonokultur bei Porsche vorläufig wieder ein Ende.

Auf der IAA 1997 präsentiert Porsche das neue 911 Carrera Coupé. Der Elfer hat jetzt ebenfalls einen wassergekühlten Motor, der aus 3,4 Litern 300 PS zaubert. Am 31. März 1998 läuft der letzte luftgekühlte 911 vom Band.

Marc Bongers

HELMUTH BOTT

HECKANTRIEB – EINE WELTANSCHAUUNG?

Unzählige namhafte Ingenieure haben sich in den hundert Jahren der Automobilgeschichte damit befaßt, die optimale Lösung für die Übertragung der Motorleistung auf die Antriebsräder zu finden. Nach dem heute immer wieder zitierten »Die Pferde ziehen vorn« hat auch der erste Dampfwagen als Ersatz für das Pferdefuhrwerk das Vorderrad angetrieben. Der Straßen-Dampfwagen von Nicholas J. Cugnot, von dem hier die Rede ist, hatte seine Aufgabe im Jahr 1770 gut gelöst, indem er dem angetriebenen Vorderrad seines Dreiradgefährts die richtige Belastung gab. Der Dampfkessel befand sich nämlich ebenso wie die beiden Arbeitszylinder vor der Vorderachse. Im Gegensatz dazu hatten die ersten Automobile von Carl Benz und Gottlieb Daimler Motor und Antriebsräder hinten.

Doch es scheint notwendig, hier erst einmal die Begriffe zu erläutern, denn nach unserer heutigen Definition müßten wir bei Daimler und bei Benz eigentlich von einem Mittelmotor reden oder, noch präziser, von einem Unterflur-Mittelmotor. Und damit sind wir mitten in der Technik und sollten zuerst feststellen, welche Möglichkeiten des Antriebs überhaupt vorkommen. Dabei sind zwei Dinge wichtig: die Anordnung der Antriebsräder und die Lage des Motors.

Fronttriebler haben Motor und Antriebsräder vorn, wobei der Motor vor, auf oder hinter der angetriebenen Vorderachse liegen kann. Von *Standardbauweise* spricht man bei Fahrzeugen, die mit vornliegendem Motor über eine Gelenkwelle die Hinterräder antreiben, von *Heckantrieb* bei Fahrzeugen mit einer Motorlage unmittelbar vor, hinter oder über der angetriebenen Hinterachse.

In den letzten beiden Jahrzehnten wurde allerdings beim Motor vor der angetriebenen Hinterachse die Bezeichnung Mittelmotor gewählt, während dasselbe System zu Zeiten des Auto-Union-Rennwagens in den dreißiger Jahren noch als Heckmotorwagen oder als Hecktriebler bezeichnet wurde. Um die Vielfalt noch zu vergrößern, gibt es heute Allradfahrzeuge mit Front-, Mittel- oder Heckmotor.

Worin bestehen die Vor- und Nachteile der verschiedenen Konzeptionen, und sind handfeste technische Begründungen für die verschiedenen Bausysteme vorhanden? Wie bei allen technischen Problemen gibt es hier keine »Nur die«-Lösung. Einsatz- und Anwendungskriterien, Baugröße und Nutzraumangebot, Gestaltung und Fahreigenschaftsanforderungen bilden den Gesamtkompromiß – und jedes Automobil ist ein Kompromiß. Die Lage des Motors bestimmt vor allem bei geringer Zuladung die Gewichtsverteilung des Fahrzeugs und beeinflußt dadurch die Fahreigenschaften.

Fronttriebler haben die Veranlagung zu guter Fahrtrichtungsstabilität, guter Traktion unter Winterbedingungen und unproblematischem Kurvenverhalten besonders für den Durchschnittsfahrer. Im Extremfall neigen sie zum Untersteuern und haben im sportlichen Wettbewerb frühe Grenzen. Mit genügender Zuladung verlagert sich der Schwerpunkt nach hinten und kann dadurch die beschriebenen Vorteile bei voller Zuladung in ihr Gegenteil verwandeln.

Die *Standardbauweise,* Motor vorn – Antrieb hinten, hat Veranlagung zu guter Fahrtrichtungsstabilität und ausgewogenen Eigenschaften unter normalen Bedingungen. Im Winterbetrieb muß häufig der Sandsack im Kofferraum die mangelnde Belastung der Antriebsachse verbessern.

Das Porsche-Transaxle-Prinzip, das bei den Typenreihen 924, 944 und 928 Anwendung findet, stellt einen Kompromiß zwischen Standardbauweise und Heckantrieb dar. Ein Teil des Antriebssystems, nämlich das Getriebe, ist vom vornliegenden Motor getrennt bei der Hinterachse angeordnet und verbessert damit das Handling des Fahrzeugs und die Traktion besonders unter Winterbedingungen.

Der *Heckantriebswagen* ist von seiner Veranlagung her weniger fahrtrichtungsstabil und gleichzeitig windempfindlicher als der Frontantriebswagen, neigt einerseits im Kurvengrenzbereich zum Übersteuern, hat andererseits sehr gute Allround-Eigenschaften bei Schlechtwegbedingungen, Bergstrecken und im Winterbetrieb.

Alle Veranlagungsnachteile, und dies gilt natürlich auch für die zuvor beschriebenen Antriebsarten, können durch entsprechende Sekundärmaßnahmen und sorgfältige Abstimmung von Fahrwerk und Aerodynamik weitgehend kompensiert werden.

Der Heckantrieb ist als Mittel- oder Heckmotor-Bauweise bei den bekanntesten Porsche-Konstruktionen angewandt worden, beim Auto-Union-Rennwagen, beim Volkswagen, bei den Porsche-Typen 356, 911 sowie bei allen Porsche-Rennwagen vom Typ 550 im Jahr 1952 bis zum 956 im Jahr 1982. Ist der Heckantrieb deshalb bei Porsche zur Weltanschauung geworden? Gewiß nicht, sonst wären die modernen Porsche Vier- und Achtzylinder nicht mit dem Transaxle-System ausgestattet worden. Was hat Professor Porsche und sein Team veranlaßt, den mit mehr als 20 Millionen Stück bis heute am häufigsten gebauten Fahrzeugtyp, den VW-Käfer, mit Heckantrieb zu konstruieren?

Da war zunächst die Aufgabenstellung, ein preiswertes, leichtes, robustes, wirtschaftliches und langlebiges Fahrzeug mit großer Nutzlast zu entwerfen. Preiswert und leicht durch Einsparung von Bauteilen gegenüber der damals weitverbreiteten Standardbauweise mit wassergekühltem Frontmotor, zum Beispiel durch Wegfall der Kardan-Welle und des Differentialgehäuses.

Luftkühlung statt Wasserkühlung: Ein Motor mit Gebläsekühlung ist lageunabhängig und leichter als der wassergekühlte Motor in Verbindung mit seinem Kühlsystem.

Robust und langlebig sollte das Fahrzeug werden durch wartungsfreie Drehstabfedern, stabile Plattform-Bodengruppe mit Zentralrohrrahmen. Der luftgekühlte Vierzylinder-Boxer bekam einen wirksamen Ölkühler, was sonst nur Hochleistungsmotoren vorbehalten war. Die verschleißanfälligen Antriebswellen an der Lenkachse wurden durch Heckantrieb vermieden.

Wenn heute die Mehrzahl der Gebrauchsfahrzeuge, insbesondere in der unteren Mittelklasse, Fronttriebler sind, so mag das seine Berechtigung haben im Zusammenhang mit dem unproblematischen Fahrverhalten, das insbesondere dem Durchschnittsfahrer gerecht wird.

Anders sind die Verhältnisse bei Sport- und Rennwagen. Obwohl es in den ersten Jahrzehnten des Automobilzeitalters mehrere Versuche und Ansätze für Sport- und Rennwagen mit Frontantrieb gab, setzte sich zunächst die Standardbauweise durch. Die Möglichkeit des Fahrers, mit den angetriebenen Hinterrädern im Kurvengrenzbereich das Fahrzeug kurvenwilliger zu machen, gab den Ausschlag. Durchdrehende Antriebsräder oder Räder mit Schlupf können Seitenführungskräfte nicht optimal übertragen, das bedeutet, das Fahrzeug bricht aus. Geschieht dies bei angetriebenen Vorderrädern, so verliert es seine Lenkfähigkeit. Bricht das hinterradangetriebene Fahrzeug aber mit den Hinterrädern aus, so kann der versierte Fahrer mit den Vorderrädern »gegenlenken«. Dieser Balanceakt, das Lenken mit zwei Achsen, mit der Lenkachse durch Lenkeinschlag und mit der angetriebenen Achse »mit dem Gaspedal«, ergibt bei gleichem Gewicht und gleicher Motorleistung des Fahrzeugs für den Könner die schnellere Rundenzeit. Nun, diese Feststellung gilt zunächst für den Vergleich Vorderradantrieb zu Hinterradantrieb, wobei auch beim Hinterradantrieb der Motor vorn sein kann: also Frontantrieb gegen Standardbauweise.

Und so waren – abgesehen von einigen Ausnahmen, die sich nicht durchsetzen konnten – alle Rennwagen der ersten fünf Automobil-Jahrzehnte in Standardbauweise, Motor vorn, Antrieb hinten, gebaut, und das ging bis zu dem Zeitpunkt, an dem der von Professor Porsche und seinem Team konstruierte Auto-Union-Rennwagen den ersten »Großen Preis« gewinnen konnte. Das war am 15. Juli 1934 auf dem Nürburgring mit Hans Stuck, der im ersten Jahr auf dem neuen »Heckmotorwagen« Deutscher Straßenmeister, Deutscher Bergmeister und schließlich Europameister wurde; eine Weltmeisterschaft gab es damals noch nicht.

Trotz des spektakulären Einstands des neuen Heckmotors oder, besser, Mittelmotorkonzepts dauerte es noch weitere 25 Jahre, bis sich der Heckantrieb im Rennwagenbau durchsetzte, und heute gibt es keinen Formel-Rennwagen und keine Rennsportwagen mehr, bei denen der Motor vorne liegt.

Und das hat nichts mit Weltanschauung zu tun, sondern ganz einfach mit Wettbewerbsfähigkeit. Die schon beschriebene Möglichkeit, mit Motor vorn und Antrieb hinten besseres Kurvengrenzverhalten zu erreichen, wird mit zusätzlicher Belastung der Antriebsachse durch Mittel- oder Heckmotor noch weiter verbessert, und selbst im Nudeltopf von Indianapolis, wo sich der Frontmotor sehr lange wegen der Charakteristik der Strecke halten konnte, gibt es heute nur noch Hecktriebler.

Zu dem Vorteil beim Kurvenverhalten kommen das bessere Beschleunigungsvermögen und das günstigere Bremsverhalten, wo bei höherer Belastung der Hinterachse eine ausgeglichenere Bremskraftverteilung möglich ist.

Wie sieht es nun beim Sportwagen aus? Das erste Fahrzeug 1948, das den Namen Porsche trug mit der Typenbezeichnung 356, war ein Mittelmotorwagen mit angetriebenen Hinterrädern, entsprechend dem Prinzip des Porsche-Auto-Union-Rennwagens. Es erfüllte die Erwartungen in punkto Fahrleistungen und Fahreigenschaften, nicht aber das auch von einem Sportwagen erwartete Platzangebot für Passagiere und Gepäck. So blieb es bei einem einzigen Prototyp in Mittelmotorausführung, und alle folgenden Fahrzeuge des Typs 356 wurden als Heckmotorwagen gebaut. Das heißt: Getriebe vor der Hinterachse, Motor hinter der Hinterachse. Auf diese Weise konnte ein großer zusätzlicher Gepäckraum hinter den Vordersitzen geschaffen werden, der im Notfall auch den Transport von zwei zusätzlichen Passagieren ermöglichte. Eine noch vertretbare Gewichtsverteilung wurde durch die kurze Baulänge des Vierzylinder-Boxermotors und durch die Verwendung von Leichtmetall erreicht.

Der Porsche Typ 356 war zu seiner Zeit der leichteste und wirtschaftlichste Seriensportwagen. Der Mittelmotorwagen 356 001 wog 585 kg, die späteren Heckmotor-Coupés 760 kg und die in Zuffenhausen gebauten Fahrzeuge mit Ganzstahlkarosse 810 bis 830 kg. Mit dem

Verbrauch um 10 Liter/100 km und für damalige Verhältnisse hervorragenden Beschleunigungszeiten und Dauergeschwindigkeiten eine Lösung, die mit keinem anderen Konstruktionsprinzip hätte erreicht werden können.

Gewiß gab es im Zusammenhang mit der Fahrtrichtungsstabilität und dem Kurvengrenzverhalten in den ersten Jahren eine Menge zu lernen und zu verbessern, und die Diskussion um die richtige Auslegung und Abstimmung des Fahrverhaltens nahm einen breiten Raum ein. Eine Begebenheit aus dieser Zeit mag dies illustrieren. Zu den erfahrenen Experten, deren Ratschläge hilfreich waren, zählten Hans Klauser, der Betriebsleiter, Huschke v. Hanstein, der Rennfahrer und Rennleiter, und Richard von Frankenberg, der Rennfahrer und »Christophorus«-Redakteur.

Richard von Frankenberg war der Entdecker des damaligen Militärflugplatzes in Malmsheim, unweit von Leonberg, und auf diesem Flugplatz wurden auch in intensiver Versuchsarbeit die Abstimmung des Fahrwerks unserer Produktionsfahrzeuge erarbeitet. Richard liebte den deutlich übersteuernden 356, und es machte ihm Spaß, um die Kurven zu schleudern. Er war überzeugt, daß ein direkter Zusammenhang bestand zwischen dem Driftwinkel des Fahrzeugs und der Kurvengeschwindigkeit. Je größer der Schräglaufwinkel, desto höher die Kurvengeschwindigkeit. Ich hatte zu der Zeit, als diese Fachgespräche geführt wurden, gerade die Vorarbeiten für den Porsche 356 A abgeschlossen und dabei herausgefunden, daß mit weniger Übersteuerungstendenz und vor allem mit höherem Anteil der Vorderräder bei Kurvenfahrt deutlich höhere Kurvengeschwindigkeit erreicht werden konnte.

Das sah natürlich bei weitem nicht mehr so spektakulär aus, aber die Stoppuhr zeigte, daß es schneller war. Richard glaubte zunächst nicht an die Theorie und wettete eine Flasche Champagner, daß er mit dem alten 356 am Kreis schneller fahren könne. An einem Samstagmorgen kam es zur Austragung. Mit den beiden Fahrzeugen fuhren wir nach Malmsheim und benötigten weder eine Stoppuhr noch einen Unparteiischen. Das weniger übersteuernde Versuchsfahrzeug war deutlich schneller, und ich konnte dem Kurvenkünstler am großen Kreis nach fünf Runden eine Runde abnehmen. Der Grund dafür war nicht allein in der höheren Kurvengrenzgeschwindigkeit zu suchen, sondern vor allem auch im kritischen »Grenzverhalten« des alten Fahrzeugs, das immer wieder zum Ausbrechen führte, während das Versuchsfahrzeug problemlos am Limit gefahren werden konnte. Natürlich hatte auch ich keine Chance, mit dem alten Konzept gegen Richard auf dem Versuchswagen eine bessere Figur zu machen.

Von da an akzeptierte er den Untersteuerer, der in Wirklichkeit natürlich noch immer ein eindeutiger Übersteuerer im Grenzbereich geblieben war. Der Nachfolger des 356, der Typ 911, ist inzwischen zum meistgebauten Porsche geworden und hat sich in allen Sparten des Motorsports bewährt. Er ist Rallye- und GT-Weltmeister geworden und als Typ 935 unter anderem auch Le-Mans-Sieger. Kaum ein anderes Fahrzeugkonzept hat sich bei so unterschiedlichen Wettbewerben über so viele Jahre bewährt.

Und immer wieder, wenn es den Anschein hatte, daß der inzwischen beim Großserienfahrzeug zum Außenseiter gewordene Heckantriebswagen neue technische Forderungen oder Gesetze nicht würde erfüllen können, wurden Lösungen gefunden, die allen Ansprüchen gerecht wurden. Dazu kommt, daß die Zwänge zum Leichtbaumotor bei keiner Bauweise so ausgeprägt sind wie beim Heckmotor-Fahrzeug. Luftkühlung bietet dabei die Möglichkeit, einige Kilogramm einzusparen.

Luftgekühlte Hochleistungsmotoren sind aber auch für leichte Sport-, Reise- und Geschäftsflugzeuge gefragt. So war es naheliegend, aus dem immer wieder optimierten 911-Heckmotor einen Flugzeugmotor zu entwickeln, der

1984 vom Luftfahrtbundesamt seine Zulassung erhielt. Dieser Porsche-Flugmotor PFM 3200 ist sparsamer, leiser und durch seine einfache Bedienung sicherer als seine Wettbewerber. Beim Einbau in zwei unterschiedliche Flugzeugtypen wurden unsere Erwartungen voll bestätigt, und es wird nicht mehr lange dauern, bis dieser Motor in verschiedenen Flugzeugen serienmäßig verwendet werden wird, und diesmal sowohl als Front- wie auch als Heckmotor.

Im Fahrzeugangebot der Firma Porsche gibt es inzwischen drei Modellreihen, zwei mit dem erwähnten Transaxle-Prinzip, Motor vorn, Getriebe und Antrieb hinten, und nach wie vor eine mit dem jahrzehntealten *Hecktriebler.* Zeigt nicht dieses Nebeneinander, daß unsere Hausphilosophie nicht an einer einzigen Bauweise festhält?

Eines haben allerdings alle unsere Sportwagen gemeinsam: Angetrieben werden die *Hinterräder,* und wir können uns bislang einen Porsche-Sportwagen mit Vorderradantrieb nicht vorstellen. Inzwischen ist die Zeit jedoch nicht stehengeblieben, und zum Beispiel auf dem Rallye-Sektor hat sich ein altbekanntes neues Konzept durchgesetzt: der *Allradantrieb.* Doch auch hier findet die Auseinandersetzung zwischen den möglichen Konzepten eine Fortsetzung. Die Möglichkeit, das Antriebsmoment unterschiedlich auf Vorder- und Hinterachse zu verteilen und durch die Motoranordnung die Verteilung des Gewichts- und Antriebsmoments unterschiedlich zu kombinieren, eröffnet neue Perspektiven und gestattet uns, die interessanten Diskussionen auf einer neuen Basis weiterzuführen.

PAUL FRÈRE

PORSCHE 911: LEGENDE ZU LEBZEITEN

Nach einer Produktionszeit von mehr als 20 Jahren, in der weder die Form noch die Technik grundlegend verändert wurden, ist der Porsche 911 noch immer einer der begehrtesten und respektiertesten Sportwagen. Die ständige Weiterentwicklung durch ein enthusiastisches Team hat ihn in ungebrochener Frische über die Jahre gebracht, und die großen Erfolge der serienmäßigen und der Renn-Modelle lassen sein Prestige überall in der Welt über jede Diskussion erhaben sein. Die Karriere des 911 nähert sich aber noch lange nicht ihrem Ende: Es ist kein Geheimnis, daß noch viele Weiterentwicklungen im Gange sind, die dem 911er seinen Platz an der Spitze der Sportwagenproduktion garantieren werden.

Der 911 ist ein perfektes Beispiel dafür, wie Erfahrungen aus dem Rennsport zur Verbesserung der Serienfahrzeuge beitragen können. Aber ein Gebrauchsfahrzeug muß auch Anforderungen entsprechen, die mit dem Sporteinsatz nichts zu tun haben: Komfort, Elastizität, Laufruhe, Lebensdauer, Umweltfreundlichkeit etc. Es ist das große Verdienst der Entwicklungsingenieure bei Porsche, dies erkannt zu haben.

Dr. »Ferry« Porsche, der nach dem Tode seines Vaters im Januar 1951 bis 1972 den Vorstandvorsitz der Firma innehatte, blieb einem wesentlichen Prinzip des schon von ihm entwickelten 356 treu, indem der 911 einen luftgekühlten Heckmotor erhielt. Um auf die Erfahrungen mit dem Vierzylinder vom Typ 356 zurückgreifen zu können, sollte der Sechszylinder ursprünglich eine Weiterentwicklung des Stoßstangen-Vierzylinders sein, aber da er zu starke Geräusche verursachte und überhaupt zu groß war, entschloß sich Ferry Porsche schließlich für einen Nockenwellenmotor. Hätte er das damals nicht getan, der 911 würde heute sicherlich nicht mehr existieren.

Obwohl Ferry Porsche dem 911 einen etwas größeren Innenraum und Kofferraum geben wollte als dem 356, bestand er darauf, daß auch der Neue leicht und kompakt bleiben sollte, und mehr als 2,20 m Radstand gestand er seinem Chefkonstrukteur Karl Rabe nicht zu. Trotzdem gelang es Porsches Sohn Ferdinand Alexander, heute Inhaber der Firma Porsche Design, dem 911 eine elegante, langgestreckte und strömungsgünstige Linie zu verleihen, die bis auf die gesetzesbedingte Änderung der Stoßstangen bis heute unverändert blieb und immer noch elegant wirkt. Abgesehen vom gänzlich neuen Sechszylindermotor wich der 911 von seinem Vorgänger außerdem noch in drei wesentlichen Punkten ab. Die seit dem Auto-Union-P-Wagen für alle Porsche-Konstruktionen charakteristische Doppellängslenker-Vorderachse mit querliegenden Drehstäben wurde durch eine Dämpferbeinachse mit längsliegenden Drehstäben ersetzt, die nicht nur mehr Freiheit in der Wahl der Achsgeometrie zuließ, sondern auch für den Kofferraum mehr Platz schaffte: An die Stelle der Gemmer-Schneckenlenkung trat, auf Anregung des damaligen Entwicklungschefs Hans Tomala, eine recht aufwendig konstruierte Zahnstangenlenkung, und hinten wurde eine Schräglenkerachse an Stelle der Pendelachse eingebaut. Der Wagen erhielt auch ein neu konstruiertes 5-Gang-Getriebe.

Die fortschrittlichere Aufhängung beseitigte aber keineswegs die Probleme des Fahrverhaltens, die schon beim 356 Sorgen bereitet hatten. Der relativ schwere Sechszylinder im Heck machte den Entwicklungsingenieuren viel zu schaffen, und selbst zum Zeitpunkt, als das neue Modell vorgestellt wurde (das damals noch 901 hieß und erst auf 911 umbenannt wurde, als sich herausstellte, daß Peugeot alle dreistelligen Zahlen mit einer Null in der Mitte geschützt hatte), blieb das Fahrverhalten noch recht unbefriedigend: Der Geradeauslauf war schlecht, und das bei mäßigen Kurvengeschwindigkeiten starke Untersteuern ging in der Nähe des Grenzbereichs in blitzartiges Übersteuern über.

Als schnelle – für einen Techniker aber keineswegs befriedigende – Abhilfe wurden in beide Enden der vorderen Stoßstange 11 kg schwere Gußeisenmassen eingebaut, während die Techniker sich eifrig um eine bessere Lösung bemühten. Schritt für Schritt folgten die Verbesserungen für die Fahreigenschaften: die engeren Toleranzen bei der Produktion und die von 4,5 auf 5,5 Zoll verbreiterten Felgen. Den größten Schritt nach vorn gab es mit der Einführung der 69er-Modelle: Verlängerung des Radstandes um 7 Zentimeter auf 2,27 Meter durch Verlängerung der Achslenker nach hinten, ohne die Einbaulage des Motors zu verändern. Der jetzt entsprechend verkürzte hintere Überhang ergab eine weniger hecklastige Gewichtsverteilung. Die Batterieanlage wurde zweigeteilt und weit vorne und seitlich im Kofferraum plaziert. Da auch noch die Felgen für die E- und S-Versionen auf 6 Zoll Breite anwuchsen, in Verbindung mit Niederquerschnitts-Reifen 185/70 VR 15, kam man dem gewünschten neutralen Fahrverhalten immer näher. Als sich Porsche dann entschloß, nur die hinteren Felgen nochmals um einen Zoll zu verbreitern und den Turbo mit serienmäßigen Super-Niederquerschnittreifen auf Felgen von 16 Zoll Durchmesser auszustatten, bedeutete das nochmals eine Verbesserung.

In der ersten angebotenen Version (1964) leistete der luftgekühlte Sechszylinder-Boxermotor des »Elfer« 130 PS bei 6100 U/min und erreichte sein höchstes Drehmoment von 17,8 mkp bei 4500 U/min. Mit einer vom Verfasser gemessenen Höchstgeschwindigkeit von 211 km/h war er der bis dahin schnellste serienmäßige Porsche. Er schaffte 0 auf 100 km/h in 8,8 Sekunden und brauchte für den stehenden Kilometer 29,3 Sekunden, für einen 2-Liter-Sportwagen damals hervorragende Werte. Aber knapp zwei Jahre später, im Juli 1966, brachte Porsche eine leistungsgesteigerte Version, den 911 S, dessen 160-PS-Motor von der Erfahrung des Sechszylinders im Renneinsatz profitiert hatte.Die Fahrleistungen dieses Motors waren noch wesentlich höher: Eigene Messungen ergaben eine Höchstgeschwindigkeit von 222 km/h und Zeiten von 0 auf 100 km/h in 6,8 Sekunden und 27,6 Sekunden für den Kilometer mit stehendem Start: verblüffend schnell für diese Hubraumklasse.

Allerdings mußte für wirklich schnelles Vorwärtskommen auf längeren Strecken der Fahrer auch einen eigenen, nicht unwesentlichen Beitrag leisten: Die 18,2 mkp Drehmoment standen erst bei 5200 U/min zur Verfügung, und darunter war nur wenig Schub zu erwarten. Ständiges Schalten blieb also notwendig, um die Drehzahl zwischen 5000 und der 7300 U/min-Grenze zu halten, und der damit verbundene Lärm war nicht weit von der Erträglichkeitsgrenze entfernt. Wie schon erwähnt, setzte auch das Fahrverhalten beim Fahrer einiges Können und Aufmerksamkeit voraus, denn als der 911 S vorgestellt wurde, hatte er noch praktisch das Originalfahrwerk. Selbst die aus Aluminium geschmiedeten »Fuchs«-Räder, die ihn äußerlich kennzeichneten und inzwischen eine Art Markenzeichen für hochkarätige 911er geworden sind, hatten damals nur 4,5 Zoll breite Felgen und ganz normale 82-Prozent-Querschnitt-Radialreifen.

Noch mehr Leistung konnte erst verantwortet werden, als sie ein verbessertes Fahrwerk zuließ. Aber wie sollte man aus dem kleinen Sechszylinder, der schon über 80 PS/Liter abgab, noch mehr herausholen? Benzineinspritzung war eine Möglichkeit, durch die gleichzeitig mit der Einführung des stark verbesserten Fahrwerks die Leistung des 911 S um weitere 10 PS auf 170 PS hochgeschraubt wurde, während es der elastischere und ruhigere 911 E auf 140 PS brachte.

Mit den 85 PS/Liter des 911 S wäre es für ein Serienauto aber wirklich zu Ende gewesen, hätte nicht Ferry Porsche schon bei der Konstruktion des Motors für so viel Spielraum gesorgt, daß der Hubraum ohne tiefgreifende Maßnahmen bis auf ca. 2,7 Liter vergrößert werden könnte. Niemand ahnte damals, daß die Grundkonstruktion auch bis 3,3 Liter reichen würde: »Sonst«, so Ferry Porsche, »hätten wir ihn gleich kleiner und leichter gemacht. Aber heute sind wir froh, daß der Motor von vornherein so groß geraten ist.«

Die Vergrößerung des Hubraums ging stufenweise vor sich: auf 2,2 Liter für die 1970er Modelle, 2,4 Liter für die 1972er Modelle, die für Normalbenzin abgestimmt wurden, und schließlich 2,7 Liter für den Ende 1972 erschienenen Carrera RS, von dem im ersten Produktionsjahr 1036 Stück in Leichtbauweise gefertigt wurden.

Dieser erste 911 Carrera, der mit Normalbenzin, nur 8,5 : 1 Verdichtung und mechanischer Einspritzung 210 PS leistete, war ein neuer markanter Schritt in der Entwicklung des 911. Er war in erster Linie aus dem Bestreben entstanden, Porsche-Kunden ein Fahrzeug in die Hände zu geben, das nach entsprechender Vorbereitung im Rahmen der Sport-Reglements sowohl auf Rundstrecken in der GT-Klasse als auch in Rallyes jeder Konkurrenz gewachsen war. Er war der erste 911 mit Spoilern vorn und hinten (der berühmte »Entenbürzel« oder »Birzel«) die den aerodynamischen Auftrieb wesentlich verringerten und sowohl das Fahrverhalten in schnellen Kurven als auch das Seitenwindverhalten erheblich verbesserten. Er war auch der erste 911 mit hinten breiteren Felgen (7 Zoll) als vorn und entsprechend verbreiterten hinteren Kotflügeln. Zwei Merkmale, die später für alle 911-Modelle übernommen wurden.

Mit der Vergrößerung des Hubraums wurden die 911-Motoren auch elastischer, aber der 2,7-Liter-Carrera übertraf in dieser Hinsicht mit Abstand alle seine Vorgänger: Sein bei 5100 U/min abgegebenes maximales Drehmoment von 26 mkp lag mehr als 40 Prozent höher als beim 2-Liter-Einspritzmotor des 911 S von 1969 und auch fast 20 Prozent höher als beim 2,4-Liter-911 S. Dieser Leichtbau-Carrera RS blieb mehr als zehn Jahre lang auch der schnellste unaufgeladene 911: Eigene Messungen ergaben eine Spitze von 240 km/h und Zeiten von 5,8 Sekunden von 0 auf 100 km/h und 25,4 Sekunden für den Kilometer mit stehendem Start. Verantwortlich hierfür war nicht nur der hervorragende Motor, sondern auch ein Gewicht von nur knapp über 900 kg (ohne Benzin) und die gute Aerodynamik der Karosserie, die 1973 zum letzten Male noch mit den kleinen, aerodynamisch günstigeren Stoßstangen gebaut wurde.

Auch der im folgenden Jahr in nur 109 straßengängigen Exemplaren gefertigte 230 PS starke 3-Liter-Carrera RS war, wohl wegen seiner auf die späteren Turbo-Maße verbreiterten Karosserie und seiner breiteren Reifen, nicht schneller. Bei vielen 911-Experten gilt der 2,7-

Liter-Carrera RS deshalb als der schönste bisher gebaute 911 überhaupt. Bis in die achtziger Jahre blieben die beiden Leichtbau-RS im internationalen Rallye-Sport, auch in privaten Händen, voll konkurrenzfähig, und 3-Liter-Versionen gewannen noch 1978 die Rallye Monte Carlo und 1980 die Tour de Corse.

Diese beiden Spitzenmodelle kamen aber gerade zu einer Zeit auf den Markt, als die Ölkrise und die immer schärfer werdenden Abgasgesetze die Entwicklungsziele der Automobilindustrie grundlegend änderten. Auch Porsche mußte mit reineren Abgasen aufwarten, und der Verbrauch wurde jetzt zum aktuellen Gesprächsthema. Es entstand eine neue Generation von weniger hochgezüchteten, langsamer laufenden Motoren mit dem weniger leistungs- als verbrauchsorientierten Bosch-K-Jetronic kontinuierlichen Einspritzsystem. Als Ausgleich für die geringere Literleistung wurde der Hubraum für alle Modelle auf 2,7 Liter erhöht, und als 1976 auch der 2,7-Liter-Carrera (der Nachfolger des Carrera RS, der bis Ende 1975 mit der normalen Karosserie mit voller Luxusausrüstung weitergebaut wurde) auslief, ersetzte ihn der Carrera 3 Liter mit K-Jetronic und 200 statt 210 PS. Als 1978 die 2,7- und 3-Liter-Modelle durch das Einheitsmodell 911 SC ersetzt wurden, ging die Leistung auf 180 PS zurück.

Vielleicht hatte Porsche die stille Hoffnung, daß die traditionellen 911-Kunden auf den gerade vorgestellten Porsche 928 umsteigen würden. Diese Rechnung ging aber nicht auf, und bald sah sich das Werk gezwungen, den 911-Fans das zu geben, was sie haben wollten: mehr Leistung! Ab 1981 konnte man endlich wieder einen 911 mit mehr als 200 PS kaufen. Heute sind es im Carrera 3,2 Liter schon 231 PS. Sie werden dank der vollelektronischen »Motronic« – die sowohl die Zündung als auch die Benzineinspritzung unter Berücksichtigung aller Faktoren, die den Verbrennungsverlauf im Motor beeinflussen können, exakt steuert – sparsamer denn je auf die Straße gebracht. Trotz kompletterer Ausstattung, wesentlich erhöhten Komforts, besserer Elastizität und viel größerer Laufruhe erreicht der heutige Carrera, mit gut 150 kg höherem Gewicht, praktisch wieder die Beschleunigungswerte des unvergessenen Carrera 2,7 RS, und ist er in der Spitze mit über 245 km/h sogar noch schneller.

Porsche war die erste Firma, die in bedeutenden internationalen Rennen Fahrzeuge mit Abgas-Turboaufladung mit großem Erfolg einsetzte. Es lag auf der Hand, diese erfolgreiche Entwicklung auch auf die Serienproduktion zu erweitern. Aber gerade, als die Entwicklung eines 911 mit Turbo-Aufladung abgeschlossen war, kamen die Ölkrise und alle Unsicherheiten, die sie mit sich brachte. Es muß dem damaligen Firmenchef Professor Ernst Fuhrmann als großes Verdienst angerechnet werden, daß er den Mut hatte, dieses 250 km/h schnelle und eindrucksvoll beschleunigende, jedoch recht durstige Auto in Produktion zu nehmen. Mitbestimmend war allerdings auch, daß der 911 Turbo (intern 930 Turbo) als Ausgangsbasis für ein vom 911 abgeleitetes Rennfahrzeug, den Typ 935, dienen sollte, mit dem Porsche die Markenweltmeisterschaft bestreiten wollte.

In seiner ursprünglichen Form, die Ende 1974 in Produktion ging, leistete der 3-Liter-911 Turbo, der keinen Ladeluftkühler hatte, 260 PS bei nur 5500 U/min und erzeugte ein Drehmoment von 35 mkp bei 4500 U/min. Dies erforderte ein neues Getriebe, denn selbst das für die 2,4-Liter-Saugmotoren entwickelte vom Typ 915 war ihm nicht gewachsen. Aus Platzgründen, aber auch weil man es bei einem so hohen Drehmoment nicht für erforderlich hielt, erhielt das neue Getriebe nicht fünf, sondern nur vier Gänge. Auch das Fahrwerk wurde in Hinsicht auf die höheren Fahrleistungen, aber auch insbesondere auf die Homologation für den Sporteinsatz modifiziert: Eine ausgeprägtere Anti-dive-Geometrie, eine breitere Spur vorn und eine um rund 100 mm breitere hintere Spur und verstärkte Lenker aus Aluminiumguß kennzeichnen das Turbo-Fahrwerk, das auch vorn 7 Zoll und hinten 8 Zoll breite Felgen umfaßt.

Vom zweiten Produktionsjahr ab erhielt der Turbo eine nur mit Super-Niederquerschnittreifen auf Felgen von 16 Zoll Durchmesser bestückte Grundausstattung. Ab Modelljahr 1978 wurde der Turbo-Motor noch auf 3,3 Liter vergrößert, was, zusammen mit einem Ladeluftkühler, seine Leistung auf 300 PS hinaufschraubte. Im Rahmen dieser Modellpflege stieg das maximale Drehmoment von 42 auf die heutigen 44 mkp. Die Höchstgeschwindigkeit liegt bei 260 km/h, und mit einer Zeit von 24 Sekunden für den stehenden Kilometer ist der 911 Turbo heute – Mitte 1985 – in dieser Beschleunigungsdisziplin immer noch das schnellste in Serie gebaute Auto. Entsprechend diesen Fahrleistungen wurde auch die Bremsleistung durch die Verwendung der für den Renneinsatz entwickelten Bremse vom Typ 917 aufgewertet.

Selbstverständlich beschränkte sich die Entwicklung des Porsche 911 in mehr als 20 Jahren nicht nur auf den Motor und das Fahrwerk. Höhere Motorleistungen erforderten, auch abgesehen vom Turbo, ein völlig neues Getriebe und verstärkte Kupplungen. Die Bremsen mußten entsprechend den höheren Fahrleistungen aufgewertet und im Rahmen dieser Entwicklung mit einem Servo-Gerät ergänzt werden. Viele Fahrwerksteile aus Stahlblech wurden zur Gewichtseinsparung und im Interesse der Korrosionsfestigkeit durch solche aus Aluminium ersetzt. Einen spektakulären Schritt zur völligen Beseitigung des Korrosionsproblems folgte im Modelljahr 1976, als der ganze Rohbau aus feuerverzinktem Stahlblech gefertigt wurde. Bis heute hat keine andere Automobilfabrik den Rostschutz so weit getrieben.

In Form und Konstruktion ist der Rohbau bis auf die Verschiebung der hinteren Radkästen im Rahmen der Radstandverlängerung der 1969er-Modelle und die in Hinsicht auf die amerikanische Gesetzgebung geänderten Stoßstangen praktisch unverändert geblieben. Dasselbe gilt für die Grund-Abmessungen des Antriebsaggregats; ein 3,2-Liter-Carrera-Motor ließe sich ohne weiteres in einen 911 der ersten Serie einbauen und umgekehrt. Auch für den Komfort wurde einiges getan. Die Ausstattung der Karosserie wurde immer reichhaltiger, die Sitze wurden mehrmals verbessert, und die Heizungs- und Belüftungsanlagen immer aufwendiger. Auch die auf Wunsch lieferbare Klimaanlage, die ursprünglich überhaupt nicht erhältlich war, erfuhr laufend Verbesserungen.

Obwohl das Coupé immer die begehrteste Karosserieform war, fand der 1966 erschienene Targa auch bald viele Freunde. Sein als Stilelement integrierter Überrollbügel war eine völlige Neuerung, die viele Nachahmer fand, und bald wurde Targa ein allgemeingültiger Begriff für Cabrios mit Überrollbügel.

Der Targa war aus der Überlegung entstanden, daß die amerikanische Gesetzgebung aus Sicherheitsgründen herkömmliche offene Wagen in nächster Zeit nicht mehr zulassen würde. Auch amerikanische Hersteller drosselten allmählich die Produktion ihrer beliebten »convertibles«. Das erwartete Gesetz kam aber schließlich doch nicht. Als sich erwies, daß der 928 kein 911-Nachfolger werden konnte, beschloß Porsche, die Weiterentwicklung des 911 intensiv weiterzutreiben. So kam 1982 das Cabrio aufs Band, das sich sehr bald als ein Schlager erwies. Besonders bemerkenswert ist die Stabilität seines Verdecks, das im geschlossenen Zustand sehr hohe Geschwindigkeiten zuläßt, ohne sich aufzuballen, und das, an Cabrio-Maßstäben gemessen, relativ wenige Windgeräusche hervorruft.

Praktisch gleichzeitig mit der Vorstellung des 911 (damals noch 901) auf dem Frankfurter Autosalon 1963 wurde im Werk schon ein Wagen vorbereitet, der an der Rallye Monte Carlo 1965 teilnehmen sollte. Auf Anhieb kam er, gefahren von Testfahrer Herbert Linge und Versuchsingenieur Peter Falk – zwei Namen, eng verbunden mit der Geschichte des Hauses Porsche –, auf den 5. Platz. Sehr bald wurden auch für den Rennsport weiterentwickelte Motoren vom Typ 901 in den Porsche-904-Rennsportwagen eingebaut und in verschiedenen Rennen eingesetzt. Diese Motoren leisteten mit ihren Weber-Vergasern 210 PS und bürgten für die Zuverlässigkeit des 160-PS-Motors im 1966 vorgestellten 911 S.

Porsche konzentrierte sich zunächst auf den Rallye-Sport, und bereits 1966 wurde Günther Klass mit einem noch recht wenig von der Serie abweichenden 911 Europa-Rallye-Meister in der GT-Klasse. Schon 1967 kamen Einsätze in internationalen Rundstreckenrennen hinzu. Der kleine 2-Liter schlug sich hervorragend im 12-Stundenrennen von Sebring, in der Targa Florio (mit dem Journalisten Bernard Cahier und dem dreifachen Ski-Olympia- und -Weltmeister Jean-Claude Killy als Fahrer), im Daytona-24-Stunden-Rennen und in den 1000 Kilometern auf dem alten Nürburgring.

Auch das Sportomatic-Getriebe (eine Halb-Automatik mit Drehmomentwandler und ohne Kupplungspedal) mußte sich erst im Renneinsatz bewähren, bevor es zum Kauf angeboten wurde: Mit einem solchen Getriebe siegte ein extrem leicht gebauter 911, der 911 R – von dem nur 20 Exemplare gebaut wurden –, im 84 Stunden langen Marathon de la Route 1967 auf dem Nürburgring. Diese Erfolgsserie, in der Mehrzahl von Privatteams herausgefahren, setzte sich in den folgenden Jahren fort. So errang 1968 ein 911 den Gesamtsieg in der GT-Klasse im berühmten 24-Stunden-Rennen von Le Mans, ein Erfolg, der sich bis heute ungezählte Male wiederholte. Jede Vergrößerung des Hubraums in der Serie brachte natürlich auch mehr Leistung für die Wettbewerbsversionen, und mit der Zeit hatte der 911 in den Klassen der »Serien«-Grand-Tourisme-Wagen praktisch keine Gegner mehr.

Vom Werk aus bestritt Porsche mit dem 911 die meisten internationalen Rallyes nur bis 1970, aber Privatfahrer setzten ihn weiterhin mit großem Erfolg ein, bis – ab 1981 – der Allradantrieb für den Gesamtsieg praktisch unerläßlich wurde. Jede große Rallye, mit nur einer einzigen Ausnahme, hat der 911 mindestens einmal gewonnen, die Monte-Carlo-Rallye sogar viermal: 1968, 1969, 1970 im Werkseinsatz und 1978 unter dem französischen Privatfahrer Jean-Pierre Nicolas. Auch die Korsika-Rallye gewann noch 1980 ein von den Gebrüdern Almeras präparierter 911 unter Jean-Luc Thérier gegen eine Koalition von Werksmannschaften. Die Ausnahme bildete die Rallye, die der 911 nie gewann; die Safari-Rallye in Kenia. Dreimal beteiligten sich Werkswagen an diesem quer durch Afrika, durch Schlamm und Staub, führenden Rennen, und dreimal war das Ergebnis ein 2. Platz, der letzte noch 1978, nachdem sich das Werk längst vom Rallye-Sport zurückgezogen, aber extra für diese Rallye noch die Reise nach Afrika unternommen hatte. Ich kann mir nicht vorstellen, daß es dabei bleibt...

Der Höhepunkt in der sportlichen Laufbahn des 911 kam Ende der siebziger Jahre, als die internationale Sportbehörde die Markenweltmeisterschaft ab 1976 für homologierte, von der Serie abgeleitete Fahrzeuge ausschrieb (= Gruppe 5). Für eine rennmäßige Entwicklung im Rahmen des Reglements bot der 911 einmalige Voraussetzungen. Mit ursprünglich einem, später zwei Turboladern, stieg die Leistung des Porsche 935 (die Typenbezeichnung steht für »930 – Gruppe 5«) mit einem Hubraum von 2,85 Liter innerhalb von zwei Jahren von 590 auf 630 PS an, wobei der Motor immer noch recht seriennah blieb.

Der 935 brachte dem Hause Porsche zwei Weltmeistertitel ein, worauf sich das Werk praktisch von der Gruppe 5 zurückzog und die Verteidigung des Weltmeistertitels seinen Kunden, die inzwischen mehr als 30 Stück gekauft hatten, erfolgreich überließ. Den größten Sieg des vom 911 abgeleiteten 935 brachte das Jahr ersetzt werden, zweitens waren die bereits gemachten Erfahrungen von der 928-Entwicklung für diese Bauweise von ausschlaggebendem Nutzen, und drittens waren wesentliche Baugruppen, wenn auch teilweise abgeändert, aus Kostengründen von der Großserie zu übernehmen.

1972 wurde mit der Studienphase begonnen, Prototypen wurden gebaut und erprobt, ab Frühjahr 1974 begann man mit der Beschaffung der Serienwerkzeuge. Im Frühjahr 1975 fiel dann die Entscheidung, daß der 914-Nachfolgetyp in Porsche-Verantwortung gebaut und vertrieben wird, wobei als Produktionsstätte das Werk Neckarsulm, etwa 40 km von Stuttgart-Zuffenhausen entfernt, ausgewählt wurde. In Neckarsulm arbeiten Automobilbauer, die vom selben schwäbischen Tüftlergeist beseelt sind wie das Porsche-Team in Stuttgart.

Hier war der 924, wie er von da an heißen sollte, in richtigen Händen. Anfang Herbst 1975 begann der Aufbau der ersten Fahrzeuge. Ab Januar 1976 startete die geplante Produktion, und mit Anlauf des US-Typs im April 1976 kam das Produktionsband richtig in Fahrt. Es gab Monate, in denen bis zu 2500 Fahrzeuge den Zählpunkt 8, so wird die Endkontrolle bezeichnet, durchliefen. Bleiben wir beim 924, zumal der 928 noch in der Erprobungs- und Werkzeugerstellungsphase lief. Wie präsentierte sich der 924 im Jahre 1976 dem fachkundigen Publikum?

Vierzylinder-Reihenmotor mit 2 Liter Hubraum und K-Jetronic-Einspritzung. 125 PS leistet dieser von Porsche modifizierte AUDI-Motor. In abgasentgifteter US-Version brachte er 110 PS, dann ab Februar 1977 115 PS. Transaxlebauweise mit 4-Gang-Getriebe an der Hinterachse und ab 1977 auch mit einem 3-Gang-Automatik-Getriebe.

Besonders erwähnenswert war der damals noch gar nicht als so bedeutend anerkannte C_w-Wert von 0,36. Diese Kenngröße, beziehungsweise das Produkt von Stirnfläche × dem Luftwiderstandsbeiwert ($0{,}36 \times 1{,}76\ m^2 = 0{,}634$), war die günstigste der damals angebotenen Serien-Straßenfahrzeuge. Daher ist es verständlich, daß dieser Fahrzeugtyp bei gleicher Motorleistung mehr als zehn Produktionsjahre lang in Europa und speziell in der Bundesrepublik ein nach wie vor beliebter Wagentyp blieb. Über 200 km/h (= 125 miles/h) Spitze auf den bundesdeutschen Autobahnen, und das mit einem äußerst geringen Kraftstoffverbrauch, darin liegt der Reiz dieses Fahrzeugs. Kein Wunder, daß die Kundschaft nach einem 5-Gang-Getriebe verlangte. Diese Neukonstruktion war ab Sommer 1978 lieferbar.

Für das Fahrwerk wurde als Vorderachse eine McPherson-Achse, als Hinterachse eine Schräglenkerachse gewählt. Diese Bauweisen waren uns aus der 911- und der 914-Entwicklung wohlbekannt und konnten durch entsprechende Anpassungen an die neuen, veränderten Erfordernisse kurzfristig weiterentwickelt werden. Durch Verwendung von etlichen Großserienteilen – teils unverändert, teils modifiziert – konnten die Kosten in Grenzen gehalten und das Entwicklungsrisiko minimiert werden. Die Vorderachse erhielt Schraubenfedern, die zentrisch um die McPherson-Federbeine angeordnet wurden. Die Radführung übernahm ein Querlenker, der teils an der Karosserie, teils am Motorträger, der auch zur Aufnahme der Lenkung dient, gelagert wurde. Als Lenkung wurde eine Zahnstangenlenkung vorgesehen, die über eine dreigeteilte, abgewinkelte Sicherheitslenksäule mit dem Lenkrad verbunden ist.

Die Schräglenker der Hinterachse werden an einem Querrohr aufgenommen, in dem auch die Federstäbe gelagert sind. Die vollständige Hinterachse wird über entsprechend ausgebildete Gummielemente an der Karosserie geführt, damit die Übertragung der Vibrationen verringert wird. Die Zweikreis-Bremsanlage mit Unterdruckverstärkung hat Schwimmsattelbremsen an den Vorderachsen und Trommelbremsen an der Hinterachse.

In der weiteren Entwicklung – durch die Leistungssteigerungen des 924-Turbo-Motors und der des 944-Motors – wurden am Fahrwerk vor allem die Bremsen den höheren Anforderungen angepaßt. So erhielten die neuen Typen an der Hinterachse Scheibenbremsen mit innenliegenden Trommelbremsen für die Handbremse. Eine Konstruktion, die sich beim 911 bereits seit vielen Jahren bewährt hat.

Die Gestaltung der Karosserieform wurde von dem angestrebten niedrigen C_w-Wert und der Forderung nach den Innenraumverhältnissen wie beim 911 sowie nach einem möglichst großen Heck-Kofferraum geprägt. Integrierte Stoßfängersysteme, Klappscheinwerfer und eine halbverdeckte Scheibenwischeranlage sind weitere Kennzeichen der Außenform. Der über die klappbare Heckscheibe zugängliche Kofferraum kann durch Umklappen der Hintersitzlehne vergrößert werden und erreicht dadurch ein für einen Sportwagen unerwartet großes Volumen.

Der Rohbau ist, wie beim 911 bereits praktiziert, aus feuerverzinktem Stahlblech gefertigt. Eine Garantie auf Durchrostung konnte auf sechs Jahre gegeben werden. Im weiteren Verlauf wurde, durch die guten Erfahrungen aus Kundenkreisen, die Garantie auf sieben Jahre erweitert.

Zu einem Porsche gehören auch leistungsstärkere Motoren. In unserem Falle konnte es nur eine aufgeladene Version sein. Anfang 1979 erschien der 924 Turbo mit 170 PS und ab Modelljahr 1980 in den USA mit 143 hp. Dieses Fahrzeug hatte beeindruckende Fahrleistungen, von denen hier nur die Beschleunigung von 0 auf 100 km/h mit 7,8 Sekunden (0–60 mph: 9,2 Sekunden) und die Höchstgeschwindigkeit von 225 km/h (132 mph) genannt sein sollen. Bei Porsche ist es eine Selbstverständlichkeit, daß bei Steigerung der Höchstgeschwindigkeit Reifen, Fahrwerk und Bremsen diesen neuen, härteren Bedingungen angepaßt werden. Der Turbo bekam VR-Reifen, 15-Zoll-Felgen mit fünf Radschrauben und innenbelüftete Scheibenbremsen an Vorder- und Hinterachse. Äußerlich erkennbar war das Fahrzeug durch seine Lufteintrittsschlitze über der Stoßstange und die Naca-Öffnung in der Motorhaube.

Die von Jahr zu Jahr strenger werdende Schadstoff- und Kraftstoffverbrauchsgesetzgebung in den USA beschleunigte die Entwicklung noch verbrauchsgünstigerer und schadstoffärmerer Motoren. So wurde bereits im Modelljahr 1981 der Turbomotor auf eine vollelektronische Zündung umgestellt. Dadurch konnte bei günstigeren Emissionen und besserem Verbrauch die Leistung sogar noch auf 177 PS (154 hp für die US-Version) gesteigert werden.

In der Porsche-Motorenabteilung bemüht man sich traditionsgemäß intensiv um die Weiterentwicklung der Turbolader-Triebwerke. Ladedrucksteuerung mittels Bypassventil war der erste Schritt vom Rennbetrieb zur Serienproduktion am 911-Turbo. Dann kam die vollelektronische Zündung, welche auch ladedruckabhängig arbeitete.

Die bei Rennfahrzeugen verwendete Ladeluftkühlung setzte als nächsten Schritt beim Serienturbo ein. Man entschied sich für einen 210 PS starken Turbomotor mit Ladeluftkühlung. Der Kühllufteintritt erfolgte über eine auf die Motorhaube aufgesetzte, den Fahrzeugtyp neben den verbreiterten Kotflügeln besonders charakterisierende Hutze. Die Verkaufsbezeichnung dieses aus Homologationsgründen auf 400 Stück beschränkten Fahrzeuges lautete 924 Carrera GT. Auch hier beeindruckend die Beschleunigung von 0–100 km/h von 6,9 Sekunden und die Spitze von 240 km/h.

Aber noch nicht genug. Es wurde eine Evolution dieses Typs unter der Bezeichnung 924 Carrera GTS im Mai 1981 auf die Beine gestellt, die 245 PS abgab und für sportliche Einsätze geeignet war. Soweit die Entwicklung des 924.

Wir schreiben das Jahr 1981 – der Typ 928 ist seit 1977 in Produktion. Die Ereignisse auf dem Energiemarkt hatten uns Ingenieure veranlaßt, wicklungsaufwand, die Planung der Produktion und eventuelle Probleme beim Kunden wesentlich verringern, wenn bei verschiedenen Motortypen von gleichen Konzepten ausgegangen wird. Wenn man zum Beispiel vom 928 V8 einen Vierzylinder ableitet, hat man zwar nur wenige Gleichteile beider Typen, aber viele ähnliche oder vom Material her sogar gleiche Teile beziehungsweise Baugruppen. Eine Achtzylinder-Nockenwelle entspricht nie einer Vierzylinder-Nockenwelle, aber das Material, die Bearbeitung, die Wärmebehandlung, die Abmessungen der Nocken und Lager können gleich sein, und dies ist ein gewaltiger Vorteil.

So wurde bereits 1977 entschieden, den 944-Motor vom 928 abzuleiten. Es wurde gleich auf Bohrungs-Durchmesser 100 mm gegangen, was 2,5 l Hubraum für den Vierzylinder bedeutet. Diese relativ großen Zylindereinheiten verursachen einen unruhigen Motorlauf. Um diesen Nachteil auszugleichen, wird beim 944 das System der zwei mit doppelter Motordrehzahl gegenläufigen Ausgleichswellen angewandt. Diese Technik verleiht dem Vierzylinder-Motor einen vibrationsfreien Lauf. Durch Verwendung modernster Einspritz- und Zündungselektronik konnte ein äußerst drehmomentstarkes Antriebsaggregat entwickelt werden, das mit seinen 163 PS (143 hp US-Version) dem 944 eine Höchstgeschwindigkeit von 220 km/h (130 mph US-Version) gab. Das die Sportlichkeit betonende Styling und die beeindruckenden Fahrleistungen dank des neuen Motors ergaben einen allgemein anerkannten neuen Fahrzeugtyp, den 944. Bis Ende 1984 wurden auch die Schalttafel, die Mittelkonsole und die Türtafeln vollständig neu überarbeitet, so daß neben den technischen Verbesserungen wie Heizung, Lüftung, Klima und Elektrik das eigenständige Erscheinungsbild des 944 weiter gefestigt wurde.

Da nun auch in der Bundesrepublik und in einigen anderen europäischen Ländern die US-Abgasgesetzgebung als Vorbild dient, findet die Katalysatortechnik in diesen Ländern Eingang. Porsche hat auf diesem Gebiet eine zehnjährige Erfahrung. Seit langem werden ca. 50 Prozent der Porsche-Fahrzeuge mit geregelten 3-Weg-Katalysatoren ausgerüstet. Die dabei gesammelten Erfahrungen und die Erkenntnisse mit den neuen Motorentechnologien machen eine höhere spezifische Leistung von katalysatorbestückten Motoren möglich, zumal auf bleifreien Kraftstoff mit höherer Oktanzahl zurückgegriffen werden kann.

Unsere Porsche-Philosophie für die Zukunft heißt: Abgasentgiftete Motoren nach der US-Gesetzgebung haben die gleiche Leistung wie solche, die nicht den strengen Abgasnormen genügen. *Im Frühjahr 1985 brachte Porsche den 944 Turbo auf den weltweiten Markt. Mit oder ohne geregelten Katalysator hatte der Motor die gleiche Leistung, und zwar 220 PS. Der 944 Turbo erreichte nahezu gleich beeindruckende Leistungen wie der damalige 911. Beide Fahrzeugtypen glichen sich sehr stark in den Abmessungen und dem Gewicht. Der Typ 968 von 1991 hatte mit seinem Vorgänger, dem 944 S2, nur die Familienzugehörigkeit gemeinsam, und zwischen dem Urvater, dem 924, und dem bulligen 240-PS-Dreiliter-Vierzylinder lagen Welten. Vom 944 S2 wurde eigentlich nur die Fahrgastzelle und die große kuppelförmige Heckscheibe übernommen. Alles andere – Bug, Heck, ja selbst die Partien im Bereich der kleinen Seitenfenster und die hinteren Kotflügel – wurde umgestaltet. Mit dem 968 schien die Epoche der Produktions-»Monokultur« bei Porsche zu Ende zu sein. Es war der eindeutige Beweis erbracht, daß wassergekühlte Frontmotoren mit Getrieben an der antreibenden Hinterachse erfolgreiche, in die Zukunft weisende Sportwagenkonstruktionen ergeben konnten. Aber das Nebeneinander zweier grundverschiedener Konzepte, Heckmotor hier, Frontmotor da, war kostenmäßig nicht mehr zu verantworten. Und so wurde Mitte der 90er Jahre das modernere Sportwagenkonzept geopfert.*

Rothmans
PORSCHE
Shell
2
1000
Shell
Rothmans
Rothmans
PORSCHE
DUNLOP

22
MARTINI
RACING-TEAM
Shell

Shel

PIAA
ADVAN
ASPEC
INTECH
GRAND PRIX
PUMA
ADVAN

KENJI TAKAHASHI
C. SCHICKENTANZ
8
emco sports
BILSTEIN
SHOCK ABSORBERS
Shell

PORSCHE

12
PORSCHE

LIQUI MOLY
67
LIQUI
wir halten Autos fit
DUNLOP
NIGRIN
Autopflege
Shell
BOSCH

IGRIN
Wir halten Autos fit
JOEST RACING
V. MERL
OLY
SACHS
Turbolader
KKK
LIQUI MOLY

21

16 Typ 956, mit Derek Bell am Steuer, 1000 km von Kyalami (1983)
17 Typ 917 K, mit Gijs van Lennep am Steuer, 1000-km-Rennen in Spa-Francorchamps 1971
18 Typ 956, mit dem Japaner Takahashi am Steuer, 1000-km-Rennen von Fuji

19 Vorn: Typ 917 K, gefahren von Hans Herrmann, 1000-km-Rennen in Brands Hatch (1970)
20 Deutscher Meisterschaftslauf 1978 auf dem Nürburgring, Volkert Merl am Steuer eines 935 im Karussell

21 Typ 917/20 (Versuchsausführung mit verlängertem Radstand) bei Testfahrten auf dem Skidpad in Weissach; der Fahrer war Herbert Müller (1973)
22 Typ 956 im 24-Stunden-Rennen von Le Mans 1984; Alain de Cadenet pilotiert

23 Typ 908/3 Turbo beim 1000-km-Rennen auf dem Nürburgring 1975; am Steuer: Herbert Müller
24 24-Stunden-Rennen von Daytona 1985; Al Holbert in einem 962
25 Typ 917 K auf der Rennstrecke von Laguna Seca (Cal.) anläßlich der 9. Annual Historic Automobile Races 1982

ARTINI RACING
3

CHARLES IVEY RACING
Rollei
VALVOLINE
Rollei
VALVOLINE
Rollei

Tiparillo
Herbert
MARTINI
PORSCHE

GOODYEAR
Shell

GOODYEAR
BOSCH
SunBank
24
14
76
GASOLINE
GT

LÖWENBRÄU
Special
ANDIAL
GOODYEAR
BBS
ÖWENBRÄU
Special

TEAM
CIBIE
Shell
22

MARTINI
RACING-TEAM
PORSCHE
MARTINI INTERNATIONAL CLUB
MARTINI
BOSCH

Shell
Marlboro
DUNLOP
Shell
8
Shell

Rothmans
PORSCHE
Shell
3

HEAR THE GRAND PRIX LIVE ON
WIOD 610 RADIO
THE OFFICIAL GRAND PRIX STATION
LOWENBRAU
14
LOWENBRAU
IMC Gold Plus Plan

Plus2
CONTE RACING
$WAP
Amana
8
Barnett Bank
Barnett
Bank
GILMORE
Foyt
GOODYEAR
BOSCH
Brumos

28

26 24-Stunden-Rennen von Le Mans 1983; Beginn der letzten Runde. Der Rothmans-Porsche vom Typ 956 mit Al Holbert am Steuer gleichauf mit dem 956 von Ludwig/Johansson/Wollek
27 IMSA GP Miami 1985; vorn Bob Wollek in einem 962. An dritter Position Al Holbert, ebenfalls in einem 962

28 Typ 911 Carrera RSR Turbo 2,1 Liter bei dem 24-Stunden-Rennen von Le Mans 1974, in der Mulsanne
29 Typ 956 mit Stefan Bellof in Le Mans 1983. Der Wagen fiel in Runde 281 wegen Motorschadens aus

30 Links: Typ 934, rechts: Typ 936 mit Rolf Stommelen, beim 500-km-Rennen, Nürburgring 1975, Lauf zur Sportwagen-Europameisterschaft
31 Ein 936/78 beim Vortest für die 24 Stunden von Le Mans 1978, auf der Paul-Ricard-Strecke; Jacky Ickx am Steuer
32 Formel-1-Weltmeister 1984 Niki Lauda beim Großen Preis von Frankreich 1984 in Dijon, auf einem McLaren mit TAG-Turbomotor

33 Typ 956 beim 1000-km-Rennen von Brands Hatch 1983. Der Fahrer ist Dieter Schornstein
34 Le Mans 1981. Hurley Haywood auf einem 936/78, am Anfang der schnellen Hunaudières-Geraden

DUNLOP
LES
PNEUS FORTS
Shell
Rothmans
Rothmans
PORSCHE
Shell
DUNLOP

KANNACHER RACING
55
GT
VALVOLINE

1
MARTINI
PORSCHE
Shell
GOODYEAR
GOODYEAR

Marlboro
DUNLOP
PORSCHE

SAIMA
Marlboro
8
HERCULES
UNIPART

JOEST
Shell
DUNLOP
12

Shell
DUNLOP
NEW MAN
BOSCH
Shell
DUNLOP
12
NEW MAN
PORSCHE

PORSCHE
Jules
12
Shell
Jules
DUNLOP
Shell

HELMUTH BOTT

WEISSACH – DIE PORSCHE-DENKFABRIK

Die Namen Weissach und Porsche sind seit dem Jahr 1962 verbunden, als die erste Baustufe des Prüfgeländes, die Kreisfläche mit mehr als 200 m Durchmesser, auch Skid Pad genannt, eingeweiht wurde. Der Ausbau der Prüfstrekken und die Einrichtung der ersten Werkhalle in den sechziger Jahren auf der Flachter Markung brachte die ersten 20 Mitarbeiter nach Weissach. Mehr als 400 Versuchsmitarbeiter zogen dann ins Entwicklungszentrum, um die Werkstätten, Büros, Prüfstände und Labors in Betrieb zu nehmen.

Die vollständige »Weissacher Denkfabrik« wurde im Jahr 1974 funktionsfähig, als mit der Übersiedlung der letzten Stuttgarter Entwicklungsabteilungen, insbesondere auch der Konstruktionsgruppen, eine Mannschaft von ca. 800 Mitarbeitern zusammenwirken konnte.

Ein »Denkbüro« war Porsche allerdings schon lange, bevor es Porsche-Autos gab. Das Porsche-Konstruktionsbüro, gegründet im Winter 1930/31, hatte in den ersten Jahren auf den offiziellen Schriftstücken folgenden Briefkopf:

Dr. Ing. h.c. F. Porsche GmbH
Neutrales Konstruktions- und Beratungsbüro für Hersteller von Automobilen, Flugzeugen, Motoren und deren Teile auf dem Benzin-, Rohöl- und elektrischen Gebiet.

Beschreibt dieser Titel nicht die vielseitigen Pläne und Möglichkeiten des anfangs kaum ein Dutzend zählenden Ingenieurteams, das sich in gemieteten Räumen in Stuttgart sieben Jahre lang behelfen mußte, ehe die inzwischen auf fast 200 Mitarbeiter angewachsene Firma in das eigene Werk in Zuffenhausen einziehen konnte? Das war im Frühsommer 1938, und jetzt bekam man auch die Einrichtungen, um Versuchsteile zu fertigen und zusammen mit dem naheliegenden Karosseriewerk Reutter Prototypen bauen zu können.

Was in den ersten 15 Jahren von der »ersten Generation« der Porsche-Ingenieure erdacht und entwickelt wurde, bestätigt den bei der Gründung weitgesteckten Rahmen: Personen-, Sport- und Rennwagen, Geländefahrzeuge, Schwimmwagen, Traktoren, Zugmaschinen, Lastkraftwagen und wehrtechnische Projekte, außerdem aber auch Flugmotoren, Bootsmotoren und Großdieselmaschinen sowie Wasserturbinen und Windkraftanlagen waren Aufgaben, die mit unterschiedlicher Entwicklungstiefe bearbeitet wurden. Die bekanntesten Entwicklungen dieser Periode waren der Auto-Union-Rennwagen, der Volkswagen und seine wehrtechnischen »Ableger« Kübel- und Schwimmwagen.

Auch nach der Aufnahme der Fahrzeugproduktion in Zuffenhausen im Jahr 1950 arbeitete die Entwicklung nicht nur für die eigene Produktion. Ein von Professor Nordhoff unterzeichneter Vertrag sicherte dem Volkswagenwerk einen großen Teil der Porsche-Entwicklungskapazität und gab den Porsche-Ingenieuren gleichzeitig eine Auslastungsgarantie. In dieser Periode entstanden neben den zahlreichen Porsche-Produktions- und Rennfahrzeugen nicht weniger als acht mögliche »Käfer-Nachfolger«, die aber nicht zum Einsatz kamen, nachdem sich der Volkswagen Typ 1 noch gut verkaufen ließ.

Da der Vertrag zwischen dem Volkswagenwerk und Porsche auf einen Hubraum bis 2 Liter begrenzt war, wurde daneben ein Projekt für die amerikanische Firma Studebaker mit luft- und wassergekühlten Sechszylinder-Motoren entwickelt. Außerdem entstand eine »Traktoren-Familie«, die unter dem Namen Allgaier-System Porsche und später unter »Porsche-Diesel« weite Verbreitung fand. Auch auf dem Sektor »Wehrtechnik« wurden viele Entwürfe ausgearbeitet und eine stattliche Anzahl von Entwicklungen bis zur Serienreifmachung aufbereitet. Das bekannteste Porsche-Projekt, der Kampfpanzer Leopard und seine späteren Varianten, beschäftigten einen wesentlichen Teil der Wehrtechnik-Gruppe. Dieselbe Mannschaft entwarf auch eine Familie von Baumaschinen für einen privaten Auftraggeber.

Der Schwerpunkt der Zuffenhausener Aufbaujahre nach dem Krieg lag für die Porsche-Entwicklungsmannschaft jedoch in der Arbeit an eigenen Produkten. Der bedeutende Schritt vom Typ 356, der anfangs noch mit zahlreichen Bauteilen des Volkswagens versehen war, zum eigenständigen Typ 911, stand im Mittelpunkt dieser Periode, und große Teile der Porsche-Kundschaft und der Porsche-Verehrer sehen heute noch in diesem Fahrzeug *das* Porsche-Produkt schlechthin.

Das Image der jungen Produktionsfirma prägten im wesentlichen die *Ausstrahlung des Produkts* und die *Motorsport-Erfolge* der Porsche-Rennwagen. Nicht weniger als 36 verschiedene Varianten von Rennfahrzeugen wurden zwischen 1950 und 1970 gebaut und eingesetzt.

Der Übergang zwischen Zuffenhausen und Weissach Anfang der siebziger Jahre war fließend, aber inzwischen haben sich die Dimensionen verändert. Aus dem ursprünglichen »Denkbüro mit Werkstatt« ist die »Denkfabrik« entstanden. Die Mannschaft hat sich allein zwischen 1974 und 1985 von 800 auf mehr als 2000 Mitarbeiter vergrößert, und sie wächst immer noch. Die Einrichtungen wurden erweitert und vervollständigt und dem Bedarf der vielen Aufgaben angepaßt.

Aus *einer* Modellreihe und einem Jahresbudget für Forschung, Eigen- und Rennentwicklung von 50 Millionen DM/Jahr wurden drei Modellreihen und ein Jahresbudget von mehr als 250 Millionen DM. Zusätzlich stieg der Umsatz in der Fremdauftragsentwicklung von 25 Millionen DM auf mehr als 100 Millionen DM.

Was ist nun das Besondere an Weissach?

Ist Weissach überhaupt eine »Denkfabrik« und was versteht man unter diesem Begriff? Wenn man nur dem Sinn des Wortes folgend darunter die Produktion von Ideen und die Entwicklung von Gedanken begreift, dann ist dies für das heutige Weissach zu wenig. In den ersten Jahrzehnten hat das »Porsche Konstruktions- und Beratungsbüro« hauptsächlich Ideen, Zeichnungen, Berechnungen und Pläne – also Software – verkauft. Das hat sich ausgedrückt in der Ausbildung und im Tätigkeitsspektrum der Mitarbeiter, aber auch darin, daß Bau und Erprobung von Prototypen überwiegend mit Hilfe anderer Betriebe realisiert wurden. Heute ist der größte Teil der Entwicklungsmannschaft damit beschäftigt, die nach wie vor in reichem Maße produzierten Ideen auch zu verwirklichen. Die für die Realisierung so wichtige Auseinandersetzung des Konstrukteurs mit dem Versuchsingenieur und mit dem Facharbeiter in der Entwicklungswerkstatt findet im eigenen Hause statt.

Modellschreiner und Gießer, Prototypenbauer, Sattler und Werkstoffingenieure, um nur einige zu nennen – sie alle sind beteiligt am Entwicklungsprozeß und garantieren zusammen mit den Ingenieuren und Technikern der Produktionsabteilungen ein gutes Entwicklungsergebnis. Auch die ständige Auseinandersetzung mit Hunderten von Ingenieuren und Wissenschaftlern vieler Länder und Sprachen bei der Fremdauftragsentwicklung ist von großer Bedeutung.

Die unterschiedlichen Projekte, der Zwang zum Kompromiß, aber auch der Zwang, Termine und Kosten im Griff zu halten und zuweilen bei unlösbar scheinenden Projekten nicht aufzugeben – das ist das Besondere an Weissach. Dabei hat sich bei vielen Projektgruppen die während der Entwicklungsabläufe so wichtige Improvisationsgabe in hohem Maße ausgebildet. Dies wird besonders offenkundig bei der Zusammenarbeit mit anderen Teams, denen diese Schule fehlt. Motivation und Engagement, Begriffe, die heute häufig mißbraucht werden, dürfen der Porsche-Entwicklungsmannschaft mit gutem Recht zugesprochen werden, wobei die interessanten und anspruchsvollen Aufgaben eine wesentliche Rolle spielen.

Es ist völlig ausgeschlossen, alle Projekte und interessanten Arbeiten zu beschreiben, die die Weissacher Mannschaft beschäftigen. Hinzu kommt, daß die vertraglichen Verpflichtungen bei fast allen Fremdaufträgen nicht erlauben, Roß und Reiter zu nennen. Trotzdem soll ein Bild gezeichnet werden.

40 Prozent unseres Fremdauftragsvolumens besteht aus *Motorenentwicklungen*. So waren im Frühjahr 1985 nicht weniger als 22 Projekte zwischen 50 und 1000 PS Leistung auf Zeichenbrettern und Prüfständen in Arbeit.

Forschungs- und Entwicklungsprojekte beginnen oft mit einem Einzylinder-Motor, der sich vor allem für die Untersuchung verschiedener Brennräume eignet, bei welchen man den Verbrennungsablauf und damit den Wirkungsgrad unterschiedlicher Konzeptionen bewerten und weiterentwickeln kann.

Besonders auf dem Gebiet der Leichtbau- und Hochleistungsmotoren ist Porsche als Konstrukteur und Entwickler gefragt, aber auch bei Turbomotoren, Umwandlung auf Katalysatortechnik, Umstellung auf moderne Einspritzsysteme und in den letzten Jahren häufiger auch für Neuentwicklung und Verbesserung von Rennmotoren. Das bekannteste Projekt ist der TAG-Formel-1-Motor, der im ersten Jahr seines vollen Einsatzes 12 von 16 Rennen gewinnen konnte. Mit seiner Hilfe wurden die beiden McLaren-Fahrer, Niki Lauda und Alain Prost, 1984 Weltmeister beziehungsweise Vizeweltmeister. Unter den in der Entwicklung befindlichen Motoren gibt es Drei-, Vier-, Fünf- und Sechszylinder-Reihenmotoren, Vier-, Sechs- und Achtzylinder-V-Motoren sowie Zwei-, Vier- und Sechszylinder-Boxermotoren. Auch an Dieselmotoren wird entwickelt.

Ein zweiter Entwicklungsschwerpunkt ist die *Allradtechnik*. Schon ein Dutzend Projekte wurden auf diesem Gebiet bearbeitet. Front- und Heckmotor, Mittendifferential und unterschiedliche Systeme zur Momentenverteilung, Gelenkwellen oder Transaxle-Bauweise zwischen Vorderachse und Hinterachse sowie unterschiedliche Sperrdifferentiale an der Hinterachse sind in dieser bunten Palette enthalten. Auch hier gibt es Hochleistungsvarianten wie den Porsche 959 mit über 400 PS sowie Nutzfahrzeugausführungen, Kombifahrzeuge, Coupés und Mittelklassewagen.

Auf dem Sektor der Getriebeentwicklung wird Porsche gerne seit vielen Jahren in Anspruch genommen. Neben den eigenen Entwicklungen sind stets mehrere Fremdentwicklungsaufträge in Arbeit, vom lastschaltbaren Getriebe-Automat bis zum 6-Gang-Schaltgetriebe.

Etliche Projekte befassen sich mit *Lkw- und Omnibusentwicklung* und mehrere Studien beziehungsweise Entwicklungsaufträge mit dem *Elektro-Fahrzeug.*

Parallel zur Eigenentwicklung des neuen *Flugmotors* sind mehrere Aufträge aus dem Gebiet der Luftfahrt in Weissach in Arbeit. Bekannt wurde die Entwicklung eines neuen Interieur-Styling für den Airbus A 310. Schon vor Jahren wurde für das englische Luftschiff der Firma Airship ein 911-Motor adaptiert. Inzwischen gibt es dazu eine Turbo-Variante, und die Kleinserie dieser Luftschiffe wird ausschließlich mit Motoren ausgerüstet, die in Weissach nicht nur entwickelt, sondern auch gebaut werden.

Auch auf dem Sektor der *Zweirad-Entwicklung* sind die Weissacher Ingenieure kreativ. Erprobungsaufträge, Umstellung von Ketten- auf Kardanantrieb, aber auch Leistungsoptimierung und die Konstruktion einer kompletten Motorrad-Familie für einen renommierten Motorradhersteller sowie die Erprobung eines Mofas waren die bisherigen wesentlichen Aufträge.

Wie vielschichtig der Kreis der Weissacher Entwicklungskunden ist, ist in der Öffentlichkeit weitgehend unbekannt. Da gibt es einen Großauftrag für einen russischen Mittelklassewagen, Beratungsverträge mit einem nordafrikanischen Staat, Studien und Entwicklungsprojekte für amerikanische Fahrzeughersteller und für die japanische Industrie, Entwicklungsaufträge für alle deutschen und die meisten europäischen Automobilfirmen, Aufträge des Bundesministeriums für Forschung und Technologie sowie für das Umweltbundesamt.

Ein interessantes Einzelprojekt war ein solches Forschungsvorhaben für das deutsche Umweltbundesamt: An sechs europäischen Motorrädern verschiedener Fabrikate wurden die technischen Möglichkeiten zur Geräuschminderung untersucht und anhand von modifizierten Serienexemplaren realisiert. Verbesserungen zwischen 2 und 7 dB konnten ohne Eingriff in die Motorkonstruktion, das heißt überwiegend mit geändertem Ansaug- und Auspuffsystem und geänderter Übersetzung, erreicht werden. Bei allen Prüflingen wurde gleichzeitig Höchstleistung und Drehmomentverlauf verbessert. Bei einem weiteren Forschungsprojekt für denselben Auftraggeber wurde zusammen mit dem deutschen Motorradhersteller BMW ein um 7 dB leiseres Motorrad erarbeitet, ohne Leistungsverlust und sogar mit besserem Drehmomentverlauf im mittleren Drehzahlbereich.

Die in einem anderen Kapitel dieses Buches erwähnte Entwicklung einer Porsche-Flugmotorenfamilie verdient bei der Betrachtung der »Denkfabrik Weissach« eine besondere Erwähnung. Ohne die langjährige Erfahrung der bekannten Flugmotorenhersteller entwickelten die Porsche-Ingenieure innerhalb von vier Jahren einen Flugmotor, der in allen wesentlichen Kriterien deutliche Fortschritte bringt und damit neue Standards setzt. Die wesentlichen Vorteile dieses neuen Motorsystems (PFM 3200) sind:

1. Erhöhte Flugsicherheit durch Einhebelbedienung; der Pilot bedient mit nur einem Hebel Drosselklappe und Propellerverstellung. Die Gemischbildung für alle Zustände erfolgt automatisch. Der Flugzeugführer ist entlastet, er kann sich auf das Fliegen konzentrieren, und eine Fehlbedienung des Motors ist ausgeschlossen.

2. Erhöhte Wirtschaftlichkeit durch Verwendung von Automobilkraftstoff anstelle von Flugbenzin sowie durch eine Gebläsekühlung, die eine Gemischanreicherung zur Motorkühlung erübrigt. Günstiger spezifischer Verbrauch durch optimales Zünd- und Einspritzsystem und gute Brennraumgestaltung.

3. Günstige Aerodynamik durch bessere Motorverkleidung und dadurch höhere Flugleistung bei gleicher Motorleistung oder geringerer Verbrauch bei gleicher Flugleistung.

4. Stark reduziertes Außengeräusch durch niedrigere Propellerdrehzahl und hochwirksame Auspuffschalldämpfung.

5. Deutlich reduziertes Innengeräusch (und

reduzierte Vibrationen) durch die unter 4. beschriebenen Maßnahmen in Verbindung mit einer sorgfältig abgestimmten, neuartigen Motoraufhängung.

6. Zuverlässigkeit durch 300 000fache Bewährung der wesentlichen Bauteile im 911-Fahrzeugmotor.

7. Möglichkeit für Links- und Rechtslauf durch zusätzliches Getriebezwischenrad und Möglichkeit für Reserve.

Dieser Flugmotor soll der Anfang einer Reihe moderner Kolbenflugtriebwerke sein, wobei vor allem die späteren Varianten mit moderner Abgasturboladertechnik einen Anreiz zum Bau neuer, fortschrittlicher Sportflugzeuge geben könnten. Zweifellos sind dies Meilensteine überlegener Technik auf einem fahrzeugfremden Gebiet. Aber auch auf dem Fahrzeugsektor setzt Porsche neue Maßstäbe mit der überlegenen Technik des Typs 959.

Für die Porsche-Ingenieure gab es nie einen Zweifel daran, daß konzentrierte Rennentwicklung gleichzeitig Zukunftsentwicklung sein kann. Maßnahmen für hohe spezifische Leistung sind auch anwendbar für hohe Wirtschaftlichkeit, und ein günstiges Leistungsgewicht kommt auch dem Produktionsfahrzeug zugute.

Erkenntnisse über Fahrverhalten, Leichtbau, Aerodynamik und auf anderen Teilgebieten lassen sich auch auf das Produktionsfahrzeug übertragen. Der Porsche Typ 959 wurde als Basisfahrzeug für eine Hochleistungs-Sportvariante der sogenannten Gruppe B konzipiert. Das Gruppe-B-Reglement verlangt eine Serie von mindestens 200 Fahrzeugen, die innerhalb eines Jahres gebaut werden müssen.

Wer von einem Porsche träumt, wird in seine Sehnsüchte auch Weissach mit einbeziehen. In diesem kleinen Städtchen westlich von Stuttgart nahm vor 25 Jahren das Porsche-Entwicklungszentrum Weissach (EZW) seine Arbeit auf und entwickelte sich im Lauf der Jahre zu einem der hochkarätigsten Innovations- und Forschungszentren der internationalen Automobilindustrie. Prof. Helmuth Bott war neben Ghislaine Kaes, Helmut Rombold und Herbert Linge einer der »Geburtshelfer«. Ferry Porsche bekennt voller Stolz: »Unser Entwicklungszentrum in Weissach war für mich die Verwirklichung eines Traums. Es bietet Ingenieurservice vom Projekt bis zum fertigen Produkt.« Tatsächlich birgt Weissach ein wohl einmaliges Leistungsspektrum modernster Technik, gestützt auf fast 1900 Ingenieure und Fachkräfte aller Sparten.

Im Weissacher »Think tank« werden die Innovationsideen ihrer Entwicklungskunden technische Wirklichkeit. Eingebettet in die liebliche Idylle des Heckengäu werden hier für Porsche selbst und für Fahrzeughersteller sowie andere industrielle Kunden aus aller Welt neue High-tech-Produkte geschaffen, von einzelnen Bauteilen bis zum kompletten Automobil. Einen bedeutenden Anteil haben daran Forschung und Entwicklung für den Umweltschutz. Horst Marchart, Technik-Vorstand und Hausherr in Weissach, nennt als Schwerpunkte der Kundenaufträge die Fahrzeugentwicklung in einem sehr weiten Sinn, vom gesamten Personenwagen über einzelne Komponenten bis zu Gabelstaplern, Bergbauschild, Bagger oder Aufzug. Porsche decke jede Phase einer Entwicklung ab. Vom Suchen nach kreativen Lösungen bei Forschungsvorhaben über Styling, Konstruktion, Versuch und Erprobung, dem zugehörigen Projektmanagement bis hin zur kompletten Produktion von Kleinserien biete Porsche Engineering Services die gesamte Infrastruktur und Logistik.

In Weissach entstand nicht nur einer der besten und ideenreichsten Sportwagen unseres Jahrhunderts, der 959, nicht nur die neueste Porsche-Création, der Boxster, sondern auch für Airbus Industries das Cockpit des A 310. Und bei den sagenumwobenen Harley-Davidson-Motorrädern ist Weissach seit vielen Jahren an deren Weiterentwicklung beteiligt.

WALTER HÖNSCHEIDT

DIE KRÖNUNG – 911 TURBO

400 Exemplare erforderte die Homologation für die damalige Gruppe 4 (Spezial-GT), und 500 könnten vielleicht insgesamt verkauft werden, meinten Ferry Porsche und sein Vorstandsvorsitzender Ernst Fuhrmann, als im Herbst 1974 die Produktion des intern als »Typ 930« bezeichneten Porsche 911 Turbo begann. Aber »die Nachfrage nach diesem Fahrzeug übertraf unsere Erwartungen«, erinnert sich Ferry Porsche, »denn im Mai des Jahres 1976 hatten wir mit 1 000 Wagen bereits doppelt so viel verkauft, wie wir erwartet hatten«. Es war Prinzessin Antoinette zu Fürstenberg, die sich Nummer 1 000 in Zuffenhausen holte. Bis Februar 1995 hat Porsche 26 067 Exemplare seines Flaggschiffs produziert.

Im November 1973 war die Entscheidung gefallen, die Breitensportaktivitäten von Porsche durch dieses Auto zu beleben. Eine zu diesem Zeitpunkt außerordentlich mutige Entscheidung: Die erste sogenannte Energiekrise verseuchte das europäische Automobilklima. Vor der Rotterdamer Reede dümpelten Dutzende vollbeladener Großtanker und harrten vergeblich der Entladung, derweil die Behörden wegen angeblichen Erdölmangels flugs Sonntagsfahrverbote und Geschwindigkeitsbeschränkungen verhängten. Und als Anfang 1974 die Spatzen längst von den Dächern pfiffen, daß von einer »Energiekrise« gar keine Rede sein konnte, gefiel es der damaligen Bonner Regierung, den Verkehr auf deutschen Autobahnen noch bis März durch »Tempo 100« zu behindern. Das brachte dem Staat stattliche Bußgeldsummen und Rechtsschutzversicherungen verstärkten Zulauf. Ein ergrimmter Alfa-Fahrer inserierte damals in der »Frankfurter Rundschau«: »Fünfter Gang zu verkaufen«.

Für 930-Projektleiter Wolfgang Berger, damals Ingenieur im Entwicklungszentrum Weissach, war dies freilich nicht der eigentliche Grund, den Turbo nur mit einem Viergangetriebe auszurüsten. Vielmehr führten wegen des vorauszusehenden gewaltigen Drehmoments künftiger Rennversionen breitere Zahnräder im Getriebegehäuse zu Platzmangel für den fünften Gang. Doch angesichts der Elastizität schon des ersten Dreiliter-Turbomotors schienen vier Gänge dazumal auszureichen.

Porsche und Turbo

Wenn Automobilisten das Wort »Turbo« in den Mund nehmen, meinen sie »den« Porsche Turbo, den 911 Turbo also. Aber Porsche ist keineswegs Erfinder der Turboaufladung. Das war der Schweizer Ingenieur Alfred Büchli, der mit der Priorität vom 16. November 1905 das Patent DRP Nr. 204 630 erhielt – über die Aufladung eines Viertakt-Dieselmotors, der über eine gemeinsame Welle mit einem Abgas-Turbolader verbunden ist. Spätere Versuche bei Flugzeug- und Schiffsmotoren verschafften der Turboaufladung noch lange keinen Durchbruch. Erst im Zweiten Weltkrieg sollte sich diese Technik auf wahrlich breiter Front bewähren, und zwar in Deutschland durch Porsche bei der Leistungssteigerung luftgekühlter Dieselmotoren für Panzer und in den USA bei den Wright Cyclone-Flugmotoren der »Fliegenden Festungen« B-29. Der ebenfalls amerikanische Motorenhersteller Caterpillar verhalf ab 1952 mit der Turboaufladung seinen Nutzfahrzeugmotoren erfolgreich zur Leistungssteigerung. Porsche schließlich begann vor nunmehr 25 Jahren mit der Turboentwicklung für Automobile und hatte damit das erste Erfolgserlebnis in der amerikanischen CanAm-Serie. »1972«, erinnert sich Ferry Porsche, »setzten wir bei diesem Wettbewerb erstmals den Typ 917-10 ein, der mit einem Turboladermotor ausgestattet war, der über 1 000 PS leistete.«

Das Schlüsselerlebnis, das den aufgeladenen Boxer aber schließlich zum Welterfolg im Seriensportwagen 930 alias 911 Turbo führen sollte, hatten Ernst Fuhrmann und Wolfgang Berger auf der Dunlop-Terrasse in Hockenheim. »Das muß 1972 gewesen sein«, sagt Berger. »Wir beobachteten ein Rennen, und da führte ein Ford Capri mit Abstand vor einem BMW, und dann erst kam ein Porsche, schon überrundet.« Professor Fuhrmann konnte es nicht fassen: »Warum fahrn's die da vorneweg?« Berger erläuterte seinem Chef daraufhin, wie Fords Sportchef Mike Kranefuß unter listiger Nutzung aller Homologationsmöglichkeiten Spezialrenner auf Serienbasis auf die Räder gestellt habe. Daraufhin fällte Fuhrmann bald die Entscheidung, ebenfalls wieder erfolgversprechende Gerätschaft für den Breitensport zu entwickeln, und in der Konsequenz wurde der aufgeladene Elfer daraus.

Bergers Urkonzept des 930 als extrem leichtes Renncoupé wurde allerdings durch eine Reglementsänderung der Fédération Internationale de l'Automobile (FIA) durchkreuzt. An einem Nachmittag im März 1974 rief Sportexperte und Werksfahrer Jürgen Barth bei Wolfgang Berger an: Die FIA habe gerade festgelegt, verschiedenen Hubraumklassen unterschiedliche Gewichtsklassen und Felgenbreiten zuzuordnen. Der als 4,2 Liter eingestufte Porsche 930 (3 Liter Hubraum × Turbofaktor 1,4) mußte demnach als Gruppe-4-Auto mindestens 1 120 Kilogramm wiegen. Da war es nicht mehr weit zum üppig ausgestatteten 911 Turbo, den Porsche auf dem Pariser Salon im Herbst 1974 der Öffentlichkeit präsentierte und ab März 1975 an die begeisterte Kundschaft auszuliefern begann. Ganz im Gegensatz zu den spartanischen Carrera RS 2.7 oder 3.0 verfügte der 911 Turbo von vornherein serienmäßig über Luxusattribute wie elektrische Fensterheber, Klimaanlage, Hochflorteppiche, Stereoanlage mit Automatikantenne, Automatik-Sicherheitsgurte, getönte Verglasung, Nebelscheinwerfer, Scheinwerferreinigungsanlage und Heckscheibenwischer – heute weitgehend selbstverständliche, vor 20 Jahren aber noch rare Details.

Höheres Motorgewicht und mehr Leistung im Heck erforderten sorgfältige Fahrwerkabstimmung, damit der neue Superlativ unter den Straßensportwagen auch von weniger routinierten Fahrern gut beherrschbar war. »Die nötigen Veränderungen hat uns Mark Donohue in Paul Ricard mit einem normalen Carrera herausgefahren«, schmunzelt Wolfgang Berger heute. Mark Donohue war der berühmte amerikanische Rennfahrer, der damals den 917 in der CanAm-Serie von Erfolg zu Erfolg fuhr. »Und natürlich war unser Fahrversuch in Weissach maßgeblich beteiligt.« Mit allen Donohue-Vorschlägen waren die Weissacher nicht einverstanden, erinnert sich Berger, »aber wenn der Donohue sagt, so geht's schneller, dann geht's so schneller«. Viele andere Amerikaner machten einen Strich durch die Porsche-Produktionspläne für den 911 Turbo. Die prognostizierten 500 Einheiten hätten allein in Europa verkauft werden sollen. Aber nach der Veröffentlichung erster Tests amerikanischer Fachjournalisten waren die begeisterungsfähigen Porsche-Kunden jenseits des Atlantiks von diesem Zuffenhausener Boliden dermaßen angetan, daß alsbald ein wahrer Nachfrageboom aus den USA die Autos aus der Fertigung sog. Dem Vorstand blieb nichts anderes übrig, als die Produktionsplanung von Quartal zu Quartal nach oben zu korrigieren.

Die Evolution entläßt kräftige Kinder

Als Hammer in der Automobillandschaft galt der erste 911 Turbo mit seinen 260 PS aus aufgeladenen drei Litern Hubraum. Die Fahrleistungen (V_{max} »über 250 km/h«, Beschleunigung von 0 auf 100 km/h in 5,5 Sekunden) waren für ein Serien-Straßenfahrzeug jenseits von Gut und Böse. Doch schon im Herbst 1977, mit Beginn des Modelljahrs 1978 also, bot Porsche die erste Evolution in Gestalt des 3,3 Liter 911 Turbo an. Seine vor allem dank Hubraumerweiterung und Ladeluftkühlung auf runde 300 PS bei unverändert bescheidenen 5 500 Umdrehungen pro Minute gestiegene Leistung und sein von 343 auf 412 Nm gewachsenes maximales Drehmoment beförderten ihn erneut in die Weltspitze der Automobilelite. Seine Höchstgeschwindigkeit wurde nun mit »über 260 km/h« umschrieben, sein Beschleunigungsvermögen von 0 auf 100 km/h mit 5,4 Sekunden angegeben.

Die Fahrleistungsangaben blieben unverändert, als der 911 Turbo im Herbst 1982 mit verbesserter Gemischaufbereitung und Zündanlage ins Modelljahr 1983 ging. Vor allem diese Maßnahmen ließen sein maximales Drehmoment bei weiterhin 4 000 Umdrehungen pro Minute um 18 auf 430 Nm klettern, die Geräuschentwicklung nochmals leicht, den Verbrauch indessen spürbar sinken: Bei konstant 120 km/h genehmigte sich der 911 Turbo nun statt 15,3 Liter pro 100 Kilometer nur noch 11,8 Liter, im Stadtzyklus statt 20,0 nur noch 15,5 Liter.

Eine Karosserierevolution erlebte der 911 Turbo im Modelljahr 1987. Nach zwölf Jahren seit seiner ersten Auslieferung bot ihn Porsche erstmals auch in offenen Versionen als Targa oder als Cabriolet mit serienmäßig elektrisch betätigtem Dach an. 297 Targas und immerhin 1 645 Cabriolets fanden bis Ende 1989 einen Käufer. Und dem Jahrgang 1989 bescherte Porsche erstmals ein Fünfganggetriebe. Hierzu erfuhr das neue Carrera-Getriebe zahlreiche Verstärkungen, bevor es dem Mammutdrehmoment des Turbo ausgesetzt wurde.

Auf der Basis des damals neuen 911 des Typs 964 präsentierte Porsche nach anderthalbjähriger, von den Kunden vielbeklagter Turbo-Abstinenz im Herbst 1990 den 911 Turbo 2. Dieser »Turbo für die neunziger Jahre« erfreute seine Besitzer nicht nur durch eine Mehrleistung von 20 PS, die vor allem ein um 50 Prozent größerer Ladeluftkühler und ein vergrößerter Turbolader lieferten. Noch bemerkenswerter war die von Carrera 2 und 4 übernommene perfekte Unterbodenverkleidung, die den Luftwiderstandsbeiwert, auch im Verein mit neu geformten Außenspiegeln, drastisch von c_w = 0,39 auf 0,32 senkte. Die Höchstgeschwindigkeit des 911 turbo betrug nun 270 km/h, die Beschleunigungszeit von 0 auf 100 km/h nur noch glatte fünf Sekunden.

Die nächste Evolutionsstufe zündete Porsche 1992 mit dem 911 Turbo 3.6, dessen Motor dank des größeren Hubraums bei immer noch bescheidenen 5 500 Umdrehungen pro Minute 360 PS leistete, ein Drehmoment von 520 Nm bei 4 200 Umdrehungen auf die Hinterachse wuchtete. 280 km/h und 4,8 Sekunden von 0 auf 100 km/h lauteten nun die Fahrleistungseckwerte. Und wiederum war die Porsche Turbo-Gemeinde sicher, dieses Automobil könne nicht mehr übertroffen werden. Es sei denn vom legendären 959, dessen rare 200

Exemplare ab Werk ursprünglich je 420 000 Mark gekostet haben, in der Spitze aber auf dem freien Markt zu Preisen bis zu 1,2 Millionen Mark gehandelt worden sind. Doch der neue, auf dem Typ 993 basierende 911 Turbo stillt die Sehnsucht nach dem 959. Zum »Discountpreis«, wie Fachjournalisten schrieben.

Tatsächlich hat Porsche von seinem »Technologieträger« 959 zahlreiche innovative Detailentwicklungen in die Serie des 911 Turbo einfließen lassen. Dazu gehören der Metallkatalysator, den Hellmuth Bott erstmals in seinem 959 erprobte, oder die Biturbo-Technik, die Porsche im neuen 911 Turbo in einer anderen Variante realisiert hat. Damit hat Porsche eine für Hochleistungsmotoren ungewöhnliche Elastizität erreicht, die es gestattet, den 911 Turbo ähnlich wie seinerzeit den 959 sogar im sechsten Gang aus 1000 U/min heraus zu beschleunigen. Aber auch Designelemente des 959 flossen in die Serie ein, etwa die aerodynamisch flachen Frontkotflügel oder das Leuchtenband im Heck. Die meisten 959-Errungenschaften in neuen 911 Turbo betreffen jedoch das Fahrwerk und damit die aktive Sicherheit. Diese Liste kann man mit der Servolenkung beginnen, von der alle Porsche-Fahrer seit der Einführung des 911 Carrera 4 im Herbst 1988 profitieren, und sie fortsetzen mit den erstmals verwendeten Acht-Zoll-Rädern, deren Speichen bereits im 959 hohl ausgeführt waren. Noch beeindrukkender und in ihrer Wirkung »erfahrbarer« freilich ist die dank negativem Lenkrollradius seinerzeit im 959 und nun im 911 Turbo erstmals verwirklichte Kombination des Allradantriebs – mit dem vom Heck zur Vorderachse führenden Transaxlerohr – mit dem Antiblokkiersystem. (Beim Audi Quattro selig waren ABS und Allradantrieb jeweils abschaltbar, weil sich nur eins von beiden nutzen ließ: Wäre das ABS bei eingeschaltetem Allradantrieb in Funktion getreten, hätte der Wagen postwendend »verlenkt«.) Vom 959 abgeleitet sind schließlich auch die heutige Mehrlenker-Hinterachse, der (bei Porsche »Schwenklager« genannte) Vorderachs-Radträger aus Aluminium und das automatische Sperrensystem, nun mit Visko- statt Lamellenkupplung. Es verleiht dem 911 Turbo seine optimale Fahrdynamik mit ausgewogenem, sicherem Fahrverhalten bei maximaler Traktion, wobei mindestens fünf Prozent des Motordrehmoments ständig auf die Vorderachse wirken, abhängig von der Differenzdrehzahl zwischen Vorder- und Hinterrädern aber bis zu 40 Prozent. Vor allem aber hat die Serie von der Bremsentechnologie des 959 profitiert. Die für den bisher schnellsten Straßen-Porsche aller Zeiten entwickelten Vier-Kolben-Leichtmetall-Bremszangen in vorher nur in Rennwagen erprobter Festsattelbauweise verhelfen auch dem 911 Turbo zu Verzögerungswerten, die manchem Formel-1-Boliden zur Ehre gereichen würden: Dieser Porsche beschleunigt in 4,5 Sekunden zwar von 0 auf 100 km/h, aber er bremst in nur 2,6 Sekunden von 100 km/h auf 0.

DER PORSCHE-BARON ERINNERT SICH

Brescia (Italien), April 1940. Obwohl der Zweite Weltkrieg schon sieben Monate dauert, treffen die motorsportbegeisterten Italiener ihre Vorbereitungen für die Mille Miglia, eines der letzten großen klassischen Straßenrennen der Welt. Am 28. April 1940 ist alles am Start, was international als Rennfahrer Rang und Namen hat. Weil sich Italien noch nicht im Krieg befindet, können sich auf dem neutralen Boden der Lombardei Freund und Feind zum friedlichen Wettbewerb am Steuer schneller Sportwagen zusammenfinden. Französische und britische Rennfahrer begrüßen ihre deutschen Konkurrenten, und sogar uniformierte Nazi-Funktionäre mischen sich unter die Zuschauer – während 800 Kilometer weiter nordwestlich deutsche Truppen nach Frankreich einmarschieren.

Fünf BMW-Stromlinienwagen auf der Basis der Typs 328 vertraten bei dieser Mille Miglia 1940 die deutschen Farben, wovon einer – mit Baron Fritz Huschke v. Hanstein (geboren 1911) als Fahrer und Walter Bäumer als Beifahrer – das Rennen gewinnt. 18 Jahre später gewinnt v. Hanstein (seit 1952 Rennleiter bei Porsche) in der 1600-ccm-GT-Klasse erneut ein klassisches italienisches Straßenrennen – die Targa Florio auf Sizilien, mit dem Italiener Barone Antonio Pucci als Beifahrer. Dasselbe Porsche-Team siegt auch 1959 in der 2600-ccm-Klasse.

Während v. Hanstein ab 1952 als PR-Chef und Verantwortlicher für die Renn- und Sportwageneinsätze der Firma Porsche an den Start ging, galt er 1940 bei der Mille Miglia noch als vermögender Privatfahrer. Er hatte bereits als Student auf dem Motorrad zahlreiche Veranstaltungen im Gelände und auf der Piste gewonnen und beteiligte sich danach – auf vier Räder umgestiegen – als Werksfahrer für die Firmen Adler und Hanomag jahrelang mit großem Erfolg am Rallye- und Langstreckensport. Darüber hinaus wurde er unter anderem 1938 Deutscher Bergmeister auf einem privaten BMW und hatte schon vor dem Zweiten Weltkrieg einen Vertrag als Nachwuchsfahrer für die Grand-Prix-Silberpfeile der Auto Union in der Tasche.

Zwischen den Siegen bei der Mille Miglia und bei der Targa Florio und vielen anderen Erfolgen bei Rennen diesseits und jenseits des Atlantiks lagen bewegte, aufregende Jahre. Fritz Huschke v. Hansteins Familie verlor als Folge des Zweiten Weltkriegs ihren gesamten Besitz im von den Sowjets besetzten Teil Deutschlands, darunter Güter, den größten europäischen Saatzuchtbetrieb und die tausendjährige Burg Hanstein im Werratal. Huschke v. Hanstein flüchtete in den von den West-Alliierten besetzten Teil Deutschlands. Sein Gepäck bestand aus einem einzigen Rucksack.

Vom Familiengut seiner späteren Frau Ursula aus startete er eine neue Karriere. Zunächst begann er mit dem Wiederaufbau der Familien-GmbH und machte sich dann von 1949 bis 1951 als Verkaufsleiter um die Einführung der Vespa-Motorroller in Deutschland verdient. Er wurde auch wieder auf dem Rennsektor aktiv, wenngleich anfangs nur unter bescheidenen Umständen. Während des Krieges eingegrabene BMW-Motoren wurden ausgebuddelt und in Phantasie-Chassis Marke Eigenbau eingebaut. Die ersten Rennen auf einem selbstgestrickten VW waren für Huschke v. Hanstein nur deswegen möglich, weil er Schinken, Erbsen und Kartoffeln als Tauschmittel für Ersatzteile und Kurbelwellen mitbrachte und Geflügel gegen Benzin-Gutscheine eintauschte.

Am Tag der Währungsreform (20. Juni 1948) findet auf dem Karlsruher Dreieck – einem Autobahnteilstück – ein Rennen statt, das ohne diese Tauschwirtschaft nicht möglich gewesen wäre. Hanstein fuhr um sein Leben, um die erste harte D-Mark zu ergattern. Sehr bald hört man in Sportfahrerkreisen von einem neuen Sportwagen, den Porsche jr. in Gmünd (Österreich) baut... Und so ist die Überraschung nicht allzu groß, als die Zeitungen 1949 von einem Neubeginn der Firma Porsche in Stuttgart-Zuffenhausen berichten. Das ist für Fritz Huschke v. Hanstein das Signal für eine erneute Wende in seinem abwechslungsreichen Leben. Er erinnert sich:

Ferry Porsche hatte ich schon vor dem Krieg kennengelernt; bei den Grand-Prix-Rennen traf ich ihn gelegentlich an den Boxen. Da ich damals den erwähnten Vertrag als Auto-Union-Nachwuchsfahrer hatte (der später wegen eines steifen Schultergelenks infolge eines Unfalls nicht realisiert werden konnte), kamen wir gelegentlich ins Gespräch. Ich war also schon vor dem Zweiten Weltkrieg ein Porsche-Bewunderer. Nachdem im Jahr 1949 auf dem Genfer Automobilsalon der erste 356 vorgestellt wurde und die Presse ausführlich über dieses Ereignis berichtete, hielt es mich nicht mehr in meinem alten Job. Ich setzte mich in meinen klapprigen DKW und fuhr nach Zuffenhausen.

Die Firma Porsche war damals noch ein winziger Betrieb. Der »alte« Professor Porsche, sein Sohn Ferry und Professor Albert Prinzing als kaufmännischer Geschäftsführer hausten in einer bescheidenen Holzbaracke. Die Produktion fand in einer alten Fabrikhalle statt, die von der Firma Reutter angemietet worden war. Die sogenannte Rennabteilung versteckte sich hinter zwei Kleiderschränken und einem Vorhang und war von der Fläche her so groß wie ein normales Wohnzimmer... Unbefugte durften keinen Blick in diesen Raum werfen, weil hier aus einem 40-PS-Motor weitere 5 PS herausgekitzelt wurden – für damalige Verhältnisse eine Sensation. Das alte Porsche-Werk konnte noch nicht genutzt werden, weil es zunächst als Seuchenkrankenhaus und danach als Reparaturbetrieb für die Fahrzeuge der US-Army diente.

Meine Anstellung bei der Firma Porsche kam auf unorthodoxe Weise zustande. Professor Prinzing als Spiritus Rector der Firma suchte nach erfolgreichen Wegen, die neuen 356er schnell an die richtigen Leute zu verkaufen. Die Käuferzielgruppe, die er ins Auge gefaßt hatte, müßte sich – so meinte er übrigens zu Recht – aus Mitgliedern des Hochadels, der High Society, reichen Sportwagen-Fans usw. zusammensetzen. Also eine Klientel, die kundig und mit Fingerspitzengefühl beraten sein wollte.

Dr. Karl Feuereisen, ehemaliger Auto-Union-Rennleiter und damals bei VW in Wolfsburg als Verkaufschef tätig, empfahl mich für diesen delikaten Job, den eigentlich niemand so richtig beschreiben konnte: Kontakter für Fürsten und Grafen in Sachen Porsche, Terrainbereiter für die Händler, PR-Mann, Grüß-Gott-Onkel, Rennleiter... Porsche bot mir ein Gehalt von 1500.—, was für einen Newcomer wie mich sehr viel war und das Gehaltsgefüge des Hauses durcheinanderzubringen drohte. Finanzchef Hans Kern hatte seine Bedenken: »Der kostet ja nur Geld..., und dabei soll er doch Umsatz bringen! Seine Reisen werden Spesen verursachen...!«, während ich fest davon überzeugt war, daß das Geld wieder reinkommen würde. Im übrigen war es auch bei anderen Autofirmen längst gang und gäbe, daß ehemalige Rennfahrer der exklusiven Kundschaft neue Modelle vorstellten! Ich kann mich noch erinnern, daß der legendäre Mercedes-Benz-Rennfahrer Otto Merz, der 1927 das erste Grand-Prix-Rennen auf dem Nürburgring gewonnen hatte, unserer Familie die neuen Mercedes-Kompressor-Autos vorführte.

In diesem Stil wollten wir auch bei Porsche arbeiten. Alles sehr bescheiden, sehr persönlich und etwas bohèmehaft, was aber gut war für das Image. Porsche konnte auf das VW-Händlernetz zurückgreifen. Wir waren der Meinung, daß jeder Porschekäufer damals mindestens auch einen Käfer besaß, eines der wenigen lieferbaren Modelle auf dem Markt.

Von Anfang an war Porsche auch ein Synonym für Automobilsport gewesen. Schon 1950 errang der Erbprinz zu Fürstenberg mit seinem 356 einen Sieg bei der Mittsommernacht-Rallye. Und ein Jahr später erregten die Franzosen Veuillet/Mouche beim ersten Auftritt des Werkes in Le Mans durch ihren Klassensieg beim 24-Stunden-Rennen erhebliches Aufsehen, auf einem 356. Die Nachkriegsgeschichte des internationalen Autorennsports ist mit Porsche-Erfolgen geradezu gepflastert. Es würde zu weit führen, die Tausende von Siegen hier aufzuführen. Uns wurde nur eines sehr schnell klar: Die Werbewirkung der Porsche-Siege war mit Geld nicht zu bezahlen! Wenn schon kein Budget für großangelegte Öffentlichkeitsarbeit zur Verfügung stand, dann wollten wir doch wenigstens unsere Sporterfolge in Sympathiewerbung umsetzen, was – so meine ich – optimal gelang. Im übrigen lief ich mit diesem Konzept bei Ferry Porsche offene Türen ein.

In den fünfziger und sechziger Jahren betrieben wir die Porsche-Rennaktivitäten mit einem Minimum an Aufwand. Organisation und Logistik waren eine Mischung aus schwäbischer Präzision und sehr viel Chuzpe. Und es wurde eisern gespart, jede Mark zweimal umgedreht. Völlig undenkbar, daß – wie heute üblich – große Transporter-Kolonnen von Rennen zu Rennen zogen! Wir sind in der Regel auf eigener Achse zu den Rennen angereist. Als wir auf Betreiben des Porsche- und VW-Importeurs Max Hoffmann 1953 endlich auch an Rennen in den USA teilnehmen wollten, fuhren wir zunächst auf diese Weise bis nach Hamburg, schifften uns dort ein und haben – in New York angekommen – unsere Spyder selber ausgeladen und sind dann mit ihnen durch die Stadt zu Max Hoffmanns Garage gefahren!

Ürigens war Karl Kling, Sieger der Carrera Panamericana 1952 auf Mercedes-Benz, prominentestes Mitglied unserer kleinen Porsche-Expedition. Wir hatten ihn bei den Untertürkheimern ausgeliehen. Während ich die Zoll- und Immigrationsprozedur anstandslos überstand, wurde Karl Kling an jenem Freitagnachmittag von den amerikanischen Einwanderungsbehörden erst mal eingesperrt! Das Weekend mußte er mit zwanzig anderen Betroffenen in einer Zelle in Ellis Island verbringen. Übers Wochenende konnte nichts für ihn getan werden, obwohl unsere Botschaft in Washington und das Konsulat in New York ihr Möglichstes versuchten. Für den kommenden Montag hatte Max Hoffmann eine große Party arrangiert, um uns der Presse und den Händlern vorzustellen, mit Karl Kling als dem wichtigsten Gast! Aber der saß auch am Montag noch hinter Gittern! Also mußte ich allein die Honneurs machen.

Erst Montagabend konnte Karl Kling als »freier« Mann zu uns stoßen. Wir haben nie erfahren, warum er eingesperrt und warum er dann ohne Kommentar freigelassen wurde. Eine schöne Geschichte mit viel human touch passierte am Rande: Eine amerikanische Millionärin hatte von Karls Mißgeschick in der Presse gelesen und wollte ihn heiraten, damit er freigelassen würde...

Porsches erster Renneinsatz in den USA in Albany, Georgia, fand ein riesiges Presse-Echo, zumal wir überhaupt die ersten deutschen Rennfahrer nach dem Krieg in den USA waren. Wir waren nicht sonderlich erfolgreich; in meinem Spyder streikte zum Beispiel die Benzinpumpe. Unser größtes Abenteuer stand uns aber noch bevor: die Carrera Panamericana, ein mörderisches sechstägiges Straßenrennen über 3000 Kilometer (1912 miles) durch Mexiko, von der nördlichen bis zur südlichen Landesgrenze. Unsere Porsches wurden auf LKW zum Startort Ciudad Juarez (nahe El Paso) transportiert.

Das Training absolvierten wir auf Leihwagen, um die Wettbewerbsautos zu schonen. Mittlerweile war auch Hans Herrmann als zweiter Fahrer aus Stuttgart eingetroffen. Zum erstenmal arbeiteten wir mit einem Sponsor zusammen, der Firma Fletcher Aviation aus Pasadena, die in einen Leicht-Jeep unseren Porsche-Motor einbaute. Als am 19. November 1953 das Rennen gestartet wurde, waren 197 Wettbewerber am Start. 18 000 Soldaten sperrten die Strekke ab und hatten Befehl, auf alle Kühe, Hühner, Katzen und Hunde zu schießen, die auf der Straße streunten.

Während Karl Kling wegen eines technischen Defekts bald ausschied, beendete Hans Herrmann in Tuxtla Gutiérrez als Dritter in der Gesamtwertung und als Klassensieger das Rennen. Umberto Maglioli und Phil Hill belegten auf Ferrari die Plätze 1 und 2 im Gesamtklassement. Sie durchrasten Mexiko mit einem Schnitt von 173,7 km/h (107,96 mph.). Hans Herrmanns Klassensieg und Platz 3 in der Gesamtwertung haben mitgeholfen, tausend Porsches mehr in den USA zu verkaufen, so rühmte Max Hoffmann!

Mittlerweile war ich in die Rolle einer Allzweck-Waffe des Hauses Porsche hineingewachsen: Ich war in einem Rennleiter, PR- und Presse-Chef sowie Fotograf. Wenn mir meine Arbeit Zeit ließ, klemmte ich mich auch selber noch hinters Steuer, um Rennen zu bestreiten.

Es würde zu weit führen, im einzelnen aufzuzählen, was ich an Rennen auf den Bahamas, in der Schweiz, in Daytona, Monza und Venezuela, am Mont Ventoux und beim »Grand Prix« in Japan 1963 gewann. Dieser Grand Prix in Nippon war alles andere als ein klassischer Grand Prix, so wie wir Europäer ihn verstanden. Es war ein Handikaprennen, das aber für das Haus sehr wichtig war, um allmählich auf dem japanischen Markt Fuß zu fassen.

Ich gewann dieses Rennen – in dem große Boliden gegen »kleine« Wagen mit extrem günstigem Leistungsgewicht antraten – und erhielt als Preis für den ersten Platz neben einem riesigen Perlenkollier und der üblichen Silberschale ein Zweijahresabonnement für unbeschränkte Mengen Coca-Cola! Mit dem sogenannten Bergspyder holte ich 1965 zwei Welt- und drei Klassenrekorde und schloß meine sportliche Karriere 1973 – mit 62 Jahren – auf der Piste des VW-Werkes in Ehra-Lessien (Niedersachsen) mit zwei internationalen Klassen- und zwei absoluten Weltrekorden ab.

Porsches Einstieg in die Formel 2 war insofern einfach, als wir als Ausgangsbasis nur bei unseren Spydern den Sitz und die Lenkung in die Mitte des Wagens verlegen mußten. Der 1,5-Liter-Motor leistete im Formel-2-Porsche ca. 150 PS. Durch diese günstigen Voraussetzungen war es uns möglich, mit relativ geringem Aufwand erfolgreich mitzumischen.

Um attraktive Fahrer, wie zum Beispiel Stirling Moss, verpflichten zu können, machten wir einen sogenannten Billiger-Jakob-Deal: Wir verliehen unser Auto an den britischen Rennstall-Manager Rob Walker unter der Bedingung, daß Stirling Moss fährt. Ich machte ihm klar: »Du bekommst das Auto – und du mußt es unterhalten.« Und Moss sagte ich: »Alle Preisgelder, die du gewinnst, kannst du behalten; andererseits bekommst du aber von uns keinen Pfennig.«

Porsche war in der Formel 2 sehr erfolgreich: 1957 1. Platz (Edgar Barth) beim Großen Preis von Deutschland; 1958 1. Platz (Jean Behra) beim Großen Preis von Reims; 1959 1. Platz (Fraser Jones) in Kapstadt; 1960 1. Platz (Stirling Moss) in Aintree und 1. Platz (Joakim Bonnier) beim Großen Preis von Deutschland; Wolfgang Graf Berghe v. Trips wurde Zweiter. Für Porsche brachten diese Erfolge in der Formel 2 eine glänzende Publicity. Der Rennsport wurde allerdings immer professioneller und immer härter. Dennoch hatten Originale wie der niederländische Rennfahrer Carel de Beaufort noch ihren Platz im Rennzirkus; der Zwei-Zentner-Fahrer brachte regelmäßig seinen Formel-2-Wagen zur Inspektion nach Zuffenhausen, mit Hilfe eines Anhängers, den ein bärenstarker amerikanischer Wagen zog. Mit dabei: 500 Flaschen holländisches Bier für die Porsche-Mechaniker.

Porsches Einstieg in die Formel 1 war schwierig und riskant. Aber die gesamte Nation hatte gedrängt, und bei günstiger Gelegenheit haben wir Ferry beim Portepee gefaßt. Er war bis dahin vor den Kosten zurückgeschreckt. Hans Mezger, heute auch verantwortlich für den TAG-Porschemotor im McLaren-Formel-1-Wagen, hatte den Achtzylinder für die Formel 1 entwickelt. Wir hatten einen guten, durchaus konkurrenzfähigen Motor, der aber mehr Zeit zur Ausreifung nötig gehabt hätte. Und es fehlten die finanziellen Mittel, um eine Durststrekke zu überstehen.

Das Hansteinsche Prinzip »Hand in Hand und ohne Geld«, wie noch bei der Formel 2 praktikabel, funktionierte in der Formel 1 nicht mehr. Mit großem Glück gewannen wir einen Grand Prix, Reims 1962, mit Dan Gurney am Steuer. Aber wir erkannten auch, daß die Konkurrenz eine noch härtere Gangart einschlug. Also mußten wir entweder mehr eigenes Geld oder das eines Sponsors in die Formel 1 pumpen oder wir mußten mit einem englischen Team zusammenarbeiten.

Da hat Ferry Porsche entschieden: »Hören wir lieber auf, und widmen wir unsere vorhandenen Kapazitäten unseren Kundenautos!« Während heutzutage große Teams von Ingenieuren den Rennställen zuarbeiten, waren es damals lediglich der Ingenieur Wilhelm Hild und vier Mechaniker, die sich um die Formel-1-Wagen der Firma Porsche kümmerten. Es gab noch kein Weissach, und die vorhandenen Entwicklungsmöglichkeiten brauchte man für die Serie, vor allem für den 911, der sorgfältig vorbereitet wurde.

Ich erwische mich immer öfter dabei, daß ich voller Sentimentalität auf die Rennsaisons vor zwanzig Jahren und mehr zurückblicke. Ich glaube, wir hatten damals mehr Spaß und mehr Stil. Vor jedem Großen Preis von Italien – zum Beispiel – lud Graf Johnny Lurani, berühmter und eleganter ehemaliger italienischer Rennfahrer, Fahrer und Freunde in sein nahe des Monza-Kurses gelegenes Schloß zum Diner ein. Man zog sich gut an und tafelte stilvoll. Heute dagegen ziehen die Matadore mit ihren Leibärzten und Masseuren von Rennstrecke zu Rennstrecke und verkriechen sich in ihren Wohnwagen. Früher waren es noch Herrenfahrer, die an den Start gingen, zumindest die meisten von ihnen, selbst wenn sie für Geld fuhren. Hans Stuck sen. und Caracciola sind auch nicht umsonst gefahren, aber sie waren Herrenfahrer, die nebenbei Geld verdienten. Heute sind die meisten große Geldverdiener, die nebenbei keine Herren sind...

Sentimental werde ich auch oft, wenn ich daran zurückdenke, daß der Umgang mit schnellen Porsche-Autos früher auch immer Ausdruck eines besonderen Lebensgefühls, des Savoir-vivre, war. Das waren noch Zeiten, als ich eigens nach Jordanien flog, um König Hussein mit seinem neuen Bergspyder vertraut zu machen und gegen ihn Rennen zu fahren! Anschließend lud mich Hussein zum Wasserskifahren im Golf von Aqaba ein.

Oder als ich Prinz Rainier von Monaco fragte: »Wollen Durchlaucht nicht doch mal einen Porsche zur Probe fahren?« Und wir diese Exemplare aus der kleinen Serie abziehen mußten... Oder als mein Freund Prinz Berthil von Schweden, zweiter Mann hinter dem damaligen Schwedenkönig Gustav, Anfang der fünfziger Jahre seinen ersten Porsche bekam und ich das Auto persönlich abliefern mußte... Oder als der heutige schwedische König Carl Gustaf als 14jähriger Kronprinz auf einem abgesperrten Flugplatz die ersten Runden in einem Porsche drehen durfte... Oder als ich Augenzeuge war, als Juan Manuel Fangio 1958, ein Jahr vor Fidel Castros Machtübernahme in Havanna auf Cuba gekidnapt wurde und ich sofort bei dpa in Frankfurt anrief, um den Kollegen als ersten Journalisten dort diese brandheiße Nachricht durchzugeben...

Fritz Huschke v. Hanstein schied 1968 aus seinen Multifunktionen bei Porsche aus und diente der Firma danach in anderen Bereichen. Er bekleidete hohe Ehrenämter im deutschen und internationalen Rennsport: Er war Sportpräsident des AvD (des Automobilclubs von Deutschland), Präsident der Obersten Nationalen Sportkommission für den Automobilsport in Deutschland (ONS) und Vizepräsident des Internationalen Automobil-Sportverbandes (FISA).

REINHARD SEIFFERT

PORSCHE IN DER FORMEL 1

Die Konstrukteure von Rennwagen und Motoren vor neue und reizvolle Aufgaben zu stellen, ist der eigentliche Sinn der Rennformeln. Man muß sich das vor Augen halten: Es geht letztlich nicht darum, den Ruhm bestimmter Hersteller, Sponsoren, Teamchefs oder gar von Nationen zu mehren. Es soll vielmehr eine technische Leistung vollbracht und zugleich den besten Fahrern Gelegenheit gegeben werden, ihr Können zu beweisen.

Wenn trotzdem der Grand-Prix-Sport nie frei von Reklamerummel, von nationaler und persönlicher Hybris geblieben ist, dann läßt sich das leicht erklären: In der Formel 1 werden Höchstleistungen gefordert und geboten, jeder Erfolg und Mißerfolg vollzieht sich vor den Augen der großen Öffentlichkeit. Das war im Jahr 1934, als der von Porsche konstruierte Auto-Union-Grand-Prix in seinem ersten Einsatzjahr drei Große Preise gewann, genauso wie im Jahr 1984, als Niki Lauda knapp vor Alain Prost Weltmeister der Formel 1 wurde – beide im McLaren mit dem TAG-Motor, den Porsche im Auftrag der Firma Technique d'Avant Garde entwickelt und gebaut hatte.

Die Motive im Hintergrund unterschieden sich nicht wenig: 1934 ging es darum, neuen Rennruhm an die deutschen Fahnen zu heften, 1984 waren es ehrgeizige Team-Manager, Sponsoren und Fahrer, die unter Einschaltung von Porsches Konstruktions-Know-how der Konkurrenz ein Schnippchen schlagen wollten. Die Rolle von Porsche allerdings war in beiden Fällen die gleiche: erfolgssichere Technologie zu produzieren.

Es führt eine ununterbrochene Kontinuität von jenem fünften Entwicklungsauftrag an die junge Konstruktionsfirma, der unter der Nummer 22 in die Akten eingetragen wurde, bis zum TAG-Motor. Persönlich verkörpert der Chef des Hauses Porsche diese Kontinuität: Ferry Porsche wirkte 1934 maßgeblich am »P-Wagen« (Porsche-Wagen) für die Auto Union mit und nahm 50 Jahre später kritischen Anteil am Fortgang des – nunmehr vierten – Grand-Prix-Projekts der Porsche-Geschichte. Erinnert sei auch an jenen Sommertag im Jahr 1980, als der bei Audi/NSU fahrfähig restaurierte Auto-Union-Rennwagen auf der Weissacher Versuchsstrekke erstmals wieder sein unverkennbares Kompressorgebrüll von sich gab. Die Startfreigabe erteilte Robert Eberan von Eberhorst, vor dem Krieg leitender Renningenieur der Auto Union, am Steuer saß Porsches Entwicklungschef Helmuth Bott.

Während Porsche beim McLaren-TAG ausschließlich für den Motor verantwortlich zeichnete, wurde 1932/33 ein vollständiger Rennwagen konstruiert. Genauso war es 1946/47 beim Cisitalia-Entwicklungsauftrag und 1961/62 beim Porsche-eigenen Formel 1. Auf dem Gebiet der Rennwagen-Fahrwerke herrscht heute weitgehend Konformität – was nicht ausschließt, daß es auch hier noch etwas zu verbessern geben kann. Zu Beginn der dreißiger Jahre aber tat Porsche einen Schritt, der erst 30 Jahre später fester Bestandteil des Rennwagenbaus wurde: Beim P-Wagen wurde der Motor hinter dem Fahrersitz vor der Hinterachse eingebaut. So ergaben sich eine günstige Schwerpunktlage nahe der Wagenmitte und eine hohe Gewichtsbelastung der Antriebsräder.

Das gehört heute zum Abc der Rennwagentechnik, und mit Erstaunen nehmen wir zur Kenntnis, daß beim Auto Union die gewaltige Motorleistung trotzdem kaum zu bändigen war. Ferry Porsche berichtete, daß man mit 400 PS bei zunächst 4,5 Liter Hubraum nicht zufrieden war und deshalb den Motor auf 6 Liter vergrößerte. Bald waren es 600 PS: »Bei einem Wagen, der weniger als 800 kg wog, ein phantastisches Leistungs-Gewichts-Verhältnis, gleichgültig, welchen Maßstab man zugrunde legt und welchen Zeitabschnitt des Rennwagenbaus man zum Vergleich heranzieht.« Es war unmöglich, beim Start die volle Leistung zu nutzen: »Ganz breite Reifen gab es um diese Zeit noch nicht. Wenn man nicht sehr vorsichtig war, drehten die Räder durch und rauchten.«

Dieses Leistungspotential erforderte auch antriebstechnische Konsequenzen. Ferry Porsche war aufgefallen, daß beim Beschleunigen in den Kurven meist das kurveninnere Hinterrad durchdrehte und zu qualmen begann. »Da wir bei Tourenwagen mit Sperrdifferentialen gute Erfahrungen gemacht hatten, schlug ich Vater vor, ein Sperrdifferential auszuprobieren. Er stimmte zu: ›Du könntest damit den Nagel auf den Kopf getroffen haben.‹« Die Firma ZF stellte ein entsprechendes Differential her, und die Rennwagen der Auto Union waren für einige Monate der Mercedes-Konkurrenz beim Herausbeschleunigen aus den Kurven klar überlegen – bis man in Untertürkheim herausbekommen hatte, woran es lag.

Auch das Sperrdifferential ist heute selbstverständlich; die Leistung der Formel-Rennwagen dagegen lag lange Zeit unter jenen 600 PS, die damals erreicht wurden, ehe neue Formeln den Hubraum der Kompressormotoren auf 3 Liter halbierten und schließlich auf 1,5 Liter viertelten. Hans Stuck, seit seinen großen Erfolgen im Debütjahr 1934 Starfahrer der Auto Union, hatte zeitweise Zwillingsreifen auf den Hinterrädern montiert, um die Leistung auf den Boden zu bringen – das waren die Vorläufer der breiten »Walzen« von heute. Stuck war es auch, der die ersten Weltrekorde auf dem Auto-Union-Grand-Prix-Wagen fuhr. Auf Stuck folgte Bernd Rosemeyer als Spitzenfahrer – er kam dann bei jenem tragischen Unfall ums Leben, der den Brauch, die Straßenrennwagen für Rekordversuche zu verwenden, in ein fragwürdiges Licht rückte.

Zu diesem Zeitpunkt, Anfang 1938, lief der Porsche-Vertrag mit der Auto Union bereits aus, und es bestand ein neuer mit Daimler-Benz, der unter anderem den Bau eines Spezial-Weltrekordwagens zum Gegenstand hatte – des T 80, der den absoluten Geschwindigkeitsrekord nach Deutschland bringen sollte. Der Krieg schien dann allen Rennwagenentwicklungen ein Ende zu setzen, aber ein unwahrscheinlicher Fall trat ein: Unter primitivsten Verhältnissen im Kärntner Ausweichquartier Gmünd kam 1947 ein Grand-Prix-Projekt zustande, das heute noch als sensationell gelten kann. Gebaut nach der 1,5 Liter Kompressorformel, war der Cisitalia Grand Prix eine logische Fortsetzung des Auto Union und zugleich der Vorgriff auf eine Zukunft, die noch lange auf sich warten ließ. Es war nach heutigen Begriffen absolute High Technology, was da in den Holzschuppen entstand, neu bis zur letzten Schraube: ein wassergekühlter Zwölfzylinder-Boxermotor mit mechanischem Lader, ausgelegt auf 385 PS bei über 10 000 U/min, als Mittelmotor eingebaut in ein Gitterrohr-Chassis mit Einzelradaufhängung, mit 5-Gang-Schnellschalt-Getriebe und vorn zuschaltbarem Allradantrieb.

Professor Ferry Porsche kommentierte diesen Wagen im Jahr 1985: »Wir hatten eine sehr hohe Motorleistung projektiert und waren aufgrund unserer Einzylinder-Versuche auch sicher, daß wir sie erreichen würden. Mit den damals verfügbaren schmalen Rennreifen war sie an der Hinterachse allein nicht voll auf den Boden zu bringen. Es kam noch ein Umstand hinzu: Den von Bernd Rosemeyer mit dem Auto Union gehaltenen Rekord für den Kilometer mit stehendem Start, der damals von großer Bedeutung war, konnten wir nach unseren Berechnungen nur mit Allrad unterbieten. So kam es, daß der Cisitalia nicht nur durch die Mittelmotor-Anordnung, sondern auch durch den Allradantrieb seiner Zeit voraus war.«

Es dauerte noch mehr als anderthalb Jahrzehnte, bis sich der Mittelmotor im Rennwagenbau durchsetzte. Wäre dem Auftraggeber Piero Dusio von seiner Partnerfirma FIAT nicht der Kredit aufgekündigt worden – es hätte zu einer frühen TAG-Parallele kommen können. Die Grand-Prix-Technik nahm einen anderen Verlauf, die Kompressor-Rennwagen der Vorkriegszeit verstaubten, es folgte die große Saugmotor-Ära der Maserati, Mercedes-Benz und Ferrari. Dann kam es durch ständige Hubraumverkleinerung zur Epoche der »Zwerge«, der ultraleichten Rennwagen und damit des Mittelmotor-Konzepts. Diese Entwicklung war es, die den ersten und bisher einzigen Ausflug der Sportwagenmarke Porsche in die Grand-Prix-Szene herbeiführte – vorher und nachher war es die Entwicklungsfirma Porsche, die Aufträge aus dieser Szene realisierte, und zwar stets in brillanter Form. Das Zwischenspiel zu Beginn der sechziger Jahre ist nicht einem geplanten Einstieg gleichzusetzen – es ergab sich aus der zufällig fast deckungsgleichen Technik der Porsche-Rennsportwagen mit der Formel 2, die dann zur Formel 1 wurde.

Porsche-Rennfahrer und Zuffenhausener Renningenieure hatten 1957 festgestellt, daß der Spyder 550 A nahtlos in das Reglement der Formel 2 paßte – man brauchte lediglich die Scheinwerfer und den Beifahrersitz abzudekken. Mit einem solchen Auto gewann Edgar Barth im selben Jahr die Formel-2-Wertung des Großen Preises von Deutschland auf dem Nürburgring. Mit diesem Erfolg im Hintergrund handelten Renningenieur Hild und Rennleiter Huschke v. Hanstein ihrem Chef Ferry Porsche für die Saison 1958 ein Sonderbudget für einen Formel-2-Umbau ab: Ein nicht mehr ganz neuer Spyder erhielt eine flache Frontverkleidung ohne Scheinwerfer und einen Mittelsitz.

Mit diesem noch immer sportwagenähnlichen Auto gewann der große französische Fahrer Jean Behra gegen starke Konkurrenz von Ferrari, Lotus und Cooper das Formel-2-Rennen in Reims. Behra kam später bei einem Unfall mit dem von ihm selber entwickelten Behra-Porsche Formel 2 auf der Berliner Avus ums Leben. Auf dem Nürburgring wurde Edgar Barth mit dem Mittelsitz-Spyder Sechster im Gesamtklassement und Zweiter in der Formel 2 – hinter einem jungen Mann namens Bruce McLaren auf Cooper. Der bescheidene Aufwand hatte erstaunliche Erfolge gezeitigt.

Junge Porsche-Ingenieure, darunter Helmuth Bott und Hans Mezger, untersuchten daraufhin die Möglichkeit, auf der Basis des Spyder RS einen Monoposto mit unverkleideten Rädern zu bauen. Unter der Spyder-Typnummer 718 entstand so der erste echte Formel-Rennwagen unter dem Namen Porsche. Er entsprach der Formel 2, aber die rennbegeisterten Porsche-Leute wußten zweierlei: Mit einem guten Mittelmotor-Formel 2 hatte man echte Chancen gegen die schwereren, damals noch überwiegend mit Frontmotoren fahrenden Formel 1. Und die FIA hatte beschlossen, ab 1961 die bisherige Formel 2 zur Formel 1 zu machen. So konnte der Formel-2-Wagen von 1960 ein echter Vorläufer eines künftigen Formel 1 werden.

Schon 1959 waren die 1,5 Liter Formel 2 in Rennen nach der 2,5 Liter Formel 1 startberechtigt, und bei Porsche rechnete man sich zumindest für den kurvenreichen Großen Preis von Monaco gute Chancen aus. Zuerst war aber eine Hürde zu überwinden: Als die rennerfahrenen Porsche-Meister Herbert Linge und Hubert Mimler das Auto auf dem Malsheimer Flugplatz (es gab noch keine Versuchsstrecke in Weissach) Ferry Porsche vorführten, stellte der Chef des Hauses eine klare Bedingung: 9 Minuten und 30 Sekunden auf dem Nürburgring. Die beste Rennrunde der Formel 2 stand auf 9.48,2, die beste inoffizielle Porsche-Zeit war 9.42, gefahren von Edgar Barth. Man holte sich den jungen Wolfgang von Trips, der 9:29,8 fuhr. Er durfte in Monte Carlo starten, qualifizierte sich auf Platz 12 und flog in der zweiten Runde heraus.

Das besagte nichts; die Porsche-Techniker und Rennleiter Huschke v. Hanstein waren optimistisch. Joakim Bonnier war in England gegen Cooper und Lotus erfolgreich, Hanstein verhandelte mit Stirling Moss für die Formel-2-Saison 1960 – nicht ohne Seitenblick auf die Formel 1 1961. Sollte Moss, der einst im Mercedes zusammen mit Fangio zu Weltruhm kam, auch bei Porsche eine Hauptrolle spielen?

Moss bekam einen Formel 2 in den Farben seines schottischen Rob-Walker-Teams, und am 30. April 1960 schlugen Moss, Bonnier und Graham Hill in Aintree die Cooper mit einem Bilderbuch-1-2-3. Hans Herrmann (Moss war nach einem Lotus-Unfall verletzt), Joakim Bonnier, Graham Hill und der amerikanische Newcomer Dan Gurney wurden auf dem Stuttgarter Solitude-Kurs Zweiter, Dritter, Vierter und Fünfter – den Sieg auf der Hausstrecke aber holte Wolfgang von Trips auf dem Ferrari: Er war unterdessen in Maranello Werksfahrer geworden. Auf dem Nürburgring startete Ferrari nicht – Trips fuhr einen der fünf Porsche, wurde hinter Joakim Bonnier Zweiter und trug somit dazu bei, daß Porsche die Konstrukteursmeisterschaft in der Formel 2 vor Cooper gewann.

Diese Formel 2 wurde dann zur Formel 1, aber schon die Kombination Trips/Ferrari hatte gezeigt, daß in der Formel 1 ein schärferer Wind wehte. Das Jahr 1961 brachte keinen durchschlagenden Erfolg – zwar hatte man trotz der Absage von Moss mit Bonnier, Herrmann und Gurney hervorragende Fahrer, aber die Wagen hielten nicht, was sie versprachen. Es entstand der überarbeitete Typ 787 mit Kugelfischer-Benzineinspritzung, der sich jedoch nicht als Fortschritt gegenüber dem 718 erwies. Immerhin holte Dan Gurney so viele Punkte, daß er zusammen mit Moss auf Weltmeisterschaftsrang 3 kam.

Das nur mittelmäßige Abschneiden sahen die Porsche-Leute als Herausforderung an: Sie entwickelten den 1960 auf die Reißbretter genommenen 1,5-Liter-Achtzylinder-Boxer weiter, brachten zugleich den Vierzylinder auf 170 und – mit Bosch-Einspritzung – sogar 190 PS und bauten einen neuen Wagen mit Gitterrohrrahmen. Das schmale und niedrige Fahrzeug bekam die Typennummer 804 und wurde der erste und bisher einzige voll konkurrenzfähige Grand-Prix-Wagen von Porsche. Konkurrenzfähig, aber nicht überlegen, denn die neuen V8-Motoren von Coventry Climax und BRM waren in der Leistung gleichwertig, der neue Monocoque-Lotus erwies sich als entwicklungsfähige Konstruktion mit hohen Qualitäten. Porsche gewann einen von sieben WM-Läufen: den Großen Preis von Frankreich 1962 durch Dan Gurney. In fünf weiteren gab es gute Plazierungen.

Das genügte Ferry Porsche nicht – er wußte, daß in der Grand-Prix-Arena größere Mittel investiert werden mußten, als die Parallelentwicklung von Rennsport- und Formelwagen zuließ. Seine Entscheidung, die Arbeit am 804-Monoposto einzustellen, erwies sich als richtig: Die Formel 1 entwickelte sich in einer Richtung weiter, die technische Spezialisierung erforderte und nicht die von Porsche angestrebte Seriennähe zuließ. Porsche konzentrierte sich auf Sportrennwagen und ging damit großen Erfolgen entgegen, die nun schon zwei Jahrzehnte andauern. Die Rückkehr zur Formel-1-Technik sollte sich in ganz anderer, Porsche-typischer Weise vollziehen.

Voraus ging dieser Rückkehr eine Episode, die nicht ganz der Vergessenheit anheimfallen sollte. Zwar galt das Engagement der Jahre 1979/80 nicht einem Formel 1, aber doch einem Monoposto mit freistehenden Rädern, dessen 2,7-Liter-Porsche-Sechszylinder-Boxer mit Turboaufladung es auf nicht weniger als 630 PS brachte. Diese Leistung war jedoch der zuständigen Sportbehörde nicht genehm: Als das amerikanische Interscope-Team mit dem bestens erprobten Fahrzeug in der USAC-Serie 1980, insbesondere zum 500-Meilen-Rennen von Indianapolis, antreten wollte, wurde eilends eine drastische Senkung des zulässigen Ladedrucks verfügt, die den technologischen Vorsprung zunichte machte. Der für das geflügelte Auto vorgesehene Danny Ongais (»Danny on the Gas«) mußte sich notgedrungen nach einem anderen Fahrzeug umsehen.

Ein Indy-Sieg fehlt also noch auf der Erfolgsliste der Porsche-Konstruktionen, aber die Weltmeisterschaft der Formel 1 im Jahr 1984 war schon lange vor dem letzten Lauf in Portugal gesichert. Nicht für die Marke Porsche, aber doch für einen Motor »Made by Porsche«. Und für den McLaren-TAG Formel 1, in dem dieser Motor eingebaut war. Der Name des Fahrers dagegen blieb bis zur letzten Runde von Estoril offen. Alain Prost gewann das Rennen, aber Niki Lauda kämpfte sich, was kaum jemand noch für möglich gehalten hätte, vom elften auf den zweiten Platz vor und wurde mit einem halben Punkt Vorsprung Weltmeister.

Niki Lauda war es auch, der schon ein Jahr zuvor, in der ersten Einsatzphase des neuen Motors, einige Male die Leistungsüberlegenheit aufblitzen ließ. Damals fehlte jedoch noch die völlige Übereinstimmung zwischen Motor und Fahrzeug. 1984 war sie erreicht – die Konkurrenz mußte erkennen, daß gegen die britisch-arabisch-deutsche Kombination in dieser Saison kein Kraut gewachsen war. Mansour Ojjeh, der zielstrebige Chef von Technique d'Avant Garde, McLaren-Teamchef Ron Dennis, Fahrwerkskonstrukteur John Barnard und Porsche-Mann Hans Mezger konnten sich gegenseitig gratulieren.

Der Name Porsche blieb vertragsgemäß im Hintergrund – auch wenn die Reporter gern vom »McLaren-Porsche« sprachen. Wie einst beim Auto-Union-Rennwagen verriet ein »P« in der Typbezeichnung »TAG Turbo P 01« die Herkunft, und bei näherem Hinsehen konnte man auch auf dem Motor den Namen Porsche finden. Unübersehbar war die Anwesenheit von Weissacher Renntechnikern in den McLaren-Boxen, an ihrer Spitze jener Hans Mezger, der 1960 als junger Ingenieur am damaligen 1,5-Liter-Achtzylinder-Porsche Formel 1 mitgewirkt hatte. Und Helmuth Bott konnte als Weissacher Entwicklungschef die Erfahrungen aus jenen Jahren in die Waagschale werfen – zusätzlich zu dem gewaltig angewachsenen Know-how.

Diesmal war es ein 1,5 Liter V-Sechszylinder mit Turboaufladung, der sich in den Vorstudien als favorisierte Lösung herausgestellt hatte. Erstmals also kein Boxer – der V-Winkel von 80 Grad mit dem schlanken Kurbelgehäuse ergibt aerodynamisch günstigere Einbauverhältnisse im Monoposto. »Ein V-Achtzylinder war im Gespräch«, sagte Hans Mezger auf die Frage nach der Zylinderzahl, »bei Leistungen von 800 bis 1000 PS könnte die höhere Zylinderzahl ein Vorteil sein. Wir waren aber sicher, daß man die Drehzahl für die geplante Leistung mit sechs Zylindern gut erreichen würde. Bei zu starkem Leistungsanstieg müßte ohnehin eine Reglementsänderung kommen. Wir waren froh, daß die Leistungsbegrenzung durch eine Verbrauchslimitierung kam.«

Man konnte sich von vornherein dessen sicher sein, daß auch im Sechszylinder noch einige Leistungsreserven steckten. Die Weissacher hatten bereits in der Gruppe C bewiesen – in der sich der 956 als nicht nur schnellstes, sondern auch sparsamstes Exemplar erwies –, daß sie mit Verbrauchslimitierungen umgehen können. Intime Kenntnis der Möglichkeiten, Verbrennung und Verbrauch über Einspritz- und Zündelektronik exakt zu steuern, ist ein wichtiger Teil des Erfolgsgeheimnisses in der Gruppe C wie in der Formel 1.

Die mechanische und thermische Gesundheit des grazil wirkenden TAG-Motors erwies sich vom ersten Einsatztag an – ungeachtet der Tatsache, daß er die Konkurrenz im Gewicht klar unterbot. Souveräne Kenntnis der Materialeigenschaften von Aluminium-, Magnesium- und Titanlegierungen, Festigkeitsoptimierung durch Computerberechnungen, absolut beherrschte thermische Verhältnisse sind einige der perfekt gelösten Hausaufgaben.

Hinzu kam die Vertrautheit mit der Turbo-Technik: Was andere über Jahre hinweg nicht geschafft haben, nämlich schnelles Ansprechen auf das Gaspedal, verlustfreier Aufbau und Abbau des Ladedrucks – das alles wurde hier ohne erkennbare Mühe realisiert. Der TAG-Motor besiegelte endgültig die Vorherrschaft der Turbos in der Formel 1, und er brachte eine neue Welle hektisch betriebener Motorenentwicklungen in Gang.

Porsche hatte also 1984 mit dem Gewinn der Fahrer-Weltmeisterschaft seine Visitenkarte in der Formel 1 abgegeben. Das Jahr 1985 brachte eine stürmische Kosten- und PS-Eskalation, mit Turbomotoren bis zu 1100 PS. Was die Szene aber noch mehr bewegte, war die Ankündigung von Niki Lauda vorm Großen Preis von Österreich, seine Fahrer-Laufbahn zu beenden. »The Rat«, wie ihn englische Fachzeitungen nannten, hatte mal wieder für Überraschung gesorgt. Alain Prost konnte die Rennsaison 1985 als Weltmeister beenden. Die Porsche-TAG-Motoren hatten sich so gut wie unschlagbar erwiesen. So hatten in den beiden Weltmeisterschaftsjahren die rot-weißen McLaren mit den Weissacher Turbomotoren 18mal eine Grand Prix gewonnen, fünf davon waren Doppelsiege.

1986 ging es noch spannender in der Formel 1 zu. Keke Rosberg, neben Alain Prost Fahrer im McLaren-Team, kündigte seinen Rücktritt zum Saison-Ende vom Formel-1-Sport an und der Kampf um die Fahrer-Weltmeisterschaft wurde erst im letzten Rennen entschieden, dem 16., in Adelaide. Es kamen noch drei Fahrer für den Titèl in Frage, Nigel Mansell und Nelson Piquet, beide auf Williams/Honda, und Alain Prost.

Zu Beginn der 2. Rennhälfte (total 82 Runden) hieß die Reihenfolge: Rosberg, Piquet, Mansell, Prost. Damit wäre Mansell Weltmeister geworden. Doch in der 62. Runde erlitt der Finne einen Reifenschaden und schied aus. Dasselbe passierte Mansell, so daß plötzlich Nelson Piquet wieder Weltmeisterchancen hatte. Aber ein Boxenstop wegen Reifenwechsels warf ihn zurück, während Alain Prost diese Prozedur schon hinter sich hatte. So wurde der kleine Franzose zum zweiten Mal Weltmeister auf McLaren-Porsche. Die Kombination McLaren-TAG-Porsche hatte damit seit 1984 dreimal den Fahrer-Weltmeister gestellt, was bis dahin noch kein Team geschafft hatte.

Mit der Rennsaison 1987 endete dieses erfolgreiche Joint-venture. Von 1983 bis 1987 hatten die McLaren-TAG-Porsche an 68 Rennen mit 134 Einsätzen durch Prost (64), Lauda (34), Rosberg und Johansson (je 16) sowie John Watson (4) teilgenommen.

GUSTAV BÜSING

PORSCHE UND DIE 24 STUNDEN VON LE MANS

Le Mans, rund 200 Kilometer südwestlich von Paris gelegen, ist eine französische Provinzstadt wie viele andere. Aber einmal im Jahr steht die Hauptstadt des Departements Sarthe im Mittelpunkt des internationalen Motorsports: den 24 Stunden von Le Mans, an Bedeutung nur mit dem 500-Meilen-Rennen von Indianapolis zu vergleichen. Eine Woche lang werden die 150 000 Einwohner und mit ihnen Hunderttausende weiterer Motorsportfans aus aller Welt in Atem gehalten.

Gestartet wird jeweils samstags um 16 Uhr. Ausnahmen bestätigen die Regel. Ein gestrenges Auswahlkomitee sichtet die Teilnahmewünsche und spricht Einladungen aus, mehr als 55 Starter werden nicht zugelassen. Bereits am Dienstagmorgen beginnt in aller Früh die strenge Abnahmeprozedur auf dem Place des Jacobins, nahe der Kathedrale. Trainiert wird jeweils am Mittwoch und Donnerstag bis 23 Uhr. Für die Fahrer ist der Freitag Ruhetag, aber die Mechaniker haben auch an diesem »day off« alle Hände voll zu tun, um die Wagen sorgfältig vorzubereiten. Die Rennstrecke ist eine Mischung aus einem permanenten Kurs, dem Circuit Bugatti, und ganz normalen Landstraßen, die mit ein paar Leitplanken versehen und für Monsieur Dupont und seine Familie gesperrt werden.

Fahren Sie mit mir eine Runde über den 13,626 Kilometer langen Kurs – in einem Porsche 956, mit gut 650 PS im Rücken. Wir beschleunigen voll aus der Ford-Schikane auf die Start- und Zielgerade. Im Rechtsknick am Ende der Boxen sind wir im fünften Gang schon 250 km/h schnell. Auf der Kuppe unter dem Dunlop-Bogen wird das Auto vorne ganz leicht; wir steigen unmittelbar nach dem Eintauchen für die enge Links-Rechts-Kombination auf die Bremse. Den Rummelplatz würdigen wir keines Blickes, denn schon geht es fast 90 Grad rechts herum auf die Nationalstraße 138, Richtung Tours. Wir sind jetzt auf der berühmten Hunaudières-Geraden: fast sechs Kilometer geradeaus, den rechten Fuß fest aufs Gaspedal gepreßt. Die Landschaft verschwimmt zu Schemen, die Leitplanken werden zu Strichen. Nur nicht grübeln, was passieren würde wenn bei Tempo 350 km/h …

Der leichte Rechtsknick wird zur richtigen Kurve, dann die Kuppe und Sie steigen mit aller Kraft in die Bremsen. Das Dörfchen Mulsanne ist erreicht, es geht scharf rechts ab, so etwa mit 90 km/h. Dann wieder volle Beschleunigung, die rotglühenden Bremsscheiben können etwas abkühlen. Die S-Kurven von Arnage, die Porsche-Kurve, Maison Blanche … Die Fliehkräfte in den schnellen Kurven lassen Ihren Kopf hin und her pendeln. Der Groundeffekt saugt das Auto am Boden fest. Sie fliegen, nur aber auf der

Straße. Endlich die Tribünen, sie zacken durch die Ford-Schikane, dann geht das Ganze von vorn los. Noch 370 Mal!

Die Geschichte der 24 Stunden von Le Mans begann im Jahre 1922. Drei Freunden, allesamt Autonarren, kam die Idee zu einem Wettbewerb nicht nur für reinrassige Renn-, sondern auch ganz gewöhnliche Tourenwagen. Ein richtiger Leistungstest sollte es sein, 24 Stunden lang ohne Pause. Einer der drei, Charles Faroux, entwarf die Ausschreibung. Die Hetzjagd zweimal rund um die Uhr sollte den damaligen Verhältnissen gerecht werden. Es durfte nur in bestimmten Zeitabständen getankt, Reparaturen nur mit Bordwerkzeugen und den im Wagen befindlichen Ersatzteilen ausgeführt werden. 33 serienmäßige Autos von 17 Herstellern stellten sich am 26. Mai 1923 der Herausforderung.

Von Beginn an strebten die Autoproduzenten in Scharen nach Le Mans, schließlich gab es kaum einen besseren und werbeträchtigeren Qualitätsbeweis für ihre Produkte. Daran sollte sich auch nichts ändern, als nach dem Kriege Sportwagen und Prototypen zum Rennen zugelassen wurden.

Seit dem ersten Rennen im Jahre 1923 faszinierten die 24 Stunden aber nicht nur die Techniker. Ein Autorennen auf weitgehend normalen Landstraßen, bei Tag und bei Nacht, im strahlenden Sonnenschein und im strömenden Regen, da liegen Triumph und Drama stets ganz dicht beieinander. Le Mans ist gefährlich bis auf den heutigen Tag. Die Mischung aus technischem Wettstreit, sportlichem Zweikampf, nächtlichem Spektakel und menschlichen Tragödien macht seine Faszination aus.

Ferry Porsche wird mehr an das technische Leistungsvermögen und die Werbemöglichkeiten gedacht haben, als ihn sein französischer Importeur Auguste Veuillet im Herbst 1950 – es war beim Pariser Salon – auf die 24 Stunden von Le Mans ansprach. Auch Charles Faroux sprach mit Ferry Porsche, und der sagte im Januar 1951 zu, eines seiner 356-Coupés in die Sarthe zu schicken. Die Sache stand zunächst nicht unter einem glücklichen Stern. Das erste der noch in Gmünd/Kärnten gebauten Alu-Coupés mit dem 44 PS starken 1100-ccm-Motor, der seine Abstammung vom Käfer nicht verleugnen konnte, kam mit Paul von Guilleaume am Steuer bei einer Versuchsfahrt von der Strecke ab. Auslöser des Unfalls war ein zu sorgloser Radfahrer, der die Bahn des mit 135 km/h herannahenden Autos kreuzte. Guilleaume überstand den Unfall zwar ohne Verletzungen, aber der schwer demolierte Wagen mußte in Stuttgart völlig überholt werden.

Von den zwei übriggebliebenen Wagen war einer für den deutschen Rennfahrer Rudolf Sauerwein bestimmt, während das dritte Coupé von den Franzosen Auguste Veuillet und Edmond Mouche pilotiert werden sollte. Aber während des letzten Trainings passierte erneut ein Unfall: Sauerwein kam nachts in der Maison-Blanche-Kurve von der Strecke ab und mußte verletzt ins Krankenhaus gebracht werden. So blieb Porsche nur noch der Wagen 46. Er durfte nur mit Franzosen besetzt werden, weil der Veranstalter fürchtete, Reste der Widerstandsbewegung würden auf ein deutsches Fahrzeug mit deutschen Fahrern Steine werfen.

Auguste Veuillet und sein Beifahrer Mouche zogen sich glänzend aus der Affäre: Der Wagen mit der Startnummer 46, noch mit einer Straßenzulassung am Heck, schaffte in 24 Stunden genau 2840,650 Kilometer. Das entsprach einem Schnitt von 118,360 Kilometer pro Stunde und bedeutete den Klassensieg. Für Porsche ein schöner Erfolg und ein Meilenstein auf dem Weg zum sportlichen Ruhm der jungen Marke. Seitdem ist kein einziges Jahr mehr vergangen, in dem nicht Porsche-Fahrzeuge in Le Mans am Start waren.

Ein Testbericht in der Zeitschrift »Das Auto« aus dem Jahre 1951 vermittelt ein wenig die Faszination, die schon vom Serien-Pendant des Le-Mans-Siegerwagens ausging. »Der Porsche vermittelt dem, der zum erstenmal an seinem Steuer sitzt, ein völlig neues, noch nie gekanntes Fahrgefühl. Es ist erstaunlich, die Fülle der Eindrücke auf sich zukommen zu sehen, wenn man, tief an den Boden geklebt, mit dem Kopf in Achshöhe der großen Lastzüge, mit einer geradezu spielenden Leichtigkeit zwischen 120 und 150 km/h über die Autobahn geht, auf der fast ständig die linke Fahrbahn benutzt werden muß, weil es nicht rationell ist, in Stunden normaler Frequenz sich zwischen den übrigen Passanten hindurchzuwiegen. Es ist, als ob man, durch eine rätselhaft sanfte Gewalt am Boden haftend, in einem schnellen, lautlosen Segelflugzeug sitzt. Ein souveränes Gefühl der Befreiung von allen überkommenen Eindrücken nimmt vom Porschefahrer Besitz. Die Vorausberechnung der Passagen und Bremswege ist eine andere auf diesem lautlosen Fahrzeug der ›langen Welle‹, mit dessen Konstruktion ein Genie das Erlebnis des Kraftfahrzeugs in eine neue Sphäre und das Kraftfahrzeug selbst in eine neue Ära führte.«

Die Rennfahrer waren nicht ganz so begeistert. Paul Frère, 1953 von Porsche-Rennleiter Huschke v. Hanstein erstmals eingeladen, in der Werksmannschaft zu starten, erinnert sich in seinem Buch »Die 24 Stunden von Le Mans« recht kritisch an seinen damaligen fahrbaren Untersatz: »Unsere Wagen waren recht eigenartige Konstruktionen, die ersten Porsche-Rennwagen mit dem Motor vor der Hinterachse. Drin saß immer noch der vom Volkswagen abgeleitete 1500-ccm-Stoßstangenmotor, jedoch schon mit einer rollengelagerten Kurbelwelle. Die Zeit hatte allerdings nur gereicht, um die gesamte Hecktriebgruppe – Motor, Kraftübertragung, Hinterachse – gegenüber dem Serienmodell um 180 Grad zu drehen, nicht aber, um die Aufhängung umzukonstruieren. So wurde die Pendelachse an Längslenkern geführt, die hinter statt vor der Achse eingehängt waren, wodurch sich in Kurven die Hinterräder spreizten und der Wagen zum Übersteuern neigte. Unsere Wagen verhielten sich im Grunde genauso wie die berüchtigten Serien-Porsche jener Zeit. Die Verlegung des Motors hatte also auf die Straßenlage keinen großen Einfluß; den einzigen wirklichen Vorteil brachte der verlängerte Radstand, der die Kursstabilität des auf der Geraden mehr als 200 km/h schnellen Wagens verbesserte und eine günstige Karosserieform erlaubte.«

Problematisch waren schon damals die Geschwindigkeitsunterschiede der Konkurrenten. Mit den damaligen Porsche ließen sich nur Klassensiege erzielen. Die auf den Gesamtsieg programmierten Jaguar, Ferrari, Alfa Romeo und Lancia mit ihren PS-starken Motoren fuhren den Porsche natürlich auf und davon, vor allem auf der langen Hunaudières-Geraden. Für Paul Frère und seine Markengefährten gehörte der Rückspiegel deshalb zum wichtigsten Zubehör. »Wie die Pfeile« überholten die schnellen Wagen, in den Bremszonen ebenso wie aus den Kurven heraus. Vor allem bei Nacht hatten die Fahrer große Schwierigkeiten: »Abstand und Geschwindigkeit eines mit voller Beleuchtung auflaufenden Wagens zu schätzen, wenn man selbst schneller als 200 km/h fährt, selbst überholen muß und auf gute Zeiten achtet.« Daran hat sich bis heute nicht das geringste geändert. Kommen Nebel oder strömender Regen hinzu, lassen Kondition und Konzentration der Fahrer nach, wird es gefährlich.

Unter solch garstigen Bedingungen errang Porsche 1958 einen seiner größten Erfolge. Es schüttete die ganze Nacht wie aus Kübeln, zahlreiche Wagen kamen von der Strecke ab. Die Porsche RSK liefen wie Uhrwerke, und die Paarung Jean Behra/Hans Herrmann schaffte sensationell den dritten Platz im Gesamtklassement vor den Markengefährten Edgar Barth/Paul Frère und Herbert Linge/Graf de Beaufort. Dabei fuhren Behra und Herrmann viele Stunden mit defekter Bremse, und als auch die Kupplung den Geist aufgab, ließen sich die Piloten selbst davon nur wenig beeindrucken.

Welche Bedeutung Le Mans inzwischen für Porsche gewonnen hatte, zeigte nichts mehr als die penible Vorbereitung auf dieses Ereignis, die für die Renn-Einsätze der Zuffenhausener inzwischen typisch geworden ist. Um eine optimale aerodynamische Abdeckung des Beifahrersitzes in den offenen Sportwagen zu erreichen, wurden eigens Unterdruckmessungen gemacht. Für seine Fahrer besorgte Rennleiter Huschke v. Hanstein spezielle Slipper mit gummierten Hinterkappen für den 24stündigen Steptanz auf den Pedalen.

Auf den Triumph folgte nur ein Jahr später das vollständige Desaster. Sechs Porsche am Start, keiner im Ziel – die erste große Niederlage des Hauses in einem internationalen Rennen seit seinem Bestehen. Man hatte ein bißchen zu hoch gepokert, vielleicht verführt durch den Erfolg bei der Targa Florio und die plötzliche Rolle der Mitfavoriten. »Bauen wir also die steileren Nocken ein«, hatte Ferry Porsche entschieden. Alles oder nichts, schließlich hatte die Konkurrenz rund 150 PS mehr unter der Haube. Zunächst lief alles nach Plan, bei Halbzeit lagen vier Porsche unter den ersten Sieben. Doch nach 13 Stunden und 13 Minuten rollte ein Wagen nach dem anderen aus: Motorschaden, Getriebe defekt, Kupplung kaputt. Wenigstens die Moral blieb heil: »Man muß auch an schlechten Tagen lächeln können«, kommentierte Rennleiter v. Hanstein.

Es wurde nicht überliefert, ob auch Ferdinand Piëch 1968 noch lächeln konnte, als wieder ein Werkswagen nach dem anderen ins Fahrerlager geschoben werden mußte. Geplant war nicht weniger als der erste Gesamtsieg eines Porsche in Le Mans. Als die Fahrer pünktlich um 15 Uhr quer über die Zielgerade zu den aufgestellten Wagen sprinteten, standen die vier Werks-Porsche des Typs 908 mit den 3-Liter-Achtzylindern ganz vorn. Von den Versuchen wußte man um die Vibration dieses Motors und ihre zerstörerische Wirkung auf Nebenaggregate, wie beispielsweise die Lichtmaschine. Vorsichtshalber gab es deshalb an jedem Wagen eine zweite Lichtmaschine, die der Fahrer notfalls mit einem Schalter im Cockpit in Betrieb setzen konnte.

Aber leider war alles vergebens: Reihenweise versagten die Lichtmaschinen, die Reserveaggregate waren zu schwach, so daß in der Nacht zwei der vier Scheinwerfer ausgeschaltet werden mußten. Da der Austausch kompletter Aggregate verboten war, wurden zwei Wagen disqualifiziert, andere hilflos beiseite geschoben. Der zweite Platz von Steinemann/Spoerry auf einem alten 907 mit 2,2-Liter-Motor hinter dem siegreichen Ford GT 40 war angesichts der hochgespannten Erwartungen wirklich nur ein schwacher Trost.

1969 konnte Porsche erstmals eine neue, wunderbare Waffe einsetzen: den Typ 917 mit 4,5-Liter-Motor, einen Zwölfzylinder mit über 500 PS Leistung. Messungen auf der langen Geraden ergaben Spitzengeschwindigkeiten von 380 km/h. Trotzdem ruhten die Hoffnungen auf den vier 908, die zwar »nur« 330 km/h liefen, aber wendiger und erprobter waren, der Konkurrenz jedoch immer noch haushoch überlegen. Zwanzig Stunden lang war das Rennen denn auch eine einzige Porsche-Show. Doch plötzlich rollte der mit 6 Runden führende 917 mit Kupplungsschaden an die Box, und auch der zweitplazierte 908 mußte kurz darauf mit defektem Getriebe aufgeben.

Aus dem sonst in den letzten Stunden meist langweiligen Rennen wurde ein Krimi. Nur wenige Sekunden trennten nun den führenden Ford GT 40 von Jacky Ickx/Jackie Oliver und den Porsche 908 von Hans Herrmann/Gérard Larrousse nach dem letzten Tankstopp. Den Windschatten ausnutzend, fuhren Ickx und Herrmann auf der langen Gerade jeweils mehrmals aneinander vorbei. Es war das spannendste Finale, das dieses Rennen jemals gesehen hatte. Taktisch klug ließ Ickx in der letzten Runde Herrmann vor der Geraden den Vortritt. Aus dem Windschatten heraus überholte der Belgier kurz vor Mulsanne, für Herrmann gab es danach keine Chance mehr, vorbeizukommen.

Riesen-Enttäuschung bei Porsche: Der lang ersehnte Gesamtsieg dahin, nach 24 Stunden fehlten genau zwei Sekunden, 120 Meter auf 4998 Kilometer!

Im Jahr darauf, 1970, standen die Zeichen ganz auf Angriff. Es wurden mehrere Porsche-Teams gebildet – eines davon unter Leitung von John Wyer, der Ford zu zwei Le-Mans-Siegen geführt hatte. Sieben 917 wurden an den Start gerollt. Weil bei Porsche Defekte immer System hatten, mixte man bunt 5-Liter- und 4,5-Liter-Motoren, versah die Wagen mit Langheck- oder Kurzheck-Karosserien. Ferry Porsche wurde die Ehre zuteil, das Rennen starten zu dürfen; die Fahrer saßen übrigens zum erstenmal beim Start in den Fahrzeugen und mußten nicht mehr quer über die Strecke zu den vor den Boxen aufgestellten Wagen sprinten. Grund dieser Änderung: Viele Piloten hatten sich bei dieser Prozedur nicht angegurtet, was fachgerecht auch nur mit Hilfe der Mechaniker möglich war. Jacky Ickx hatte im Vorjahr sein Mißfallen dadurch bekundet, daß er demonstrativ als allerletzter ins Rennen ging.

Piloten und Techniker bei Porsche machten sich Sorgen um Reifen und Bremsen, die Lieferanten wollten bei den weit über 300 km/h liegenden Geschwindigkeiten keine Garantiescheine mehr ausstellen. Auf den werkseigenen Prüfständen zerplatzten Reifen »schon« bei 330 km/h. Um Unfälle bei plötzlich einsetzendem Regen zu vermeiden, wurden Intermediate-Reifen aufgezogen, nachdem auf dem VW-Versuchsgelände bei Wolfsburg zwei 917 zu Schrott wurden, als die Fahrer ohne Vorwarnung in einen Regenschauer gerieten.

Nachts um 2 Uhr konnte John Wyer einpakken; Unfälle und Motorschäden, verursacht durch ein viel zu scharfes Tempo, hatten seine Truppe aufgerieben. Doch diesmal reichte es dennoch zum Gesamtsieg. Hans Herrmann, der Pechvogel des Vorjahres, und sein britischer Partner Richard Attwood bescherten Porsche im zwanzigsten Jahr in Le Mans endlich den ganz großen Triumph.

Nach der Ära der 917 verfügte Porsche für einige Jahre über kein Fahrzeug, das für einen Gesamtsieg gut gewesen wäre. Erst mit dem offenen Spyder vom Typ 936 mit 2,1-Liter-Turbomotor gelangen 1976 und 1977 wieder Le-Mans-Siege. Unvergessen blieb dabei die Dramatik des Jahres 1977, vor allem die der letzten Rennstunde. Von der Presse zu einer Art Völkerschlacht stilisiert, hatte sich Renault vorgenommen, Porsche zu schlagen. Die Franzosen zogen vor ihren begeisterten Landsleuten eine Riesen-Show ab. Viereinhalb Stunden nach Rennbeginn waren bereits zwei der drei Werks-Porsche ausgefallen, der verbliebene Wagen von Jürgen Barth/Hurley Haywood lag nach einer Reparatur weit zurück. Bei Porsche setzte man alles auf eine Karte, beorderte Ickx zu dem Deutschen und dem Amerikaner in den Wagen und drehte den Ladedruck von 1,2 auf 1,4 bar hoch. Ickx vollbrachte eine Meisterleistung, drehte während der Nacht eine Rekordrunde nach der anderen und brachte den Wagen Platz um Platz nach vorn.

Als kurz vor Mittag der letzte Werks-Renault ausfiel, lag der Porsche plötzlich mit 19 Runden Vorsprung in Führung. Haywood schraubte daraufhin ohne ausdrückliche Order den Ladedruck zurück und ließ es locker angehen. 45 Minuten vor Schluß kam der Wagen zum Entsetzen aller häßlich ratternd in die Boxenstraße gekrochen. »Kolbenfresser an einem Zylinder«, diagnostizierte Motoren-Spezialist Valentin Schäffer. Der zweitplazierte Renault-Mirage konnte in der verbleibenden Zeit zwar den Vorsprung des Porsche nicht aufholen, aber Sieger wird nur, wer auch am Ende mit eigener Kraft die Ziellinie überquert.

Die Schwaben beschlossen, das Unmögliche zu versuchen. Der kranke Zylinder wurde stillgelegt, das heißt Zündung und Einspritzung abgeklemmt. Niemand wußte, ob das überhaupt funktionierte, als es Jürgen Barth übernahm, die entscheidende letzte Runde in Angriff zu nehmen. Auf das Lenkrad hatten sie ihm eine Stoppuhr geschnallt, denn langsamer als 14 Minuten und einige Sekunden durfte er laut Reglement nicht fahren. Das objektive Publikum begleitete den verzweifelten Versuch der Porsche-Leute mit tosendem Beifall. Qualmend, ratternd und aus dem letzten Loch pfeifend, entschwand der Wagen den Blicken der Mechaniker. Alle hingen am Funk, immer wieder wurde Barth gefragt: »Geht's noch?« Es ging, aber Barth kam einige Sekunden zu früh, mußte noch eine zweite Runde fahren, ehe ihn endlich die Zielflagge erlöste.

So wurden und werden Le-Mans-Sieger gemacht. Zwei Jahre später, 1979, spielte sich ein ähnliches Drama ab. Die Werksporsche waren schon ausgefallen oder disqualifiziert (Ickx fand »zufällig« am Streckenrand den dringend benötigten Zahnriemen der Einspritzpumpe), doch der private Porsche 935 des Kölner Kremer-Teams mit Klaus Ludwig und den Amerikanern Bill und Don Whittington führte das Rennen mit deutlichem Vorsprung an. Plötzlich blieb Don Whittington auf der Strecke stehen. Von Technik hatte er nicht viel Ahnung, doch die Kremer-Brüder halfen über Funk bei der Fehlersuche, und der Fahrer konnte mit der Fernanleitung tatsächlich den ominösen Zahnriemen aus dem Bordbestand ersetzen. Nach ein paar Kilometern flog das vertrackte Ding aber wieder weg. Whittington vollbrachte eine weitere Glanztat: Zwischen Motor und Funkgerät hin und her eilend, verkürzte er den Keilriemen der Lichtmaschine, indem er ihn mit Isolierband umwickelte, und er schaffte es tatsächlich bis zur rettenden Box. Der Rest war ein Kinderspiel bis zum ersten Sieg eines privaten Porsche.

Viele Geschichten gäbe es noch zu erzählen, zum Beispiel vom totalen Triumph 1982 mit den brandneuen Wagen vom Typ 956, die, fein säuberlich sortiert nach ihren Startnummern 1, 2 und 3, auf den ersten drei Plätzen einliefen, aber da passierte überhaupt nichts Dramatisches. Oder 1983, als die Schwaben anschließend ein Poster drucken ließen mit der Schlagzeile »Nobody is perfect«, weil unter den ersten Zehn doch tatsächlich ein Fremdfabrikat das Ziel gesehen hatte.

Le Mans 1996: Das war ein 24stündiges Sprintrennen voller Dramatik und Spannung. Gefeiert werden konnte ein dreifacher Porsche-Triumph – Gesamtsieg für das Joest-Racing-Team und die glanzvolle Rückkehr des Porsche-Werksteams. Nach 354 Runden auf dem 13,6 Kilometer langen Straßenkurs und einer Durchschnittsgeschwindigkeit von 200,6 km/h gewann der vom Joest-Porsche-Team eingesetzte offene Porsche-Prototyp mit Manuel Reuter (Deutschland), Alexander Wurz (Österreich) und Dave Jones (USA). Es war Porsches 14. Gesamtsieg in Le Mans, und damit bleibt Porsche die erfolgreichste Marke bei diesem legendären Rennen. Nach 24 Stunden Fahrt folgte mit nur einer Runde Rückstand der erste der beiden Werks-Porsche 911 GT1 als GT1-Klassensieger mit Hans-Joachim Stuck (Österreich), Thierry Boutsen (Belgien) und Bob Wollek (Frankreich) vor den Teamkollegen Yannick Dalmas (Frankreich), Karl Wendlinger (Österreich) und Scott Goodyear (Kanada) mit 341 Runden.

Im Jahr 1997 gab es bei den 24 Stunden von Le Mans eine ähnliche Situation: wieder siegte das »private« Porsche-Racing-Team von Reinhold Joest. Das Fahrer-Trio Michele Alboreto (Italien), Stefan Johansson (Schweden) und Tim Kristensen (Dänemark) hatte den Porsche des Joest-Teams aus der Kategorie der World Sports Cars (WSC) – das sind offene Prototypen – erneut auf den 1. Platz pilotiert. Insgesamt war es der vierte Triumph von Joest-Porsche in Le Mans und der 15. Porsche-Gesamtsieg in Le Mans. Die Marke liegt damit mit deutlichem Abstand vor Ferrari (9 Siege) und Jaguar (7 Siege). Das Porsche-Werksteam trat im Jahr 1998 mit insgesamt vier Fahrzeugen an. Die beiden 911 GT 1 '98 wurden von den Fahrern Uwe Alzen (Betzdorf), Jörg Müller (MC), Bob Wollek (F) und Laurent Aiello (F)/Allan McNish (GB)/Stéphane Ortelli (F) gesteuert. In den offenen LMP 1-Sportprototypen kamen Michele Alboreto (I), Yannick Dalmas (F)/ Stefan Johansson (S) sowie David Murry (USA) Pierre-Henri Rephaud (F)/James Weaver (GB) zum Einsatz.

Beide Fahrzeugtypen wurden von Porsche 3,2-Liter-Sechszylinder-Boxermotoren mit Doppelturbo-Aufladung angetrieben, die reglementsbedingt in den GT 1 '98 rund 550 PS und in den LMP 1-Sportwagen um 500 PS leisten.

Am Sonntag, 7. Juni 1998, um 14 Uhr, war der Porschetriumph in Le Mans perfekt: Im größten Sportwagenrennen der Welt, der 66. Auflage des 24-Stunden-Rennens von Le Mans, feierten die Zuffenhausener einen spektakulären Doppelsieg. Die Werkswagen von Mercedes-Benz und BMW waren bereits am Tag zuvor ausgeschieden. Allan McNish, Laurent Aiello und Stéphane Ortelli siegten mit ihrem Porsche GT 1 vor 250 000 Zuschauern mit einer Runde Vorsprung vor ihren Teamkollegen Jörg Müller, Uwe Alzen und Bob Wollek. Sie hatten bei ihren 352 Runden 4788 Kilometer zurückgelegt.

Porsche beim 24-Stunden-Rennen von Le Mans – 16 Gesamtsiege seit 1970

1951:	Erster Start eines Porsche in Le Mans A. Veuillet und E. Mouche gewinnen die 1,1-Liter-Klasse	Porsche 356/2
1970:	Hans Herrmann (D)/Richard (Dick) Attwood (GB)	Porsche 917
1971:	Helmut Marko (A)/Gijs van Lennep (NL)	Porsche 917
1976:	Jacky Ickx (B)/Gijs von Lennep (NL)	Porsche 936
1977:	Jacky Ickx (B)/Jürgen Barth (D)/Hurley Haywood (USA)	Porsche 936
1979:	Klaus Ludwig (D)/Bill und Don Whittington (USA)	Porsche 935 K3
1981:	Jacky Ickx (B)/Derek Bell (GB)	Porsche 936
1982:	Jacky Ickx (B)/Derek Bell (GB)	Porsche 956
1983:	Vern Schuppan (AUS)/Hurley Haywood/Al Holbert (USA)	Porsche 956
1984:	Klaus Ludwig (D)/Henri Pescarolo (F)	Porsche 956 B
1985:	Klaus Ludwig (D)/Paolo Barilla (I)/»John Winter« (D)	Porsche 956 B
1986	Derek Bell (GB)/Hans-Joachim Stuck (D)/Al Holbert (USA)	Porsche 962 C
1987:	Derek Bell (GB)/Hans-Joachim Stuck (D)/Al Holbert (USA)	Porsche 962 C
1994:	Yannick Dalmas (F)/Hurley Haywood (USA)/Mauro Baldi (I)	Dauer-Porsche 962 LM
1996:	Manuel Reuter (D)/Alexander Wurz (A)/Davy Jones (USA)	Joest-TWR-Porsche
1997:	Michele Alboreto (I)/Stefan Johansson (S)/Tom Kristensen (DK)	Jeest-TWR-Porsche
1998:	Laurent Aiello/Allan McNish/Stephane Ortelli	Porsche GT 1 98

Seit 1951 hat Porsche – mit nur wenigen Ausnahmen – alljährlich an den 24 Stunden von Le Mans teilgenommen, ab 1953 auch mit reinen Rennsportwagen. In den 70er und vor allem in den 80er Jahren drückte die Marke Porsche dem traditionsreichen Rennen ihren Stempel auf. Hinter dem unbändigen Siegeswillen der schwäbischen Autobauer stand immer auch die Absicht, aus dem Verhalten der Wettbewerbswagen Erkenntnisse für Entwicklungsarbeiten abzuleiten. Porsche und Le Mans, das ist eine Liebesgeschichte ohne Ende – mit dem Gesamtsieg 1998 (dem sechzehnten seit 1979!) wieder auf faszinierende Weise bestätigt.

MARC BONGERS

GÖTTERDÄMMERUNG – DER ELFER FÜR DAS 21. JAHRHUNDERT

Porsche hat im Herbst 1996 eine neue Ära eingeläutet, es beginnt die Epoche der wassergekühlten Boxermotoren. So nimmt der Boxster als Wegbereiter schon einiges vorweg, was die Kunden mit dem neuen 911 erst noch erwarten wird. Und dies ist gut so! Der Boxster fungiert schon weit vor seiner Markteinführung als Sympathieträger, hat er doch alles, was einen echten Porsche ausmacht: äußerst ansprechende Karosserieformen, ein Fahrwerk für hohe Querbeschleunigung, griffig zupackende Bremsen und einen Motor, der so klingt, wie es die Klientel von einem Porsche erwartet. Das Beste, diese technische Schönheit gibt es zu einem durchaus attraktiven Preis. Durch das Gleichteilekonzept ist der Boxster schon mit etwa 38 Prozent der Komponenten ausgerüstet, die auch im neuen 911 Carrera verbaut werden. Technisch ist der Boxster ein Ableger des Entwicklungsauftrags 996, so wie der neue 911 Carrera intern genannt wird. So ist die technische Basis im Boxster gut gerüstet für zukünftige Leistungssteigerungen. Wieviel mehr bietet der neue 911 Carrera dem Kunden, stellt schon der Boxster einen rundherum gelungenen Sportwagen dar?

Das Karosseriedesign –
völlig neu und doch vertraut

Die Wagenfront ist bis auf das geänderte Bugteil mit dem Boxster identisch, was aber nicht weiter stört. Wirkt das Design doch eher schlicht als aufdringlich, vor allem, es wirkt nicht aggressiv und damit völlig zeitgemäß.

Die Seitenlinie des neuen Carrera ist wohl die optisch ansprechendste Seite. Auf den ersten Blick signalisiert die Silhouette sofort 911. Die Seitenflanken sind jetzt wieder plan, was zum einen dem Luftwiderstand dient, zum andern auch eine gewisse Harmonie in die Linienführung bringt. Einzig das Heck des Coupés, mit den weit nach oben gesetzten Rückleuchten wirkt weniger vertraut. Verliert es doch etwas von seiner formalen Einzigartigkeit. Es ist nicht mehr so unverwechselbar wie die parabelförmige Linie bisheriger Elfer. So ist es dieselbe Formensprache des Aston Martin DB 7 oder des Jaguar XK 8 in der Coupé-Variante. Das 911 Carrera Cabriolet macht mit offenem oder geschlossenem Verdeck, aber auch mit dem aufgesetzten Aluminiumhardtop eine gute Figur. Offen ist das gesamte Verdeck unter einer Metallklappe verstaut, kein aufgetürmtes Verdeck stört mehr die Linie und den Blick nach hinten. Gleich auf drei verschiedene Arten läßt sich das Verdeck elektrisch öffnen, über den Schalter im Cockpit, beim Aufschließen der Tür oder mit Showeffekt mit der Fernbedienung. Geschlossen gefällt die seitliche Linienführung durch die zusätzliche kleine Seitenscheibe, welche auch den Blickwinkel beim Spurwechsel verbessert. Mit aufgesetztem, serienmäßigem Hardtop verwandelt sich der offene Wagen in ein optisch ansprechendes Coupé.

Die Karosserie – moderner Leichtbau in Stahl

Eines der erklärten Entwicklungsziele bei der Entstehung des neuen 911 Carrera war es, den Wagen in den Abmessungen größer zu bauen, aber gleichzeitig das Gewicht zu reduzieren. Weniger Gewicht bedeutet bessere Fahrdynamik und geringeren Kraftstoffverbrauch. Das Entwicklungslastenheft schrieb die Verwendung von Stahl als Karosseriewerkstoff vor. Das von Porsche eingesetzte beidseitig feuerverzinkte Stahlblech ist ein erschwinglicher Werkstoff mit hoher Festigkeit, langer Lebensdauer und hoher passiver Sicherheit. Das Ergebnis überzeugt durch intelligenten Stahlleichtbau. So wiegt die gesamte Rohkarosserie nur 297 kg. Die Rohbausteifigkeit wird im Vergleich zum Vorgängermodell um 30 Prozent gesteigert. Die tragende Rahmenstruktur der Karosse ist aus hochfestem Stahl gefertigt. Durch spezielle Laserschweißverfahren lassen sich Stahlbleche verschiedener Stärke aneinanderschweißen. Diese »tailored blanks« ermöglichen eine Gewichtsersparnis, da Bauteile nur in dem Bereich eine hohe Stärke aufweisen, wo sie auch wirklich benötigt wird. Mit den »baked hardening«-Stählen wird beim Einbrennen der Lackierung eine zusätzliche Verfestigung dieser Bauteile erreicht. Das Ergebnis ist eine leichte, aber sehr torsionssteife Karosserie mit hoher passiver Sicherheit und langer Lebensdauer.

Das Herz des neuen Carrera – der Wasserboxer

Bei der Entwicklung der neuen Motorengeneration wurde darauf geachtet, daß alle weltweit geltenden Emissions- und Geräuschvorschriften erfüllt werden und auch genügend Potential für die Zukunft schon mit hineinkonstruiert wird. Das konstruktive Prinzip des Motors präsentierte schon der Boxster, für den Carrera wurde es aber noch verfeinert. So ist der Motor das Herz eines Hochleistungssportlers. Der ganz aus Leichtme-tall gefertigte Saugmotor leistet aus 3 387 cm^3 ganze 300 PS bei 6800 Umdrehungen pro Minute. Die Drehzahlgrenze liegt bei 7300 U/min. Für die gleiche Motorleistung benötigte der 911 Turbo vor knapp zehn Jahren bei annähernd gleichem Hubraum noch einen Turbolader. Für das maximale Drehmoment von 350 Newtonmeter bei 4600 Umdrehungen pro Minute mußte der erste Porsche 928 noch mit einem 4,5 Liter V 8-Motor aufwarten. Die vier Ventile pro Brennraum werden über je zwei verstellbare Nockenwellen pro Zylinderreihe angetrieben. Bei niederen Drehzahlen verstellt sich die Einlaßnockenwelle auf hohe Durchzugskraft, im oberen Drehzahlbereich ermöglicht ein schnellerer Gaswechsel höchste Leistungsausbeute. Zusätzlich ist das Triebwerk noch mit einer Resonanz-Ansauganlage ausgerüstet, die den Füllungsgrad in den Zylindern noch weiter verbessert. Kurzum, der Wasserboxer ist ein echter Porsche-Motor durch und durch.

Das Interieur – reinsetzen und losfahren

Im Innenraum bietet der neue 911 Carrera das vom Boxster Gewohnte. Armaturentafel, Mittelkonsole, Vordersitze und die Türverkleidungen sind die Basis, die für den Carrera modifiziert werden. So muß der 911 nicht auf die fünf Instrumente im Armaturenträger verzichten, die jetzt leicht ineinandergeschoben sind. Die Zifferblätter und Zeiger präsentieren sich im gewohnt nüchternen Elfer-Stil, und nicht im rundlicheren Boxster-Look. Das Zündschloß sitzt wie gewohnt links von der Lenksäule, diese ist jetzt verstellbar. Die Mittelkonsole ist bis an das Armaturenbrett hochgezogen und bietet der Bedieneinheit des Digitalen Sound Processing Platz.

Alle Schalter und Bedieneinheiten sind übersichtlich angeordnet und bequem erreichbar.

Die anatomisch perfekt geformten Sitze sind etwas weicher als beim Vorgänger gepolstert. Sie bieten neben gutem Seitenhalt auch ausgezeichneten Komfort. Insgesamt herrscht im Cockpit ein großzügiges Raumangebot, welches auch für groß gewachsene Menschen bequem ausreicht. Aber so mancher wird die fast schon intime Enge des klassischen Elfer-Cockpits vermissen. Die beiden Sitze im Fond bieten jetzt eine verbesserte Raumökonomie, sind aber auf längeren Strecken nur kleineren Kindern zumutbar. Dahinter ist ein zusätzlicher Stauraum, der sich durch Umklappen der hinteren Sitzlehnen auf 200 Liter vergrößern läßt.

Der Langstrecken-Elfer – erprobt auf der Nordschleife

Der Porsche 911 hat sich gewandelt, er ist vielseitiger geworden. Durch die geschliffeneren Manieren offeriert sich der 911 Carrera jetzt auch Zeitgenossen, denen er bisher zu klein, zu laut oder zu hart gewesen ist.

Individualisten, die es bisher vorgezogen haben, eine gut motorisierte Limousine oder ein luxuriöses Coupé aus Stuttgart, München, Ingolstadt oder Coventry zu fahren, öffnet sich Porsche und bietet neben dem 6-Gang-Schaltgetriebe auch eine Tiptronic S mit 5 Gängen an. Das sportlich abgestimmte Serienfahrwerk bietet zumindest mit der serienmäßigen 17 Zoll Bereifung einen sehr guten Kompromiß aus vorzüglichem Fahrbahnkontakt und ordentlichem Federungs- und Abrollkomfort. Auch das gedämpfte Klangbild des Boxers trägt dazu bei, daß die Besatzung des Elfers auch nach einigen hundert Kilometern Autobahn und Bundesstraße noch entspannt aussteigt. Das Klangspektrum des wassergekühlten Triebwerkes ist zeitgemäß. Bei niederen Drehzahlen in den oberen Gängen dezent zurückhaltend, um im Stadtverkehr unauffällig mitzuschwimmen. Aber auch genügend Sound ist im Heck, bei 4500 U/min wird der Klang kerniger, und ab 5000 Umdrehungen pro Minute entfacht der Sixpack sein ganzes akustisches Feuerwerk. Erinnerungen an den luftgekühlten Vorgänger werden wach.

Keine Angst, durch den hinzugewonnenen Komfort gerät der 911 Carrera keinesfalls zur Sänfte. Motor und Fahrwerk überzeugen durch eine faszinierende Fahrdynamik. Der verlängerte Radstand und die optimierte Aerodynamik lassen das Fahrzeug selbst bei Höchstgeschwindigkeit beruhigend geradeaus laufen. Selbst schnelle, langgezogene Autobahnkurven meistert der Neue derart souverän, daß die Handflächen des Fahrers trocken bleiben. Trotz seines Zuwachses an Größe überzeugt das Handling. Ja, diese Agilität begeistert förmlich. Auf griffigem Asphalt läßt der Heckmotorsportler Querbeschleunigungen von bis zum 1,2-fachen der Erdbeschleunigung zu. Sein ungewöhnlich sportliches Potential zeigt der Carrera aber erst auf der Rennstrecke. Im Straßenverkehr sollte man dies ohnehin nicht ausreizen. So umrundet er den kleinen Kurs auf dem Hockenheimring in hurtigen 1:15,9 Minuten. Sein wahres Können zeigt der Wagen, mit kundiger Hand gelenkt, auf der Nordschleife des Nürburgrings in der Eifel. In nur 8 Minuten 17 Sekunden legt er die 20,6 Kilometer lange »Grüne Hölle« zurück. Ein Wert, der nur von wenigen High-End-Sportwagen mit weit mehr als 400 PS Motorleistung unterboten wird.

Im Straßenverkehr bieten diese Leistungsreserven ein klares Plus an Sicherheit. Durch die sehr gute Elastizität des Motors in jedem Gang schrumpfen Überholvorgänge auf ein Minimum. Der Carrera ist der einzige strassenzugelassene Elfer mit Saugmotor, der den Spurt aus dem Stand in unter 5 Sekunden schafft. Nach 17,9 Sekunden sind 200 Stundenkilometer erreicht. Erst bei 280 km/h wird der Vortrieb gestoppt. Nicht nur die Beschleunigung ist beeindruckend, die Bremsverzögerung ist förmlich atemberaubend. Aus 100 Kilometer bis zum Stillstand reichen 36,8 Meter. Nur 139 Meter benötigt die Bremse des Carrera, um Tempo 200 abzubauen.

Erfreulich ist, daß bei aller Höchstleistung auch die Umwelt nicht vergessen wurde. Selbstverständlich erfüllt der 911 Carrera abgasseitig die D 3-Norm. Auch im Verbrauch sind Fortschritte zu verzeichnen. Im Durchschnitt begnügt sich der wassergekühlte Motor mit einem Liter weniger als sein luftgekühltes Pendant. Bei hohen Geschwindigkeiten fällt der Verbrauchsvorteil sogar noch größer aus.

Ist der Neue noch ein richtiger Elfer?

Sicher entspricht die Neuauflage des 911 Carrera einem anderen Wesen als dem des luftgekühlten Vorgängers.

Ein wenig jenes urwüchsigen Flairs und seiner Einzigartigkeit hat er schon eingebüßt. Dennoch entspricht seine Faszination einer neuen Art. Es ist vielmehr der fast schon problemlose Umgang mit der puren Leistung, die dieser Wagen offeriert. Vieles ist aber auch beim neuen Typ geblieben: den einzigartigen Biß beim Tritt auf das Gaspedal, jenen unmittelbar einsetzenden Schub gepaart mit schier unbegrenzter Drehfreude hat der neue 911 Carrera sogar noch intensiviert. Der wassergekühlte Carrera ist ein richtiger Elfer, wenn auch ein anderer. Durch die Summe der Verbesserungen stellt er den Abstand zu den leistungsstärksten Sportlimousinen wieder her, die dem alten Elfer manchmal doch schon recht nahe an seinen runden Rücken gekommen sind.

TECHNISCHE DATEN – 911 (996) VON 1997

Motor wassergekühlt, 300 PS (221 kW) bei 6.800/min 250 Nm bei 4.600/min

Elektronische Benzineinspritzung

integrierte Trockensumpfschmierung mit 10,25 Litern Öl

zwei obenliegende Nockenwellen

vier Ventile pro Zylinder, variable Ventilzeiten

elektronische Zündung mit ruhender Zündverteilung, sechs Zündspulen, Anti-Klopf-Regelung

Sechsganggetriebe oder Fünfgang-Automatik

Fünflenker-Hinterachse

Vorderachse System McPherson mit Querstrebe und Längslenker aus Aluminium

Aluminium-Niederdruckguß-Räder

Felge 7 x 17 oder 7,5 x 18 (vorn)
Felge 9 x 17 oder 10 x 18 (hinten)

Stahl-Gürtelreifen (vorn) 205/50 ZR 17 oder 225/40 ZR 18
Stahl-Gürtelreifen (hinten) 255/40 ZR 17 oder 265/35 ZR 18

Schraubenfeder (v)

Schraubenfeder (h)

zweiseitig verzinkte Stahlblech-Karosserie

Dreipunkt-Automatikgurte vorn und hinten
Airbags für Fahrer und Beifahrer, Seitenairbags

elektrisch verstellbare Sitze, verstellbares Lenkrad

hängende Pedale

Zahnstangenlenkung mit Servo vor der Vorderachse

innenbelüftete Bremsscheiben 318 mm Durchmesser

Vierkolben-Monoblock-Bremssättel aus Aluguß

Zentralverriegelung mit Fernbedienung
Bremskraftverstärker, Anti-Blockier-System

hydraulische Kupplungsbetätigung

Seilzug-Schaltung, elektrische Fensterheber

Lenkradschloß, Wegfahrsperre, Alarmanlage

Freiflächen-Scheinwerfer mit Halogenlampen
integrierte Nebelscheinwerfer

Cassetten-Radio mit sechs Lautsprechern, Digital Sound Processing auf Wunsch

Navigations-System, Heizung, Lüftung, Klimaanlage

Radstand 2350 mm, Spur vorn 1455 mm,
Spur hinten 1500 mm, Leergewicht 1320 kg
Länge 4430 mm, Breite 1765 mm, Höhe 1305 mm

S-HL 2411

PORSCHE
CALIFORNIA
11976
DISTRIBUTOR

S-EX 9756
GL-AD 935
CM-4246
BB-CD 321
S-J 87
ZH-12246
CH

PORSCHE
S·EX 6935

39

35 Typ 911 Carrera (1984)
36 Typ 911 SC Cabriolet (1983)
37 Verschiedene Tuner-Versionen des 911 Carrera (1984)
38 Typ 911 Carrera Cabriolet (1983)

39 Typ 911 Carrera (1974) und
40 Typ 911 Carrera (1977) beim Sicherheitstraining des PC Berlin auf dem Flughafen Gatow (1984)

41 Typ 911 SC (1983)
42 Typ 911 Turbo 3,0 Liter (1978) zu Besuch auf der Daimler-Benz-Teststrecke
43 Typ 959 bei Testfahrten im Hockenheim-Motodrome (1985)
44 Prototyp 959

45 Ein von einer Privatfirma getunter 911 SCR; Motor auf 3,2 Liter aufgebohrt, 217 PS Leistung (1978)
46 Prototyp 959, mit 3,2-Liter-Serienmotor, bei der Rallye Paris-Dakar 1985, mit Jacky Ickx am Steuer

B WP 6

PORSCHE
S·EX 6933

S-CH 8158

S 04632

G. Betti

MN-SC 32

Rothmans
Rothmans
Shell
BB-MK 526

MARTINI
BILSTEIN
BOSCH
Shell
DUNLOP
V. PRESTON
J. LYALL

B. WALDEGAARD
H. THORSZELIUS
MARTINI
BOSCH
BILSTEIN
Shell

49

50

PORSCHE 999 192 20 150

U 8320

53

54

47 Zwei Wagen des Typs 911 SC-3,0 (Safari), kurz vor Beginn der East-African-Safari 1978 in Weissach fotografiert
48 Typ 924 (1984)
49–51 Typ 928 S 32-Ventiler (1985)
52 Typ 928 S (1983)
53 Typ 928 S »Race« mit dem Franzosen Boutinaud beim 1000-km-Rennen in Silverstone (1983)
54 Typ 924 (1984)
55 Typ 944 oberhalb des Lago Maggiore (1984)
56 Typ 944 Turbo (1985)
57 Typ 944 Turbo (1985)
58 Typ 944 vor der Kaiserburg Hohenzollern (Hechingen), 1984

S HK

989

S-HS

944 turbo
turbo

technical art

S-HK 4989

PETER W. SCHUTZ

»WENN ICH EIN AUTO WÄR', WÄR' ICH EIN PORSCHE«

Frage: Sind die USA so eine Art Traumland, ein Land der unbegrenzten Möglichkeiten für Porsche? Der Carrera kostet mittlerweile fast 34 000 Dollar.

Schutz: Wenn Sie von unbegrenzt sprechen ... unbegrenzt sind in dieser Welt nur Steuern. Der Dollar hat zur Zeit einen hohen Kurs, aber er lag auch schon mal bei 1,70 DM – so daß wir in den USA Verluste gemacht haben. Der günstige Dollarkurs ermöglicht uns Investitionen, die seit Jahren fällig waren. Aber es ist richtig: Die USA bieten zweifellos die größte – kurzfristige – Möglichkeit, den notwendigen Umsatzzuwachs zu erzielen. Wir bauen 1985 planmäßig »nur« 50 000 Autos. Darin sind drei völlig unterschiedliche Produktpaletten enthalten, nämlich die Vier-, Sechs- und Achtzylinder-Baureihen. Der Aufwand, um diese drei Baureihen an der Spitze der Technik zu halten, ist beträchtlich. Allein deswegen erwarten wir, daß wir eine höhere Stückzahl von Porsches verkaufen können.

Frage: Wie sieht der typisch amerikanische Porschefahrer aus im Vergleich zu dem aus der Alten Welt? Ich hatte den Eindruck, daß er einen ganz anderen Menschentyp darstellt ...

Schutz: Das sehe ich überhaupt nicht so. Amerikaner sind anders als die Europäer, sie leben in einem anderen Kulturkreis. Aber die porschebezogenen Eigenschaften unserer Kunden sind wirklich erstaunlich gleich überall in der Welt.

Frage: Obwohl die Amerikaner ihren Porsche nie ausfahren können auf ihren öffentlichen Straßen ..., was uns ja noch erlaubt ist ...

Schutz: Das stimmt nicht, denn sie können ihre Porsches auf sämtlichen Rennstrecken und Clubveranstaltungen ausfahren. Und Hand aufs Herz: Wer fährt denn hierzulande seinen Porsche auf den Autobahnen bis zum Anschlag aus? Ein Porsche ist nicht in erster Linie dafür gebaut, mit ihm mit Höchstgeschwindigkeit über die Bundesautobahn zu fahren. Seine hohe Endgeschwindigkeit ist das Nebenprodukt seines enormen Beschleunigungsvermögens. Wenn Sie mit einem Porsche Tempo 100 oder 130 fahren und wissen, daß der Wagen gut und gern doppelt so schnell sein könnte – dann erleben Sie ein besonders sicheres und bequemes Fahren. Gerade diese Marge vermittelt dem Porschebesitzer das begeisternde Fahrgefühl, das er sucht. Das volle Ausfahren eines Porsche ist meiner Meinung nach überhaupt nicht der Mittelpunkt der Porsche-Begeisterung.

Frage: Ich kenne englische Porschebesitzer, die am Wochenende von Dover nach Calais übersetzen und mal ganz schnell von dort nach Wien über die Autobahn jagen, weil sie auf diese Weise ihren Porsche mal wieder so richtig »prügeln« können.

Schutz: Wenn es ums Austoben geht – das können sie schon für DM 12,– auf dem Nürburgring haben.

Frage: Sie suchen auf unseren Autobahnen das Kräftemessen mit anderen Marken...

Schutz: Das halte ich für Ausnahmen und überhaupt nicht für typisch.

Frage: Früher sprach man in Verbindung mit Daimler-Benz- und Porsche-Autos von »eingebauter Vorfahrt«...

Schutz: Zu jener Zeit war ich noch nicht hier, aber ich möchte noch einmal auf das Thema »Höchstgeschwindigkeit eines Porsche« zurückkommen. Um auf Autobahnen besonders schnell geradeaus zu fahren, braucht man sicher keinen Porsche. Das kann man mit allerlei anderen Fabrikaten auch tun, die viel weniger als ein Porsche kosten. Ein Porsche dient in erster Linie dazu, daß man ihn genießt, und nicht, daß man ihn gebraucht. Oder wie Professor Porsche oft sagt: »Um mit ihm geschwind um die Eck' fahren zu können.«

Frage: Der amerikanische Markt bekam als erster den 928 S mit dem 32-Ventile-Motor. Hatte das technische Gründe?

Schutz: Vor knapp drei Jahren haben wir uns entschieden, daß wir keine weiteren Motoren für verbleites Benzin entwickeln werden. In den vergangenen 10, 15 Jahren hat sich die Technologie auf den Gebieten der Einspritzung, Zündung und Verbrennung so schnell weiterentwickelt, daß sich die Fahrleistung eines für bleifreies Benzin und Katalysator vorgesehenen Motors kaum noch von derjenigen unterscheidet, die ein für verbleites Benzin vorgesehenes Triebwerk bringt.

Aus diesem Grunde hielten wir eine parallele Entwicklung nicht mehr für vertretbar. Deswegen ist der 928 S-32-Ventile- Motor der erste (Porsche-)Motor, der ausschließlich für bleifreies Benzin konstruiert und entwickelt wurde. Er kann in Europa aber erst dann angeboten werden, wenn bleifreies Benzin flächendeckend ausreichend zur Verfügung steht.

Frage: Sie sind von Haus aus Techniker. Wie sind Sie bei Ihrem Amtsantritt in Zuffenhausen mit dem Problem zurechtgekommen, daß es auf der einen Seite noch immer den Heckantrieb gab, mit einem luftgekühlten Sechszylinder-Boxermotor, und auf der anderen Seite die wassergekühlten Motoren »vorn« – wobei ja noch hinzukommt, daß der Heckmotor der 911er-Klasse technisch ja nicht mehr das Neueste ist...

Schutz: Für solch eine Frage habe ich kein Verständnis. Das ist so, als wenn einem Restaurantbesitzer vorgeworfen würde, daß er gleichzeitig Geflügel, Fisch und Kalbfleisch anbietet und man ihn fragt: »Können Sie sich nicht entschließen, was am besten ist?« Die Firma Porsche baut technische Kunstwerke, überwiegend für Liebhaber. Es ist unmöglich, dieses oder jenes Modell als das beste zu qualifizieren. Das ist Geschmacksache. Das ist wie in der Musik – der eine liebt die Gitarre, der andere das Klavier.

Wir haben jetzt den 944 Turbo und den Carrera nebeneinander, die etwa die gleiche Leistung haben in puncto Fahrleistung, Beschleunigung, Endgeschwindigkeit. Jetzt könnte der Einwand kommen, wenn man diese beiden gleich starken Porsches miteinander vergleicht: »Was soll's?!« Man fährt mit ihnen auf denselben Straßen, hat dieselbe Leistung, dasselbe Platzangebot – und doch vermitteln beide ein total anderes Fahrgefühl. Andere Geräusche, anderes Fahrverhalten. Um auf das Musikbeispiel zurückzukommen: Der eine hört den Hit am liebsten auf der Gitarre, der andere am liebsten auf dem Klavier. Dieselbe Melodie und doch ganz anders. So ist es mit dem Vergleich der beiden unterschiedlichen Prinzipien des 944 Turbo einerseits, des Carrera andererseits.

Deswegen ist der Vergleich zwischen Heckmotorantrieb zum einen, Motor vorn zum anderen keine Frage, sondern es geht in erster Linie darum, die Erwartungen unserer Kundschaft optimal zu erfüllen. Und diese Erwartungen erstrecken sich über eine große Bandbreite. Wir versuchen, in unseren drei unterschiedlichen Baureihen (Vier-, Sechs- und Achtzylinder) die unterschiedlichsten Fahrgefühle zu vermitteln, die sich aus der vorhandenen Technik ergeben.

Frage: Nun gibt es unter Porsche-Freaks die Unterscheidung zwischen »unechten« und »echten« Porsches. Weitverbreitete Feststellung: Der 924 sei gar kein richtiger Porsche; diesen Titel könne nur der 911 für sich in Anspruch nehmen.

Schutz: Ich kenne da noch strengere Maßstäbe: Der eigentliche, wirkliche, einzige Porsche sei der 356... alles, was danach kam, sei nur zweite Garnitur. Diese Besessenheit treibt seltsame Blüten. Als der 356 Carrera, vorgesehen mit vier Nockenwellen, in den USA doch erst nur mit einer Nockenwelle angeboten wurde, gab es sofort ein T-Shirt mit dem Aufdruck »All real Carreras have four cams« – ein echter Carrera hat vier Nockenwellen! Ich schätze diese Bekenntnisse zur Streitfrage, was ein echter Porsche ist und was nicht, sehr. Aber um es ganz deutlich zu machen: Steht PORSCHE auf unseren diversen Typen, so sind sie von Porsche entwickelt, gebaut und angeboten. Dann ist das für mich ein echter Porsche. Ein bißchen weniger echt gibt es nicht.

Frage: Ich habe Freunden von meinen Erfahrungen mit dem 944 und dem Carrera erzählt. Kaum einer interessierte sich für die Fahreigenschaften des Vierzylinders, obwohl der 944 doch stückzahlmäßig bei Porsche längst an der Spitze liegt. Gilt er immer noch als »bread & butter«-Auto? Dagegen scheint der 911 immer noch der Traumwagen für Auto-Freaks zu sein.

Schutz: Was dieses Thema betrifft – da stimmt das alte lateinische Sprichwort »So viel Köpfe, so viel Meinungen!« Ein 911-Begeisterter schwärmt von seinem Fahrzeug, der 944-Begeisterte von seinem. So soll es auch sein, denn es wäre ja töricht, zwei verschiedene Autos zu bauen, die schließlich die gleichen Emotionen auslösen. Wieder ein Beispiel aus der Musik: Der eine liebt Dixieland-Musik, der andere eine vollmundige Beethoven-Symphonie. Aber ich merke schon: Sie treiben sich viel unter 911-Besitzern rum...

In der Porsche-Palette gilt der 911 in der Tat als derjenige Typ, der für die vollblütigen Automobil-Enthusiasten den größten Anreiz bietet. Das spiegelt sich überwiegend in der Porscheclub-Szene wider. Im Clubrennen, beim Slalom, macht der 911 den meisten Spaß. Für die Porschebesitzer, die sich in den Clubs organisieren, steht der 911 im Mittelpunkt. Seit ich selber ein 911-Liebhaber bin, habe ich Verständnis dafür. Vielleicht ist Ihr Bild von der Porsche-Typenpalette aus diesem Grund ein bißchen einseitig.

Frage: Wenn ich in Porscheclub-Kreisen für den 944 auf die Barrikaden gehe, ihn vehement verteidige und zugebe, daß er süchtig machen kann, habe ich es nicht leicht...

Schutz: Da sind Sie wie ein Katholik unter Mohammedanern.

Frage: Ich höre zum Beispiel beim Autofahren gern ungestört Musik. Beim Geräusch des 911 ist das nicht ohne Probleme, beim 944 dagegen überhaupt nicht.

Schutz: Das sehen Sie falsch! Beim 911 macht die Maschine die Musik! Sie lieben nur andere Musik!

Frage: Wenn man unser Gespräch verfolgt, kommt man zu dem Eindruck, daß Porschefahren so eine Art Religion für die Kunden ist..., vor allem, was die Bevorzugung eines bestimmten Typs betrifft...

Schutz: Unser Ziel ist es, die volle Bandbreite von technischen Möglichkeiten und Fahrgefühlen anzubieten. Deswegen ist es undenkbar, daß wir irgendein Segment unserer Typenpalette vernachlässigen.

Frage: Bevor Sie nach Zuffenhausen kamen, bestand die Tendenz, den 911 einschlafen zu lassen.

Schutz: Vielleicht ist das der Grund, warum ich jetzt hier bin.

Frage: Es gab mal eine Zeit, in der heiß darüber diskutiert wurde, ob dieses Auto nicht endlich verschwinden müßte. Die Pressearchive sind voll davon.

Schutz: Über dieses Thema habe ich zahlreiche Gespräche mit Professor Porsche gehabt. Die Diskussion über das Schicksal des 911 hat ihn sehr belastet. Wenn ich irgend etwas zu dieser Firma beigetragen habe, dann ist es – so glaube ich –, daß ich die Porsche-Philosophie geklärt habe, die immer schon und immer noch falsch interpretiert wurde und wird. Um die Porsche-Philosophie zu verstehen, muß man sich mit der vollen Bandbreite unseres Angebots beschäftigen.

Frage: Aber ich bin doch froh, daß es den 944 gibt...!

Schutz: Ohne den 944 wäre Porsche nicht Porsche. Als ich 1981 nach Zuffenhausen kam, wurde der 944 eingeführt. Da habe ich den Mitarbeitern klargemacht, daß es hier – wie die Amerikaner sagen – »um alle Murmeln« geht. Ich habe gesagt: »Wenn wir die Vierzylinder-Baureihe nicht auf die Beine stellen und sie nicht zum Erfolg machen, dann wird es hier ganz, ganz schlimm. Genau das gleiche gilt übrigens auch für den 928.«

Frage: Aus allen Interviews mit Ihnen geht hervor, daß Sie Ihr Business mit viel human touch betreiben, daß Sie Mitarbeiter motivieren können. Sie sollen mal gesagt haben, daß Sie eigentlich kein Automanager seien... Sind Sie ein Träumeverkäufer?

Schutz: Nein.

Frage: Einen Porsche zu besitzen ist für einen gestandenen Mann ein Traum.

Schutz: Stimmt – und für eine Frau. Ich bin nicht *der* Verkäufer in diesem Haus. Wir alle sind Verkäufer.

Frage: Was gibt es für Rezepte, Mitarbeiter zu motivieren? Man kann denen ja nicht nur mit Begriffen wie Umsatz und Rendite kommen...

Schutz: Mit allem anderen. Mit Auslassungen über Umsatz und Rendite motivieren Sie keinen Menschen. Leute zu motivieren ist wirklich keine Kunst. Darüber sind zahlreiche Bücher geschrieben worden. Aber etwas Grundsätzliches: Unternehmen oder Mannschaften, in denen Sie ein positives Arbeitsklima vorfinden, werden überwiegend charakterisiert durch klare Antworten auf folgende vier Fragen.

Erste Frage: Worum geht es in diesem Betrieb, warum sind wir hier, zu welchem Zweck, was ist das Ziel dieses ganzen Unternehmens? Was wird von mir erwartet, daß wir dieses Ziel erreichen? Die Mitarbeiter müssen eine Vorstellung davon vermittelt bekommen, warum wir alle hier arbeiten. Die zweite Frage, auf die ein Mitarbeiter eine klare Antwort bekommen muß: Schaffe ich das, was von mir erwartet wird? Also die Frage »How am I doing« gewissermaßen als Rückkopplung. Die dritte Frage ist: »What's in it for me«, wenn ich das, was von mir erwartet wird, gut mache – was kommt dann auf mich zu? Die vierte Frage wäre: An wen kann ich mich wenden, wenn ich Schwierigkeiten habe und Hilfe brauche; etwa, weil ich nicht schaffe, was von mir erwartet wird. Gibt es irgendwo jemanden im Betrieb, der mir zuhört und bereit ist, mir zu helfen?

Wenn alle Mitarbeiter ständig diese vier Fragen vor Augen haben und sie ihnen positiv beantwortet werden, dann haben Sie eine Mannschaft, die mit Freude an die Arbeit geht. Herr Dr. Lange, unser Personalvorstand, hat zur Motivierung von Mitarbeitern ein schönes Beispiel parat.

Drei Männern auf einer Baustelle wird dieselbe Frage gestellt: »Was machen Sie hier?« Antwortet der erste: »Ich zerklopfe Steine.« Der zweite: »Ich verdiene hier mein Geld.« Und der dritte: »Ich helfe mit, eine Kathedrale zu bauen.« Die Unterschiede dieser drei Antworten liegen klar auf der Hand: Wir müssen unsere Mitarbeiter so motivieren, daß sie nicht nur glauben, sondern – im übertragenen Sinn – tatsächlich mithelfen, eine Kathedrale zu bauen.

Frage: Bei diesen Überlegungen ist sehr viel Menschenkenntnis und Psychologie im Spiel.

Schutz: Menschenkenntnis sicherlich, aber Psychologie wendet man an, wenn man mit Menschen arbeitet, die emotionale Schwierigkeiten haben. Ich spreche hier davon, wie man mit erwachsenen, vernünftigen Menschen mit gesundem Menschenverstand zusammenarbeitet und sie motiviert, ihre Höchstleistung zu bringen. Sie haben mich vorhin als Techniker angesprochen, das ist eigentlich Nebensache. Technik ist die Verantwortung von Herrn Bott und seiner Mannschaft.

Meine Aufgabe in diesem Unternehmen ist es überwiegend, dafür zu sorgen, daß erstens die richtigen Leute eingestellt werden, daß zweitens diese Mitarbeiter so organisiert sind, daß sie ihre Höchstleistungen bringen können und daß sie drittens so motiviert sind, daß sie das auch wollen. Wenn ich das schaffe, dann ist meine Aufgabe weitgehend erfüllt.

Darüber hinaus muß ich nur dafür sorgen, daß Klarheit herrscht über die Marschroute dieses Unternehmens. Hinzu kommt, daß ich unsere Kundschaft mit ihren Wünschen und Vorstellungen genau erkennen und dafür sorgen muß, daß wir diese Kundschaft besser verstehen als uns selber. Nur so können wir ihre Erwartungen erfüllen. Diese Zielsetzungen klarzumachen und zu veranlassen, daß unsere Mannschaft so motiviert wird, wie ich weiter oben erklärt habe – das ist meine Aufgabe. Das hat nichts mit Heck- oder wassergekühltem Motor zu tun.

Frage: Wie sieht Ihre Marktforschung aus?

Schutz: Die Marktforschung in diesem Unternehmen wird überwiegend vom Vorstand, in zweiter Linie von allen Mitarbeitern des Hauses betrieben. Es ist keine Marktforschung im üblichen Sinn des Wortes. Die intime Kenntnis über unsere Kundschaft ist jedes Mannes und jeder Frau Verantwortung in unserem Haus. Wenn ein Unternehmen derartig gravierende Schwierigkeiten hat, erst mit Hilfe einer Sonderabteilung die eigene Kundschaft kennenlernen zu müssen, dann ist der Betrieb sowieso stark aus dem Ruder gelaufen. Das Allerwichtigste im Hause Porsche ist der Kunde. Mit ihm fängt jede Diskussion über Produktplanung in diesem Unternehmen an. Der Kunde ist für uns immer der Ausgangspunkt.

Frage: Sie haben den typischen Porschefahrer einen »achiever« genannt, einen Mann, der es im Leben »zu was gebracht« hat oder der sich noch einmal etwas Großes, Schönes und Teures leistet, wenn er in der Midlife-Crisis steckt.

Schutz: *Mann* lehne ich ab – die typischen Porschefahrer-Eigenschaften beziehen sich nicht nur auf Männer, und mit Midlife-Krise haben sie schon gar nichts zu tun. Aber es ist eine Tatsache, daß ein Porsche verhältnismäßig teuer ist. Deswegen zählen Porschekäufer überwiegend zu jenen Mitmenschen, die eine erfolgreiche Karriere vorweisen können, aufgrund derer sie sich einen Porsche leisten können. Mit Neigung hat das so gut wie gar nichts zu tun. Wenn Achtzehnjährige sich einen Porsche leisten könnten, würden wir einen riesigen Marktanteil haben. Aber leider ist es nur ganz wenigen aus dieser Altersklasse möglich, sich einen Porsche kaufen zu können.

Ein deutsches Wort für den Begriff »achiever« ist uns noch nicht eingefallen. Wir glauben unsere Kundschaft so gut zu kennen, daß wir dieses »achieving«, diesen Antrieb zur Leistung, für den gemeinsamen Nenner der Porschekunden in aller Welt halten. Nur nach außen hin erscheint ein Porschekunde als risikofreudig. Im Grunde genommen neigt die Porschekundschaft eher dazu, ihre Hausaufgaben sehr gründlich zu machen. Man hat als Außenstehender auch einen falschen Eindruck von einem Porsche-Fan, wenn man ihn für einen Impuls-Käufer hält. Wenn er einen Laden betritt und einen Wagen bestellt, weiß er genau, was er will. Da ist nämlich unter Umständen ein jahrelanger Denkprozeß abgelaufen, bevor er sich für einen Porsche entscheidet.

Porschekäufer streben unter ihresgleichen immer an, die Besten zu sein, zum Beispiel im Tennissport Martina Navratilova. Bezeichnend für die Identifizierung der Porschekäufer mit »ihrer« Marke ist das Engagement, mit dem zum Beispiel die Porsche-Clubs ihr sportliches Hobby betreiben. Man könnte einen Porschekäufer wohl am besten vereinfacht mit dem Slogan beschreiben: »Wenn ich ein Auto wär', wär' ich ein Porsche!« Dieses Streben zur Höchstleistung, wie es ein Porsche verkörpert, kommt auch in unserem Engagement im Rennsport zum Ausdruck. Wir müssen uns als Firma ständig so darstellen, daß der typische Porschekunde sich mit uns identifizieren kann, daß er eine Firma so leiten würde, wie wir es tun, oder wenn er sich im Rennsport engagieren will, sollte es am besten mit einem 956 sein.

Wir müssen nicht jedes Rennen gewinnen, aber die Art und Weise, *wie* wir mitmischen, die sollte vorbildlich sein. Wir würden nie leichtsinnig werden nur eines schnellen Erfolges wegen. Das würde nicht in die Porschelandschaft passen, genausowenig wie Angeberei. Würden wir uns anders verhalten, aus dem Rahmen fallen, hätte ich sehr schnell viele Briefe auf meinem Schreibtisch, mit dem Tenor »Das ist nicht unser Stil ...« Oder – nur als Beispiel – wenn wir anfingen, an einem Porsche-Typ übertriebene Änderungen vorzunehmen, einen 928 S mit Chromleisten zu schmücken, oder – wie einige Tuner beziehungsweise Veredler – übertriebene, nicht funktionelle Lufteinlässe oder Spoiler anbringen ... Das könnte durchaus zu einem Lamborghini passen, wobei ich nichts gegen Lamborghinifahrer sagen will, aber das paßt einfach nicht zu einem Porsche.

Frage: Bei meinen vielen Gesprächen mit Porschebesitzern tauchen immer wieder drei emotionale Begriffe auf, die mich nachdenklich gestimmt haben. In den USA nannte ein Porsche-Fan sein Verhältnis zu seinem Speedster »an obsesssion« – eine Besessenheit; ein anderer meinte, daß Besitz und Fahren eines Porsche zu einer Religion oder Weltanschauung werden können, und in Deutschland sprach ein Targa-Fahrer sogar von einer Art Liebesverhältnis zu seinem Porsche. Halten Sie diese Bekenntnisse für übertrieben?

Schutz: Ich halte das für verständlich, weil ich das gut verstehen kann. Aber daß jemand seinen Porsche »liebt«, da möchte ich doch erst einmal den Begriff »Liebe« klären. Die beste Definition stammt von einem amerikanischen Gelehrten, der lange mit Indianern gearbeitet und ihnen das Lesen beigebracht hatte. Als er sich verabschieden wollte, rief ihm eine alte Indianerin zu: »I like me best, when I'm with you.« (»Ich fühle mich am wohlsten, wenn ich mit dir zusammen bin.«) Das ist, was ich unter Liebe verstehe, und das hat überhaupt nichts mit Sex zu tun. Übertragen auf meinen Porsche, bedeutet das doch, ich fühle mich sehr wohl, wenn ich in meinem Lieblingsauto sitze ...

Im übrigen kann ich den oben erwähnten Porsche-Fan, der seinen Wagen »liebt«, verstehen. Wenn ich einen besonders hektischen Tag hatte, was hin und wieder passiert, dann freue ich mich auf die Heimfahrt sicherlich mehr als jene Leute, die sich auf einen Drink freuen. Ich freue mich deswegen, weil ich mich in meinem Porsche in einer Umgebung befinde, in der ich mich wohl fühle.

Frage: Früher nannte man Porschefahrer »tough guys«, also die harten Burschen. Wären demnach Porsche-Autos Macho-Autos? In der Londoner »Sunday Times« wurde der 928 S sogar als »wife-beater« vorgestellt.

Schutz: »Wife-beater« ist ein furchtbarer Ausdruck, den ich nicht akzeptieren kann. Wenn »tough« Männer Porsche fahren, dann fahren auch »tough« Frauen Porsche. In den USA hat das Wort »tough« mehrere Bedeutungen. In unserem Fall würde ich es mit »toll« übersetzen. Die Eigenschaften des »achievers«, über die wir vorhin gesprochen haben, finden Sie auch bei porschefahrenden Frauen. Ich möchte sogar behaupten, daß Frauen die sogenannte Porschepersönlichkeit besonders ausgeprägt zum Ausdruck bringen. Ob sie nun berufstätig oder Hausfrauen sind, wie sie ihr Haus führen, die Kinder erziehen..., sie setzen sich mit ausgeprägter Eigenwilligkeit hohe Ziele. Zum Stichwort Macho-Auto – unter den Millionen von Machos unter den Männern auf dieser Erde sind die Porschefahrer unter den Machos möglicherweise mehr »macho-like« als jeder andere Macho...

Frage: Lassen Sie uns über den Rennsport reden. Sie sollen mal gesagt haben: »Er ist Spaß, macht Spaß und motiviert.«

Schutz: In dieser Form habe ich es – so glaube ich – nicht gesagt. Statt dessen würde ich sagen: Der Rennsport ist Porsches Visitenkarte. Er dient in dieser Firma drei Zwecken. 1. Public Relations und Werbung. Über Porsche-Erfolge im internationalen Rennsport – in dem sich ja auch unser technisches Know-how widerspiegelt – wird weltweit berichtet. 2. Der Rennsport leistet einen wichtigen Beitrag zur technischen Weiterentwicklung. Wir können an einem Wettbewerbswagen Innovationen und Entwicklungen in einem Tempo und mit einem Engagement durchführen, wie es in anderen Bereichen nicht möglich wäre. 3. In der Rennsport-Technik sind einige wichtige Dinge unverzichtbar. Als Beispiel nenne ich die termingerechte Beendigung ganz bestimmter Entwicklungs- und Vorbereitungsarbeiten, unabhängig von normaler Arbeitszeit oder Feiertagen. Das Auto muß zum Rennen fertig sein! Dadurch werden, was das Timing anbetrifft, ungewöhnliche Akzente gesetzt. Es gibt keine Ausreden oder Wahrscheinlichkeiten: Der Rennwagen hat rechtzeitig fertig und fehlerfrei zu sein. Diese Einstellung zur Leistung färbt auf die gesamte Firma ab.

Frage: Wie geht es mit dem TAG-Motor weiter?

Schutz: Wir sind die Auftragnehmer. Wie es weitergehen wird, hängt vom Auftraggeber ab. Wenn wir beauftragt werden, diesen erfolgreichen Motor weiterzuentwickeln, sind wir mit großem Engagement dabei.

Frage: Wird Porsche eines Tages mit einem Werksteam in die Formel 1 zurückkehren?

Schutz: Das einzige auf dieser Welt, was sicher ist, sind Tod und Steuern. Sonst ist alles möglich. Aber es gibt keine Pläne zur Zeit, wieder selber mitzumischen.

Frage: Das Turbomotor-Prinzip ist weltweit auf dem Vormarsch, sogar schon in Kleinwagen. Wird das so bleiben?

Schutz: Mit dieser Aussage bin ich nicht ganz einverstanden. Turboaufladung – wie auch alle anderen technischen Entwicklungen – kann man nicht pauschal überall anwenden. Dieses technische Prinzip hat einiges zu bieten, aber es hat auch seine Nachteile. Turbomotoren sind komplizierter, sind sehr aufwendig in ihrer Wartung, sie bringen aber auch eine Leistungsausbeute, die man auf keinem anderen Weg erzielen kann. Unsere Meinung ist, daß Turboaufladung durchaus ihre Berechtigung hat, aber es gibt auch andere Entwicklungen, wie zum Beispiel die Vierventil-Technik, die weiterbetrieben werden müssen.

Frage: Es gibt zur Zeit nur eine Firma, nämlich Lancia, die in normale Gebrauchsautos Kompressormotoren einbaut. Ist das jemals ein Thema bei Porsche gewesen?

Schutz: Mit solchen technischen Möglichkeiten befassen wir uns ständig; wir sind hinsichtlich technischer Weiterentwicklungen auf dem laufenden. Bis jetzt sind wir der Meinung, daß die Kompressor-Variante nicht attraktiv genug ist, um sie zusätzlich in unserer Palette zu berücksichtigen.

Frage: Zum Schluß möchte ich noch zwei provozierende Fragen stellen – warum werden Porsche-Autos immer stärker und immer teurer? Ist das eine Schraube ohne Ende?

Schutz: Immer stärker? Aus meiner Sicht kann ein Auto nie genug Leistung haben! Wir haben die Umweltfreundlichkeit und die Verbrauchswerte unserer Autos ständig verbessert, gleichzeitig aber auch die Fahrleistungen. Wenn uns diese Entwicklungen gelungen sind, warum sollten wir den Fahrspaß, das Fahrvergnügen, die höheren Fahrleistungen begrenzen?

Was nun Ihren Vorwurf »immer teurer« betrifft: Das Teuerste an einem Porsche ist der Lohn- und Gehaltsanteil. Das bezieht sich nicht nur auf die Entwicklung, sondern auch auf die Fertigung. Wir zahlen unseren Mitarbeitern neben dem Tariflohn Sonderprämien, wenn der unternehmerische Erfolg es rechtfertigt. Auf diese Weise binden wir tatsächlich die besten Autobauer an unsere Firma. Im Hochlohnland Bundesrepublik Deutschland wird der Preis eines Porsche vor allem durch den hohen Lohnkostenanteil bestimmt. Darum ist es unwahrscheinlich, daß ein Porsche in Zukunft billiger werden wird. Andererseits denken wir nicht daran, zu rationalisieren. Gottlob haben wir eine Kundschaft, die unsere Preise akzeptiert. Solange das der Fall ist, werden wir immer bessere und nicht billigere Autos bauen.

Frage: Könnte man einen Porsche – aus Kostengründen – in Lizenz in einem anderen Land bauen lassen, bei strenger Qualitätskontrolle?

Schutz: Zu diesem Zeitpunkt halte ich solch eine Lösung nicht für wünschenswert. Es wäre ein Schritt, der mit einem zu hohen Risiko verbunden wäre. Ich hätte nicht den Mut, ihn zu wagen. Porsche ist deswegen ein Porsche, weil er von der Porsche-Belegschaft hier in der Bundesrepublik entwickelt und produziert wird.

Frage: Gibt es bei Porsche schon Handhabungsautomaten (Roboter)?

Schutz: Das gibt es schon. Roboter besorgen die Materialbeförderung vom Lager zum Band – was sicherlich keinerlei Einfluß auf die Qualität unserer Autos hat. Wir setzen Roboter in unserer Fertigung vor allem dort ein, wo sie die Qualität des Arbeitsplatzes verbessern. Roboter reinigen die Motorenblöcke nach der Bearbeitung. Das geschieht in einer übel stinkenden Flüssigkeit. Früher mußten sich die damit beschäftigten Arbeiter mit Gummikitteln, Gummihandschuhen und Masken vorm Gesicht schützen ... Heute erledigt diesen harten Job ein Roboter und er macht das besser, als es je ein Mensch machen könnte.

Wir setzen Roboter ein, um Arbeitsplätze humaner zu machen; wir werden sie nicht einsetzen, um Menschen überflüssig oder unsere Autos billiger zu machen. Es könnte sein, daß es eines Tages nötig sein wird, aber das ist bis jetzt nicht unsere Fertigungsstrategie. Um es zusammenzufassen: Roboter ja, wenn sie mithelfen, die Qualität der Arbeitsplätze und die Qualität unseres Produkts zu verbessern.

Das Gespräch mit Peter W. Schutz führte Ingo Seiff.

PETER FALK

RALLYE-ERFOLGE – GUT FÜR DIE SERIE

Wir sitzen im Sand am Rand des Flugplatzes von Gao im westafrikanischen Mali. Soeben haben wir erfahren, daß unser letzter noch in der Rallye befindlicher Wagen ausgefallen ist. 7500 km hinter Paris, 4000 km vor Dakar, 14. Januar 1985. Es ist die größte Niederlage seit Le Mans 1959, wo wir auch keine Wagen ans Ziel brachten. Vergebens die monatelangen Vorbereitungen, vergebens der pausenlose Einsatz der gesamten Mannschaft seit dem Start in Paris.

Wirklich vergebens?

Keineswegs, denn für den Entwicklungsmann bedeutet eine Niederlage eine Offenlegung von Schwachstellen, die so schnell wie möglich beseitigt werden müssen. So schnell wie möglich, das heißt bis zum nächsten Sporteinsatz in 14 Tagen oder bis zum Serieneinsatz in drei Monaten; Schwachstellen, die im normalen Versuchsbetrieb entweder gar nicht oder viel später auftreten. Merken Sie jetzt, warum Porsche nicht nur Rennen, sondern auch Rallyes fährt, und daß Rallyes, werkseitig betrieben, nicht nur der Imagepflege dienen?

Aber fangen wir doch einmal ganz von vorne an.

Was heißt Rallye? Das Wort stammt von dem französischen Verb »rallier« – wieder versammeln – und bedeutet ursprünglich das Zusammenkommen aus verschiedenen Richtungen zu einem gemeinsamen Treffpunkt. Auf den Automobilsport bezogen, war eine Rallye dementsprechend in den Anfängen zunächst nur eine Sternfahrt, später eine Zuverlässigkeitsfahrt mit gemeinsamer Streckenführung nach vorgegebenen Fahrzeiten; heute ist sie eine Aneinanderreihung von Verbindungsetappen und Spezialetappen, von denen letztere in Bestzeit zu durchfahren sind. Allen Rallyeformen war und ist das Fahren mit zum öffentlichen Straßenverkehr zugelassenen Fahrzeugen auf normalen, befestigten oder unbefestigten Straßen oder Wegen gemeinsam.

Die ersten Rallyes fanden bereits statt, als die Autos gerade den Kinderschuhen entwachsen waren, als die Automobilisten entdeckten, daß man diese neue Technik nicht nur als reines Transportmittel, sondern auch als Sportgerät benutzen konnte, und als die Herstellerfirmen in Rallye- und Rennsiegen eine bedeutende Imageanhebung ihrer Produkte sahen. So kann man das erste Automobilrennen der Welt, nämlich »Paris–Rouen« am 22. Juli 1894 durchaus als Rallye bezeichnen. Fuhren hier doch käufliche Fahrzeuge über normale Straßen im Wettbewerb gegeneinander, um ihre Zuverlässigkeit zu demonstrieren.

Wir müssen noch einen Augenblick in der Historie verweilen. Am 10. Juni 1909 wurde die zweite Prinz-Heinrich-Fahrt gestartet, eine Rallye im heutigen Sinne, mit der Streckenführung

Berlin – Breslau – Budapest – Salzburg – München, gespickt mit Sonderprüfungen. Hier fuhren einige Austro-Daimler mit, und einen davon steuerte Ferdinand Porsche als Konstrukteur und Fahrer in Personalunion. Im Jahre 1910 gewann er diese Langstreckenfahrt. 40 Jahre später begannen die Sportwagen, die seinen Namen tragen, ihren Siegeszug um die Welt.

Die ersten internationalen Rallye-Erfolge, die in den Porsche-Annalen zu finden sind, waren Klassensiege durch Graf Berckheim bei der Schweden-Rallye im Juni und durch Otto Mathé bei der Alpenfahrt im Juli 1950 – beide mit einem 1100-ccm-356-Coupé.

Wie zuverlässig und robust diese 356 in ihren Anfangsjahren waren, zeigt die Tatsache, daß schon im nächsten Jahr werkseitig ein Leichtmetall-Coupé mit einem 1,5-l-Motor unter von Guillaume/Graf von der Mühle einen Klassensieg sowie den 3. Gesamtplatz bei der berüchtigten Fernfahrt Lüttich–Rom–Lüttich errang. Bei derselben Rallye belegte ein gewisser v. Hanstein mit P.-M. Müller auf einem serienmäßigen 356-1,1-l-Coupé den 2. Platz in seiner Klasse. Weiterhin gab es 1951 Klassensiege für Picard bei der Marokko-Rallye und der Tour de France sowie für Graf Berckheim wieder bei der Schweden-Rallye. Auch 1952 waren Klassensiege bei der Rallye Sestrières und bei der Tulpenrallye zu verzeichnen.

Lassen Sie mich hier über zwei Veranstaltungen berichten, die eigentlich keine Rallyes waren, obwohl sie auf normalen Straßen ausgetragen wurden, sondern reine Rennen: Die Carrera Panamericana in Mexico und die Mille Miglia in Italien. Bei ersterer errang Fürst Metternich 1952 mit einem 356 Cabrio einen Klassensieg und den 8. Gesamtplatz. Die Mille Miglia sah von 1952 bis 1957 (der letzten) jedes Jahr je zwei bis drei Klassensieger auf Porsche 356 von 1,1 bis 1,6 l Hubraum und 550-Spyder, eingesetzt vom Werk und von Kunden. Bereits in den Jahren 1953 und 1954 waren auf diese Weise 550-Spyder sehr erfolgreich gewesen.

Den ersten großen internationalen Rallyesieg errangen für Porsche auf einem 356 Leichtmetall-Coupé mit 1,5-l-Motor Polensky/Schlüter 1952 bei der Rallye, die zu gewinnen der Traum eines jeden Fahrers jener Zeit war: Lüttich–Rom–Lüttich, eine 86-Stunden-Nonstop-Fahrt über ca. 5000 km mit zweimaliger Überquerung der Alpen unter Einbeziehung möglichst vieler und möglichst unbefestigter Pässe.

Ein Jahr später war der erste Doppelsieg fällig: Polensky/Schlüter und Sauerwein/Castell belegten bei der Alpenfahrt 1953 (Coupe des Alpes) die Plätze 1 und 2 im Gesamtklassement. Mit weiteren Siegen in Sestrières und Lissabon wurde Polensky Rallye-Europameister. Und wieder ein Jahr später gewann er erneut Lüttich–Rom–Lüttich. Diesmal zusammen mit Herbert Linge. Das hatte eine besondere Bedeutung: Linge war Chefmechaniker bei Porsche, und in das 356 Alu-Coupé war ein Versuchsmotor eingebaut worden, nämlich der erste von Dr. Ernst Fuhrmann konstruierte Viernockenwellen-1,5-l-Motor, der in allen späteren Carrera-Rallye-Wagen sowie in den 550-Spydern, im Formel-2-Rennwagen bis hin zum 904 GTS in verschiedenen Hubraumvarianten Verwendung fand.

Einen weiteren Gesamtsieg im Jahr 1954 erzielten Storez/Linge bei der Tour de France mit einem Spyder, der ebenfalls mit dem Fuhrmann-Motor ausgerüstet war.

Zwischen all den großen Siegen ein kleiner am Rande: Als junger Student kam ich erstmals im Februar 1956 mit dem Fahrzeug Porsche in engere Berührung. Mein Freund und Mentor Alfred Kling nahm mich als Beifahrer in seinem 356-1300-Super mit zur Internationalen Winterrallye Garmisch-Partenkirchen. Am Start in Bad Neuenahr war unter einigen anderen Porschefahrern auch der zu der Zeit schon sehr bekannte Graf Trips auf dem gleichen Auto. Am Ende der dreitägigen Fahrt, die mit einer Startprüfung bei minus 20 Grad und einem Slalom auf dem zugefrorenen Eibsee abschloß, waren wir Klassensieger und hatten einen Deutschen Sportwagenmeister geschlagen.

In diesen Jahren beschäftigte sich das Werk mit der Entwicklung und den Renn-Einsätzen des 550-Spyders, des RS und RSK. Für Rallye-Einsätze blieb keine Zeit übrig. Um so mehr engagierten sich Privatfahrer, allerdings oft mit Werksunterstützung, bei den internationalen Rallyes. Namen wie Strähle, Storez, Bouchet, Linge und Walter tauchten in vielen Siegerlisten auf. So wurden Storez/Bouchet jeweils Zweite im Gesamtklassement der Rallyes Coupe des Alpes und Lüttich–Rom–Lüttich 1956; letztere gewannen sie im Jahre 1957. Die Kombination Strähle/Bouchet gewann 1959 Lüttich–Rom–Lüttich, und Strähle/Linge führten 1960 in Korsika zum erstenmal den Viernockenwellen-Motor mit 2 l Hubraum im 356 Carrera 2 zum Sieg. Im Jahr 1961 ging der Titel des Rallye-Europameisters an Hans-Joachim Walter, der unter anderem mit seinem Carrera die Deutschland-Rallye gewann; die Rallye Lüttich–Sofia–Lüttich beendete er als Zweiter.

Ich war gerade knapp ein Jahr im Versuch bei Porsche tätig, als ich die Gelegenheit bekam, mit dem früheren Motorradmeister Walfried Winkler, der bei Porsche als Versuchsfahrer arbeitete, die Tour d'Europe 1960 auf einem 356 Super 90 mitzufahren. Diese Rallye über 10 000 km hatte einen reinen Amateurstatus. Es gab keinen Service unterwegs, keiner fuhr die Strecke oder Teile davon vorher ab. Die Fahrt ging über schlechte Balkanstraßen bis nach Beirut im Libanon und wieder zurück mit vielen Sonderprüfungen, die mit einem sehr hoch angesetzten Schnitt zu durchfahren waren.

Winkler und ich mußten unseren Jahresurlaub dafür opfern, den Wagen stellte Porsche zur Verfügung. Zwei Ersatzräder, einige kleine Ersatzteile, Bremsbeläge, Reservekanister, Werkzeug, ein Koffer mit ein paar persönlichen Wäschestücken war alles, was wir auf der 14tägigen Tour mithatten. Am Ende stand ein Klassensieg und ein 4. Platz im Gesamtklassement.

Genau zwei Jahre später starteten Winkler und ich nochmals, wieder auf einem Super 90, zur Tour d'Europe 1962, die diesmal durch ganz Spanien und Marokko ging. Die Bedingungen waren dieselben wie bei der Libanon-Fahrt. Auch das Ergebnis war exakt dasselbe. Die Tour d'Europe-Rallye gibt es heute noch, und soviel ich weiß, wird heute noch ohne Service-Betreuung und ohne Gebetbuch gefahren.

Die Jahre 1963 und 1964 waren ein sehr wichtiger Zeitabschnitt für die Entwicklungsabteilung von Porsche. Zwei neue Fahrzeuge wurden entwickelt – der 904 GTS und der 911. Es gab 1963 werkseitig keine Rallye-Aktivitäten. Man überließ das Feld den Kunden mit ihren 356 GS/GT oder Abarth GT. Für die Rallye Monte Carlo 1964 wurden zwei Werks-356 GS/GT an die Privatfahrer Bouchet und Klass ausgeliehen, die allerdings keinen Erfolg hatten.

Der 904 wurde zwar als straßenverkehrstaugliches Auto gebaut und verkauft, konzipiert wurde er aber als Sportwagen für den Renneinsatz auf geschlossenen Rennstrecken. Für viele war es daher etwas verwunderlich, daß das Werk 1964 einen 904 unter Klass/Wütherich bei der Rallye Coupe des Alpes und drei Wagen unter Bouchet/Linge, Klass/Wütherich und Müller/Weber bei der Tour de France einsetzte, wobei allerdings gesagt werden muß, daß diese Rallyes nur über Asphaltstraßen liefen. Bei letzterer siegten Bouchet/Linge, Klass/Wütherich wurden Zweite.

Als völlig unverständlich sah es die Fachwelt an, als Porsche 1965 für die Rallye Monte Carlo zwei 904 meldete. Ein Rundstreckenauto bei einer Schneerallye? Bei dem geringsten Schneefall müssen die ja steckenbleiben. Ja und nein. Während Toivonen/Järvi tatsächlich im hohen Schnee steckenblieben, fuhren Böhringer/Wütherich einen grandiosen 2. Gesamtplatz heraus.

Über noch etwas schüttelten die Experten vor dieser Rallye die Köpfe: Wie kann Porsche es wagen, ein völlig neues, gerade erst in Serie gegangenes Fahrzeug, diesen 911 also, bei seinem ersten Sporteinsatz ausgerechnet in die Hölle der »Monte« zu schicken? Nun, Herbert Linge und ich, die wir dieses Auto fuhren, kannten genau die Qualitäten dieses neuen Wagens, waren wir doch beide seit Jahren mit der Entwicklung beschäftigt gewesen, wir kannten jedes Teil. Es war unser »Kind«, warum sollten wir es nicht taufen?

Mit einem Versuchswagen gleichen Typs fuhren wir um Weihnachten 1964 zweimal zum Training, legten ein Gebetbuch an für die Spezialetappen, erkundeten die günstigsten Service-Plätze. Für die Rallye selber hatten wir zwei Service-Wagen zur Verfügung, wir mußten mit drei Reifensorten auskommen, zudem noch einige Reifen für den 904 an Böhringer abgeben und landeten schließlich zum Erstaunen der Fachwelt auf dem 5. Gesamtrang.

Einmal noch wurde der 904 werkseitig eingesetzt, und das war wieder bei der Rallye Coupe des Alpes im Jahre 1965. Toivonen/Järvi wurden 21. im Gesamtklassement, während Böhringer/Wütherich, die in ihrem 904 einen 911-6-Zylinder-Motor fuhren, ausfielen. Noch ein Rallye-Sieg eines 904 ist bekannt: Der Spanier Fernandez gewann die Spanien-Rallye mit seinem privaten Auto.

Ende 1965 und dann im Jahre 1966 setzten viele Privatfahrer bei den großen internationalen Rallyes auf den 911. Die Kundendienstabteilung des Werkes bereitete drei Fahrzeuge vor, die mit den Fahrern Klass, Bouchet, Walter und Elford fast alle großen Rallyes bestritten. Auffallend beim Studium der Ergebnislisten ist, daß nur ganz selten Ausfälle zu verzeichnen waren; die sprichwörtliche Porschezuverlässigkeit besaß der 911 schon von Anfang seiner langen Karriere an.

Günther Klass, der von Porsche auch in allen Langstreckenrennen eingesetzt wurde, gewann die Deutschland-Rallye 1966 und wurde Rallye-Europameister 1966 auf Porsche 911. Für das Jahr 1967 wurde der 911 S mit 160 PS homologiert. Wiederum wurden drei Wagen von der Sportabteilung gebaut und betreut. Elford/Stone wurden Dritte bei der Ralley Monte Carlo, Erste bei der Deutschland-Rallye, der Tulpen-Rallye und der Rallye Genf und damit Rallye-Europameister. Erstmals in den Porsche-Ergebnislisten diesen Jahres tauchten des öfteren die in der Rallye-Szene nicht unbekannten Namen Waldegaard und Zasada auf, zwei Namen, die in den nächsten zehn Jahren Rallye-Geschichte für das Haus Porsche schreiben sollten. Übrigens wurde Zasada in diesem Jahr mit seinem 912 bei den Serien-Tourenwagen ebenfalls Rallye-Europameister.

Hier muß ich wieder eine Veranstaltung einschieben, die auch ein Zwischending ist zwischen Rallye und Rennen und an der das Porsche-Werk mit je drei Fahrzeugen dreimal teilnahm: Marathon de la Route auf der Süd- und Nordschleife des Nürburgrings. Die alte klassische Langstrecken-Rallye Lüttich–Rom–Lüttich (beziehungsweise Lüttich–Sofia–Lüttich) gab es seit 1964 nicht mehr. Der Veranstalter, die Royal Motor Union, Lüttich, suchte einen Ersatz und kam auf die Idee, eine Langstreckenfahrt auf dem Nürburgring zu machen mit exakt derselben Dauer, wie Lüttich–Rom–Lüttich normalerweise dauerte, nämlich 86 Stunden, das heißt vier Tage und drei Nächte nonstop plus An- und Rückfahrt nach Lüttich.

Schon immer war der Nürburgring für uns eine ideale Teststrecke für Serien- und Rennsportwagen. Es lag also nahe, den Marathon de la Route mit Versuchswagen mitzufahren, die eine spezielle Neuheit aufwiesen. Im Jahre 1967 waren es drei 911, wovon zwei mit dem neuen Sportomatic-Getriebe ausgerüstet waren. Der Gesamtsieg ging an die Fahrer Elford/Herrmann/Neerpasch mit einem 911 R Sportomatic. Das »R« steht für eine extrem leichte, aus vielen Kunststoffteilen bestehende 210 PS starke Version des 911.

Der nächste Einsatz im Jahre 1968 galt der

Erprobung der neuen hydropneumatischen, niveauregulierenden Federbeine an der Vorderachse des 911 sowie der mechanischen Kraftstoffeinspritzung. Hier konnte sogar ein Doppelsieg errungen werden: Linge/Glemser/Kauhsen vor Schuller/Blank/Steckkönig. Und im Jahre 1970 waren es drei 914/6, die nach etwa 10 000 km des Marathon de la Route einen Dreifach-Sieg unter sich ausmachten. Es gewannen Haldi/Larrousse/Dr. Marko.

Aber gehen wir wieder zurück zum Jahr 1968. Es begann mit einem Paukenschlag: Elford/Stone gewannen die Rallye Monte Carlo auf einem Werkswagen, Toivonen/Tuikkanen auf einem Privatwagen wurden Zweite. Diese Teams fuhren den 911 T, eine leichtere Version des 911, hier mit einem getunten 911-S-Motor von ca. 180 PS ausgerüstet. Nach vielen vergeblichen Anläufen war es endlich gelungen, die Königin der Rallyes, die »Monte«, zu gewinnen. Nicht genug damit: Waldegaard gewann die Schweden-Rallye, Toivonen die Rallye San Remo, die Deutschland-Rallye, die Rallye DDR, die Spanien-Rallye, die Donau-Castrol-Rallye, die Rallye Genf, wurde Dritter bei der Akropolis-Rallye und damit Rallye-Europameister. Zasada wurde Zweiter bei der Deutschland-Rallye und der Akropolis-Rallye, Vierter bei der Marathon-Rallye London–Sydney und Sieger bei der Argentinien-Rallye.

Einmal mehr wurde die Korsika-Rallye für einen Test benutzt: 1968 starteten Elford, Toivonen und Schuller mit 911-R-Fahrzeugen, die mit dem neuen Sechzylinder-Viernockenwellen-Motor (916) mit 2 l Hubraum und 220 PS Leistung ausgerüstet waren. Doch diesmal hatte man kein Glück. Schuller hatte einen Unfall, Elford verlor das gesamte Motoröl infolge eines defekten Ölfilters, und an Toivonens Wagen brach ein Deckel des Differentialgehäuses.

Ein einziger Sieg war diesem Motor beschieden, ehe die Entwicklung eingestellt wurde: Gérard Larrousse gewann 1969 die Rallye Neige et Glace in Frankreich.

Die beiden Jahre 1969 und 1970 wurden für Porsche sehr erfolgreich: Zweimal gewann Waldegaard die Rallye Monte Carlo, womit Porsche dreimal hintereinander diese berühmteste aller Rallyes für sich entscheiden konnte. Beide Male wurde Larrousse Zweiter, also drei Doppelsiege innerhalb von drei Jahren. Auch die Schweden-Rallyes beider Jahre gewann Waldegaard. Damit hatte er diese Rallye dreimal hintereinander gewonnen. Toivonen gewann die Akropolis-Rallye 1969, Waldegaard die österreichische Alpenfahrt 1970, Larrousse die Tour de France und die Tour de Corse 1969, jeweils mit einem 911 R. Zasada wurde Sechster bei der Safari 1969 und Zweiter bei der Polen Rallye 1970. Porsche gewann damit die Internationale Rallye-Meisterschaft 1970 gegen die Hauptgegner jener Jahre, Renault Alpine A 110, Ford Escort, Lancia Fulvia HF und Saab V4.

Nach dieser trockenen Aufzählung von Erfolgen zur Abwechslung wieder ein wenig Technik. Der 914/6 war 1970 auf den Markt gekommen, hatte schon in Le Mans und beim Marathon auf dem Nürburgring beste Plazierungen erreicht und sollte Anfang 1971 bei der »Monte« sein Rallye-Debüt geben. Trotz hochgesetzter Erwartungen konnte Waldegaard lediglich den 3. Gesamtrang erreichen (wie war man doch schon verwöhnt!). Die beiden anderen Wagen kämpften mit Getriebe- und Kupplungsproblemen und fielen schließlich ganz aus, weil ein eingeklebter kleiner Kugelbolzen am Ausrückhebel der Kupplung sich löste.

Der 914/6 trat anschließend nur noch als Rundstreckenwagen in Erscheinung, kaum noch als Rallyewagen. Das war sehr schade, denn der 914 war von der Konzeption her – Mittelmotorwagen mit langem Radabstand – ein ideales Rallye-Fahrzeug. Seine Schwächen lagen in zu geringer Karosseriesteifigkeit und einer zu weichen Hinterachsaufhängung. Waldegaard stieg schon bei der Schweden-Rallye 1971 wieder auf den 911 um. Er wurde Vierter, bei der RAC-Rallye Zweiter.

Dazwischen lag die Safari-Rallye. Wiederum war es die Kundensportabteilung, die drei Werkswagen (911 S, 2,2 l) vorbereitete und die Fahrer Waldegaard, Zasada und Andersson in Kenia betreute. Nur Zasada, dem Spezialisten für solche Art Rallyes, gelang es, durchzukommen. Er hätte fast gewonnen; ein Schaden an der Elektrik warf ihn auf den 5. Platz zurück. Die beiden anderen Wagen schieden durch Unfall beziehungsweise technische Probleme an der Stoßdämpferaufhängung aus.

Die 911-Motoren bekamen für 1972 2,4 l Hubraum, 2,5 l für die Rallye Monte Carlo und die Schweden-Rallye. Jeweils 2. Plätze wurden erreicht von Larrousse und Waldegaard. Zasada bekam für seinen hervorragenden Einsatz in Kenia 1971 einen Werkswagen für die Safari-Rallye 1972. Er bedankte sich dafür mit einem 2. Platz, und langsam begann die Safari für Porsche ein Trauma zu werden.

Für 1972 stand nur noch die Rallye Korsika auf dem (Test-)Programm. Hier wurden zum erstenmal zwei Carrera RS, aufgebohrt auf 2,8 l Hubraum, eingesetzt, ein Typ, der in den nächsten Jahren im Rallye-Sport und als RSR im Rennsport eine große Rolle spielen sollte. Die Premiere mißlang. Waldegaard schied durch Unfall aus und Larrousse durch einen Achswellenschaden.

Dann rückte die Safari 1973 heran. Zwei Carrera RS wurden für Waldegaard und Zasada vorbereitet und vom Kundenservice betreut. Aber wieder hatten die Fahrer kein Glück: Stoßdämpfer- und Getriebeschäden führten zum Ausfall beider Wagen. Nach Rückkehr der Wagen und der beschädigten Teile haben wir uns sehr intensiv mit der Schadensanalyse befaßt. Während für das Getriebe schnell eine Verbesserungsmöglichkeit gefunden werden konnte, war die Entwicklung sicherer Stoßdämpfer ein recht langwieriges Verfahren. Wir bauten einen Versuchswagen im Original-Safari-Stand. Auf der Rallye-Strecke im Weissacher Versuchsgelände hielten die Stoßdämpfer gerade 50 km. Durch viele größere und kleinere Änderungen am Bauteil Stoßdämpfer selbst und seinen Aufhängungspunkten, durch systematische Erprobung jedes einzelnen Schrittes auf der Teststrecke konnte schließlich eine schadensfreie Fahrstrecke von mehr als 1000 km, das heißt eine mehr als 20fache Verbesserung, erreicht werden. Dazu wurden insgesamt mehr als 5000 km zurückgelegt, und die ganze Aktion dauerte den gesamten Sommer und Herbst 1973. Oft fuhren wir am Wochenende – ohne Bezahlung selbstredend –, bis tief in die Nacht hinein.

Die nächste Safari-Rallye 1974 belohnte (fast) unsere Bemühungen: Die Stoßdämpfer waren kein Thema mehr, aber beim führenden Wagen von Waldegaard brach ganz zum Schluß der Rallye eine Hinterachsaufhängung. Einmal mehr nur 2. Platz. Am zweiten Wagen Schuller/Herrmann brach ein Kugelbolzen an der Vorderachse, der dritte Wagen fiel wegen eines defekten Ölkühlers aus.

In den nächsten zwei Jahren tat sich auf dem Rallye-Sektor bei Porsche sehr wenig. Die Entwicklungskapazität wurde ganz auf 924 und 928 sowie die verschiedensten Turbomotoren für Serie und Rennsport gelegt. Aber Ende 1977 entschloß man sich, noch einmal einen Generalangriff auf den Safari-Sieg zu unternehmen. Waldegaard hatte die Rallye 1977 auf einem Ford Escort gewonnen, Zasada ließ seinen privaten Carrera bei uns für die Marathonfahrt London–Sydney 1977 innerhalb von zwei Tagen präparieren, fiel aber in Australien, in Führung liegend, durch einen Lenkungsschaden aus. Ein verstärktes Lenkungsgehäuse mußte gemacht werden. Ein Vortrainingsauto ging mit Waldegaard nach Kenia noch vor Weihnachten 1977.

Für die Rallye 1978 wurden zwei Einsatzwagen (der zweite für den Kenianer Preston jun.) und ein Trainingswagen neu aufgebaut. Mitten in die Vorbereitungen platzte der Monte-Carlo-Sieg von Nicolas auf einem privaten Carrera, ein gutes Omen?

Die besten Versuchsmechaniker flogen nach

Kenia. Preston sen. stellte Werkstatt, Fahrzeuge und eine Service-Crew zur Verfügung. Wir arbeiteten mit Funk und zwei Flugzeugen als Funkrelaisstationen, kurzum, kein anderes Profiteam war besser vorbereitet und ausgerüstet als wir. Und wieder sollte es nicht sein: Am Wagen von Waldegaard brach ein Hinterachslenker, an dem von Preston ein vorderes Dämpferbein. So wurden nur ein 4. und wieder einmal ein 2. Platz daraus. Sieger wurde Nicolas, der Monte-Carlo-Sieger, auf einem Werks-Peugeot.

Abermals zog sich Porsche werkseitig für zwei Jahre vom Rallyesport zurück. Während dieser Zeit wurden der 924 Turbo, 924 GT und GTS entwickelt. Für letzteren suchte man ein Betätigungsfeld, und der Zufall wollte es, daß Walter Röhrl gerade arbeitslos war. Eine Saison lang fuhr Röhrl auf einem Werks-GTS Läufe zur Deutschen Rallye-Meisterschaft 1981, von denen er vier gewann. Die Initiative für Rallyeeinsätze mit dem 924 und 924 Turbo übernahmen vorher schon die Werksangehörigen Barth und Kußmaul auf privater Basis. Sie fuhren in Australien 1978 den ersten Rallye-Klassensieg für den 924 heraus, fuhren in Kenia die Safari 1979 und mehrmals die Rallye Monte Carlo.

Im Gegensatz zu seinem großen Bruder 911 gewann der 924 GTS nie eine große internationale Rallye. Der Motor war denen der Spezial-Rallyewagen seiner Zeit (Audi, Opel, Toyota, Lancia) unterlegen. Das gilt heute auch für den 911. Selbst ein so großes Fahrtalent wie Henri Toivonen, Sohn des in den sechziger Jahren so erfolgreichen Pauli Toivonen und damit Porsche Rallye-Fahrer in zweiter Generation, schaffte nur den 2. Platz in der Europa-Rallye-Meisterschaft 1984 mit einem hervorragend präparierten 911 SC RS, einer Evolution des 3-Liter-911.

Die Rallye-Szene hat sich grundlegend geändert. Wo einst die beiden Fahrer allein auf die eigene Improvisationskunst und auf die paar Ersatzteile, die sie mitführen konnten, angewiesen waren, wo es keine Gebetbücher gab, sondern nur Straßenkarten, wo keiner die Strecke trainieren konnte, da können heute die Profirallyefahrer auf die Hilfe von Dutzenden von Servicefahrzeugen und Mechanikern zurückgreifen. Für jede Spezialetappe bekommen sie einen Satz Reifen aufgezogen, der genau auf die Straßenoberfläche, Witterungszustand und Länge der Etappe abgestimmt ist. Sie können an jedem Serviceplatz Getriebe, Radaufhängungen oder Motorteile wechseln lassen. Sie sind per Funk mit ihrem Rennleiter verbunden, der mit Hubschrauber einschließlich Mechaniker und Ersatzteilen über ihnen schwebt, und selbstverständlich können sie ausgiebig alle Spezialetappen vorher trainieren. Diese enorme Kosteneskalation ist eine Ursache, die Porsche von der Teilnahme an der Rallyeweltmeisterschaft zurückschrecken läßt.

Die Rallyewagentechnik hat sich auch geändert. Allradantrieb, Hochleistungsturbomotor, Rennfahrwerk und Kunststoffkarosserie sind Standard geworden. Porsche hat seit einiger Zeit ein Allradauto in der Entwicklung, nämlich den auf der Basis des 911 aufbauenden 959. Und Porsche wäre nicht Porsche, hätte man nicht sofort eine sich bietende Gelegenheit ergriffen, diese neue Technologie im Wettbewerb zu erproben.

Die Gelegenheit hieß Paris–Dakar 1984. Diese Rallye war schon fünfmal gelaufen, hatte sich zu der härtesten Langstreckenrallye der Welt entwickelt, läßt Prototypen, also nicht homologierte Fahrzeuge, zu und hat ganz besondere Charakteristika: Servicefahrzeuge an der Strecke im üblichen Sinne sowie Hubschrauber und Funk sind verboten. Alle Ersatzteile und Werkzeuge müssen entweder in den Einsatzfahrzeugen und/oder in Hilfsfahrzeugen, die selbst Rallyefahrzeuge sind, mitgeführt werden. Nur an fünf Plätze entlang der 12 000 km langen Strecke dürfen Ersatzteile mit vorher angemeldeten Flugzeugen herangebracht werden.

Wir bauten ein Trainingsauto: Karosserie 911, Motor 911 SC, Hinterachse 911, Vorderachse neu, Allradantrieb. Hiermit wurden ca. 5000 Km reine Wüstenerprobung in Algerien gefahren, begleitet von einem Geländewagen und einem Allrad-LKW mit Ersatzteilen, Kraftstoff, Werkzeugen. Drei Wochen insgesamt war die Mannschaft unterwegs. Man erkannte Schwachstellen, wählte die beste Reifenvariante aus, ermittelte den Kraftstoffverbrauch, legte die richtige Getriebeübersetzung fest, machte Temperaturmessungen an Motor und Getriebe.

Daheim wurden drei Einsatzfahrzeuge nach den Trainingserkenntnissen aufgebaut, zwei große Allrad-LKW vorbereitet und mit Ersatzteilen, Reifen, Kraftstoff- und Wassertanks beladen sowie die Fahrerbesetzung festgelegt. Und so gingen am 1. Januar 1984 in Paris auf die Reise: In den drei Einsatzwagen Ickx als Vorjahressieger, Initiator und Leiter der Expedition mit Beifahrer Brasseur, Metge als ehemaliger Gesamtsieger mit Beifahrer Lemoine, Porsche-Rallye-Ingenieur Kußmaul mit Beifahrer Lerner, auf dem LKW zwei französische Fahrer und je zwei Mechaniker.

Der Veranstalter stellte Flugzeuge zur Verfügung, in denen die einzelnen Teams Mechaniker mitschicken konnten und die jeweils zum Ende der Tagesetappe vorausflogen; von uns drei Mechaniker und ich selber. Das hatte den Sinn, daß die »Flugzeugmechaniker« bei Ankunft der Rallyewagen diese bis zum Eintreffen der LKW schon durchsehen und kleinere Reparaturen mit den Bordmitteln der Wagen durchführen konnten. Geschlafen wurde, wenn überhaupt, in Schlafsäcken auf Liegen neben den Fahrzeugen. Unsere Verpflegung erhielten wir von den Verpflegungslastwagen, die der Veranstalter mitlaufen ließ.

Wir bekamen einige Probleme während der Rallye. Im Wagen von Ickx verschmorte der elektrische Kabelsatz. Nach der Reparatur lag Ickx auf Platz 139. Während der Aufholjagd fiel der Wagen einmal in ein tiefes Loch, wodurch die Vorderachse stark beschädigt wurde. Metge hatte einen Zusammenstoß mit einer Kuh. Windschutzscheibe und Kotflügel mußten ersetzt werden. Kußmaul überschlug sich zweimal, doch konnte der Wagen jedesmal repariert werden. Einige Stoßdämpfer mußten gewechselt werden. Es gab Reifenschäden und gerissene Achswellengummibälge.

Aber dennoch hatten wir Glück: Alle Wagen, auch die beiden LKW, kamen ans Ziel mit Metge als Sieger, Ickx auf dem 6. und Kußmaul auf dem 26. Platz.

Dieser Paris–Dakar-Sieg ist meiner Meinung nach neben dem Targa-Florio-Sieg 1956 einer der eindrucksvollsten Erfolge, den Porsche überhaupt je im Motorsport erzielte. Für jede andere große internationale Herausforderung brauchte Porsche immer mehrere Anläufe zum Sieg. Das gilt für die Rallye Lüttich–Rom–Lüttich, für die Formel-1-Aera 1962, für die Rallye Monte Carlo, für Le Mans, für den TAG-Formel-1-Motor 1983/84, und die Safari wurde überhaupt noch nicht gewonnen. Die Rallye Paris–Dakar, die zur Zeit härteste Rallye, wurde zum erstenmal gefahren, dazu mit dem ersten Porsche-Allrad-Fahrzeug, und sie wurde gewonnen. Außerdem kamen alle eingesetzten Wagen ans Ziel.

Natürlich gehört Glück dazu. Wieviel Glück wir 1984 hatten, wurde uns 1985 nachdrücklich bewußt, als alle drei eingesetzten Wagen ausfielen – zwei durch Unfall, der dritte, weil eine kleine Ölleitung am serienmäßigen SC-Motor brach und das Öl dadurch verlorenging. Die Fahrzeuge selber bestanden schon weitgehend aus 959-Teilen, Karosserie, Getriebe, Transaxle, Vorder- und Hinterachse erfuhren ihre Feuertaufe für die Serienfreigabe. Nur der neue Turbomotor war noch nicht fertig.

So sitzen wir jetzt im Sand am Rande des Flugplatzes von Gao. Die Rallye Paris–Dakar 1985 ist für uns zu Ende. Aber wir sind ganz sicher, daß es für uns ein Paris–Dakar 1986 geben wird. Und irgendwann wartet auf uns die Safari...

REINHARD SEIFFERT

DER PORSCHE-MYTHOS

Wir leben in dem Jahrhundert, das den Menschen das Automobil brachte. Mit etwas Optimismus dürfen wir es zu den positiven Erscheinungen unseres Jahrhunderts zählen – auch wenn es nun, in der Nähe des Jahres 2000, umstritten und zunehmenden Einschränkungen unterworfen ist. Der Wunsch hingegen, über perfekte Technologie zu gebieten, ist keineswegs nur ein Produkt unseres Jahrhunderts, er ist mythischen Ursprungs. Und so haben auch Porsche-Legende und Porsche-Philosophie – die schon mit dem Volkswagen-Projekt für jedermann und mit der Unverwüstlichkeit der VW-Motoren an den Fronten des Zweiten Weltkriegs Allgemeingut wurden – ihre Wurzeln in einem uralten Bedürfnis.

Psychologisch vollends erfaßbar wird der Porsche-Mythos mit jenem Fahrzeug, das zu Beginn der fünfziger Jahre in kleiner Zahl auf den Straßen auftauchte wie der Bote einer neuen Zeit. Der erste Porsche hatte die Nummer 356, die Nachfolger erhielten Typenbezeichnungen, die mit einer 9 beginnen: Die Zahlensymbolik wird liebevoll gepflegt, sie hat jedoch nur eine schmückende Funktion. Das eigentliche Phänomen liegt in der Eigenart dieser Automobile.

Die Geschichte klingt wie ein Märchen: Ein Ingenieurbüro, verschlagen in ein entlegenes Alpental, realisiert in trister Nachkriegszeit den Traumwagen seines jungen Chefs. Da das Auto bei Bekannten und Freunden Anklang findet, werden mehr davon gebaut. 50 handgemachte Exemplare genügen nicht, und so wird in Stuttgart eine kleine Produktion installiert, veranschlagt auf zunächst 200 Stück. Das Weitere ist bekannt.

Das Geheimnis der Faszination liegt keineswegs in der Leistung, die sich zunächst auf bescheidene 35 PS belief. Es liegt schon eher in der Beschleunigung und Geschwindigkeit, die man, dank Leichtgewicht und geringem Luftwiderstand der Karosserie, mit dieser bescheidenen Leistung erreichen konnte. Irrationale Wirkungen gingen sicherlich auch von der Form der Karosserie aus, und von nicht geringerer Ausstrahlung war das technische Konzept mit dem luftgekühlten Boxermotor im Heck und der speziellen Konstruktion von Radaufhängung und Federung. Denn dieses Konzept erforderte vom Fahrer ganz bestimmte Fähigkeiten. Ein Porsche-Fahrer, das war einer, der mit einem Porsche umgehen konnte. Und wenn es mal nicht klappte, dann mußten eben seine Fähigkeiten dem Auto angepaßt werden – nicht umgekehrt.

Der Porsche-Fahrer ist nicht auf problemlosen Komfort bedacht – hier ist eher noch etwas vom alten Instinkt des Reiters zu spüren, für den ein Pferd um so interessanter wird, je mehr es ihn bei den ersten Versuchen abwirft. Die jungen Adligen und die Söhne reicher Eltern, die in den fünfziger Jahren mit dem übersteuernden Porsche um Renn- und Rallye-Lorbeeren stritten, waren davon beseelt, ihr Können gerade mit diesem Auto zu zeigen.

Gewiß ist inzwischen so manches anders geworden: Die Fahreigenschaften der Heckmotor-Porsche wurden neutraler, es gibt Transaxle-Fahrwerke und wassergekühlte Frontmotoren. Die so konzipierten Autos sind dennoch echte Porsche, denn es gehört zur Porsche-Philosophie, jedes technische Mittel zu verwenden, das zum gewünschten Ergebnis führt. Aber die Faszination ist geblieben – mit 300 statt 30 PS, mit halbierten Beschleunigungswerten und verdoppelter Geschwindigkeit. Auch mit einem 944 Turbo und einem 928 S muß man umgehen können, denn bei ihnen wurden die physikalischen Grenzen des Fahrens in Bereiche verschoben, die mit dem Normalauto nicht erfahrbar sind. Auch wenn man sie nicht nutzt – sie manifestieren sich wie die sechs Beine des mythischen Rosses.

Es ist ein Mythos der Gegenwart, denn mit der industriellen Geschichte des Autos sind Namen wie Daimler oder Ford stärker verbunden als Porsche. Ferdinand Porsche war nicht einer der Pioniere des Autos, sondern er war als Konstrukteur ein Veränderer der oftmals in Lethargie erstarrenden Technik. Das ist seine historische Leistung, die der Porsche-Legende, dem Porsche-Mythos zugrunde liegt.

Baute Ferdinand Porsche, der einst aus Maffersdorf in Böhmen nach Wien auszog, um die technische Welt zu verändern – baute dieser berühmte Konstrukteur je einen Porsche? Nein, er arbeitete für Lohner, für Austro-Daimler, für Daimler-Benz, für Steyr, für die Auto Union und für viele andere. Für Porsche arbeitete er nicht – er starb in dem Jahr, als Porsche zur Automobilmarke wurde.

Ist es Zufall, daß seine Lebensarbeit exakt mit der ersten Hälfte unseres Jahrhunderts zusammenfällt? In der Welt der Technik und des Verkehrs wurde zum ersten Mal von Ferdinand Porsche gesprochen, als auf der Weltausstellung in Paris 1900 der Lohner-Porsche stand, eine Kutsche mit elektrischen Radnabenmotoren. Porsche kam aus der Elektrotechnik – für ihn war es naheliegend, ein Fahrzeug mit leichten und kleinen Elektromotoren zu versehen, die funktionssicherer, leichter bedienbar und leiser waren als die damaligen Verbrennungsmotoren oder die Dampfmaschinen, die ebenfalls als Fahrzeugantrieb dienten.

Porsche hat sich niemals in seinem Leben auf bestimmte technische Prinzipien festgelegt, ihn interessierte die jeweilige Aufgabe, zu deren Lösung ihm jedes technische Mittel recht war. Für den Fahrzeugantrieb war dies 1900 noch der Elektromotor, der samt Akkumulator im Leistungsgewicht durchaus mit den damaligen Kolbenmotoren konkurrieren konnte. 1910 war es beim Auto der Verbrennungsmotor, der dank verbesserter Zündungs- und Vergasertechnik und gestiegener Drehzahlen zur besten Antriebsquelle schienenunabhängiger Fahrzeuge wurde. Porsches Entscheidung für ihn beruhte, wie man heute nüchtern sagen würde, auf einem Systemvergleich.

Aber Porsche konstruierte nicht nur Automobile, fast noch bekannter wurde er durch Flugmotoren, Schienen- und Straßenzüge, allradgetriebene Zugmaschinen. Seinen Zügen, die insbesondere dem Transport militärischer Schwerlasten dienten, war der Grundgedanke gemeinsam, den Antrieb auf viele Achsen zu verteilen und damit bessere Traktionsverhältnisse zu schaffen als bei üblichen Lokomobilen oder Traktoren. Und seine Autos? Sie waren nicht nur durch Schnelligkeit und Zuverlässigkeit bemerkenswert, sondern auch durch gutes, fast modisches Aussehen: Er hatte instinktiv erkannt, wie wichtig beim Personenwagen ästhetische und emotionale Gesichtspunkte sind. Man betrachte nur das hübsche Wägelchen, das er 1920 seinem Sohn Ferdinand Anton Ernst (»Ferry«) zu Weihnachten schenkte, oder den »Sascha«-Kleinwagen aus der gleichen Zeit.

In den Vorkriegsjahren waren Porsches Konstruktionen nie besonders preisgünstig gewesen. Um 1920, in einer Zeit wirtschaftlicher Nöte, fand er sofort Möglichkeiten, mit einfachen Mitteln gute Wagen zu bauen. Als Direktor einer namhaften Firma war er für deren Gedeihen mitverantwortlich, aber es wäre ihm nicht eingefallen, den Weg zum günstigen Preis nach amerikanischem Muster über astronomische Stückzahlen zu suchen. Er war nicht Henry Ford, der Massenproduzent, sondern Ferdinand Porsche, der Konstrukteur. Also konstruierte er Autos, die man auch in kleiner Stückzahl zu günstigem Preis bauen konnte.

Der Gedanke der großen Stückzahl kam erst in den dreißiger Jahren auf ihn zu – nach seinem Wechsel zu Daimler und einem Zwischenspiel bei Steyr. Er blieb sich treu und machte sich, während die gesamte Wirtschaft daniederlag, als Konstrukteur selbständig. Nach zwei Anläufen mit Zündapp und NSU, die am Finanzierungsproblem scheiterten, fand er dann staatliche Unterstützung für die Volkswagen-Idee. Zugleich konstruierte er, wie immer mit eigenwilligen Vorstellungen, einen der stärksten und erfolgreichsten Rennwagen aller Zeiten.

Als der Krieg den Bau des Volkswagenwerks und neue Renn- und Weltrekordpläne zunichte machte, blieb Porsche Hitlers technischer Berater. Denn er verstand sich auf gepanzerte Schwerfahrzeuge ebenso wie auf leichte Autos. Auch die Kriegsprojekte trugen zur Porsche-Legende bei, obwohl sie meist geheim und nur vom Hörensagen bekannt waren – bewundert und bisweilen auch belächelt wie der gigantische Panzerwagen »Maus«. Aber so mancher einfache Mann lernte im Kriegsalltag die Vorzüge von Luftkühlung und Heckmotor kennen: Der leichte, geländegängige VW-Kübelwagen erleichterte Tausenden von Soldaten das Leben – oder rettete es sogar, als an vielen Fronten der Rückzug begann. Porsche hatte diese technischen Lösungen nicht erfunden, aber erst durch den Volkswagen wurden sie populär.

Die Auferstehung des Volkswagens unter der Regie britischer Besatzungssoldaten, seine Karriere zum deutschen Exportartikel Nr. 1 ist das abschließende Kapitel der Legende des Ferdinand Porsche. Es begann kurz vor seinem Todesjahr 1951, der alte und kranke Professor erlebte gerade noch die Anfänge dieser friedlichen Erfolge. Sie bestätigten, daß er bei aller Vielfalt meist die richtigen Ideen verwirklicht hatte. Die Zeit der großen und einsamen Konstrukteure ging mit ihm zu Ende.

Mit dem Jahr 1950 beginnt die Geschichte der Sportwagenmarke Porsche – sozusagen die Neuzeit. In Stuttgart wurden erstmals in größerer Zahl jene kleinen Autos mit der unverwechselbaren Coupé-Karosserie gebaut, auf deren flacher, kühlerloser Fronthaube in langgezogenen Buchstaben der Name Porsche zu lesen war. Die Geschichte der Konstruktionsfirma Dr. h. c. F. Porsche dagegen beginnt weit früher: im Jahr 1930, als Ferdinand Porsche in der Stuttgarter Kronenstraße Räume mietete, um ein eigenes Büro zu eröffnen, das im folgenden Jahr in das Handelsregister eingetragen wurde.

Die Kontinuität dieser Konstruktionsfirma dauert bis heute an – sie ist sozusagen die Klammer, die aus der ersten Jahrhunderthälfte weit in die zweite hineinreicht. Im Stuttgarter Büro arbeitete schon 1931 Ferdinand Porsches Sohn Ferry, dort arbeiteten Ingenieure wie Karl Rabe oder Erwin Komenda, die wiederum die Mentoren heute noch tätiger Porsche-Ingenieure wurden. Die Richtung, die Ferry Porsche seit dem Neuanfang 1945 im Kärntner Gmünd bestimmte – sie beruhte auf dem Denken und der Arbeitsweise des Konstruktionsbüros.

Worin besteht dieses Denken? Ferry Porsche erzählt dazu, unter anderem, folgende Geschichte: Von zwei gleichen Porsche-Spydern der ersten Rennjahre hatte einer eine gute, der andere eine schlechte Straßenlage. Man wechselte die Federn aus, Stoßdämpfer, Radaufhängungen – nichts änderte sich. Ferry fragte: »Habt's den Wagen vermessen?« Natürlich –

man hatte alles geprüft: Radstand, Spur, Sturz, Nachlauf und anderes. »Dann gebt's mir mal eine Schnur.« Mit ihr kontrollierte der Chef des Hauses – bei abgenommener Karosserie – die Entfernung vom linken vorderen zum rechten hinteren Rad, ebenso vom rechten vorderen zum linken hinteren. Sie differierte um mehrere Zentimeter – das Fahrzeug war schief.

Ist das die Porsche-Philosophie, statt eines Meßgerätes einen Bindfaden zu verwenden? Nein, natürlich nicht – manche Abweichungen kann man nur mit optischen Präzisionsgeräten feststellen. Die Philosophie besteht darin, das Problem von der einfachsten Lösungsmöglichkeit anzugehen. Genügt sie nicht, dann wird die nächste einfache genommen – unter Umständen geht das weiter bis zu sehr komplizierten Lösungen.

Ob Schnur zum Vermessen, ob elektronisch gespeicherte Kennfelder zur Regelung von Zündung, Einspritzung und Ladedruck – man wird bei Porsche keine Lösung finden, bei der nicht zunächst nach einer noch einfacheren gesucht worden ist. Helmuth Bott, Chef des Weissacher Entwicklungszentrums mit mehr als 2000 Ingenieuren und technischen Spezialisten, begann seine Praxis als junger Ingenieur in den fünfziger Jahren. Da war die einfachste Lösung schon deswegen willkommen, weil es an teuren Meßgeräten oder auch an der Zeit für umfangreiche Berechnungen fehlte. Heute stehen in Weissach die modernsten Rechenanlagen, sie können in kurzer Zeit Resultate liefern, an denen früher monatelang gearbeitet werden mußte. Aber Cadcam und finite Elemente ersetzen nicht einfaches und erfolgsorientiertes Denken. Im Gegenteil – sie ermöglichen, es auch bei komplexen Aufgaben beizubehalten.

Die Erfolgsorientierung ergibt sich aus der Eigenart des freien Konstruktionsbüros Porsche. Es war von Anfang an darauf angewiesen, Aufträge erfolgreich auszuführen – und fast immer mit einem begrenzten Etat. Kreativität statt Geld – das gehört noch heute zum Weissacher Alltag. Denn es gibt immer eine Grenze zwischen schwarzen und roten Zahlen, und die wird um so wichtiger, je mehr Stellen vor dem Komma stehen. Der Entwicklungsingenieur verdient sein Geld auf dem Weg zwischen Erteilung und Erledigung des Auftrages. Wenn der Etat feststeht, dann hängt es von der Kürze des Weges ab, ob Geld verdient oder zugelegt wird.

Ist das Philosophie? Hat das etwas mit Kant und Hegel zu tun? Man muß den Begriff schon etwas weiter fassen, um einen technischen Denkansatz »Philosophie« zu nennen. Aber auch jeder noch so komplizierte Satz in der »Kritik der reinen Vernunft« ist der einfachst mögliche Weg, um den jeweiligen Zusammenhang zum Ausdruck zu bringen. Mit Pseudowissenschaft lassen sich die Aufgabenstellungen der heutigen Technik nicht lösen – sie bedingen einen sicheren Ansatz. Dieser wiederum läßt sich übertragen, er kann Probleme der Fahrtechnik erfassen oder der Umwelttechnik, des Komforts oder der Lebensrettung, der Akustik oder der Ergonomie. Die Weiche, ob etwas richtig oder falsch gemacht wird, muß am Anfang einer Entwicklung gestellt werden: Das ist ein Grundstein der Porsche-Philosophie.

Die Legende des Ferdinand Porsche, die Philosophie des Porsche-Konstruktionsbüros wären wohl auch ohne jenes Auto lebensfähig geblieben, das in Gmünd in Handarbeit entstand und als erste Porsche-Konstruktion den Namen Porsche erhielt. Aber erst in diesem Auto offenbarte sich die gesamte Wirksamkeit der Porsche-Philosophie, und erst dadurch wurde sie zum Mythos.

Das Auto mit dem Namen Porsche entwikkelte bald seine eigene Dynamik. Zunehmende Bestellungen und ein sich schnell ausbreitender guter Ruf führten dazu, daß eine Automobilfabrik entstand. Ferry Porsche, der eigentlich nur das Auto bauen wollte, das ihm persönlich gefiel, sah sich in der Rolle des Fabrikanten. Es mußte Geld beschafft werden für Produktionsanlagen, man mußte Mitarbeiter engagieren und Räume mieten. Ferry Porsche unterzog sich dieser Mühen gewissenhaft – er wurde Fabrikant, aber er blieb Ingenieur und betreute den Automobilbau mit gleicher Sorgfalt wie einen Konstruktionsauftrag.

Bis heute sind die Stückzahlen der Zuffenhausener »Schmiede«, an den Relationen der Automobilindustrie gemessen, unerheblich. Man blieb bei dem Prinzip, nicht mehr zu bauen, als verlangt wird. Und der Ingenieur Ferry Porsche, der »seinen« Wagen baute, blieb der Prototyp des Porsche-Fahrers. Dessen Psychogramm könnte somit ein Psychogramm des Ferry Porsche sein. Aber es ist nicht nötig, den Charakter dieser einzelnen Persönlichkeit zu sezieren – das Typische finden wir in der Gesamtheit der Porsche-Fahrer wieder.

Das bedeutet keineswegs Uniformität. Ganz im Gegenteil: Ein Porsche-Fahrer ist nur als Individualist denkbar. Der scharfsinnige Marktbeobachter Henry Keller stellte einmal nach der Lektüre von Befragungsergebnissen fest: »Ich hatte verstanden, daß Menschen, die einen Porsche fahren, zumindest eines gemeinsam haben: den Porsche.« Tatsächlich haben sie nicht viel mehr gemeinsam – nicht einmal das Geschlecht: Der Anteil der Frauen bei den Porsche-Fahrern ist weit höher als bei preislich vergleichbaren Limousinen. Auch die Berufe streuen erheblich, und man findet in steigendem Maße außer den »klassischen« Selbständigen und Freiberuflern auch Angestellte.

Darin stecken viele Scheinwidersprüche. Der Angestellten-Status ist längst nicht mehr nur mit Abhängigkeit gleichzusetzen – er erreicht oder übertrifft in der Freizügigkeit seiner Möglichkeiten oftmals den Selbständigen oder den Freiberufler, der sich um seine Existenz plagen muß. Der Porsche bedeutet für alle diese Gruppen gleichermaßen Freiheit, und nichts anderes bedeutet er für eine Frau: Wenn sie selber einen Porsche fährt, ist sie nicht mehr darauf angewiesen, auf dem Beifahrersitz eines Mannes mitzufahren. Die Attraktivität des Wertgegenstandes Porsche ist für autobegeisterte Frauen zumindest nicht geringer als für Männer. So kann man das Netz der psychologischen Einflüsse und Reaktionen weiterspinnen. Man kann sie aber auch überbewerten, denn trotz aller modischen Vergleiche mit teuren Uhren oder Schmuckstücken ist ein Porsche letztlich doch etwas ganz anderes, nämlich ein Sportwagen. Seine Wirkungen nach außen, auf andere Menschen, sind nicht zu bestreiten, aber der Fahrer oder die Fahrerin finden ganz bestimmte Vorstellungen bestätigt – vom Fahren an sich, von den Qualitäten und speziellen Eigenschaften eines klassisch konzipierten Fahrzeugs.

Und es gehört zum Psychogramm des (Heckmotor-)Porsche-Fahrers, daß er sich mit alledem identifiziert. Noch immer ist etwas Wahres daran, daß man sich im Porsche fahrerisch bewähren und bereit sein muß, etwas zu lernen. In den Geschwindigkeitsregionen des Normalverkehrs ist ein solches Fahrzeug zwar lammfromm und bereitet keinerlei Probleme. Aber es fordert dazu heraus, sich den weitgesteckten Grenzen zu nähern. Gerade wer dies mit der gebotenen Vorsicht und Ernsthaftigkeit, etwa bei einem Fahrlehrgang, tut, der gewinnt nicht nur an Fahrkönnen, sondern auch an Selbstachtung und Lebensgefühl: Eine persönlichkeitsentfaltende Wirkung.

Das ist wohl auch der Grund dafür, daß der Porsche letztlich nicht Symbol eines wirtschaftlichen Status – den man auch mit anderen teuren Autos dokumentieren kann –, sondern eines persönlichen ist. Er baut trotz seines hohen Preises keine sozialen Schranken auf, er erweckt Begeisterung. Für einen Porsche gibt man oft mehr Geld aus, als man sich eigentlich erlauben kann – und nicht nur um eines äußeren Effekts willen. Aber Schlagworte wie Status und Lebensqualität können letztlich nicht begründen, warum ausgerechnet jener Gedanke sich als so tragfähig erwies, der damals in einem abgelegenen Alpental Gestalt gewann. Hier ist wohl doch der Mythos im Spiel.

HENRY KELLER

PSYCHOGRAMM DER PORSCHE-FAHRER

Bin ich ein Porsche-Typ? Ich wollte darüber Genaueres wissen. Also wallfahrtete ich nach Weissach. Und siehe, mir wurde aufgetan.

Was mein Begehr sei? Ich möchte, sagte ich schüchtern, etwas Genaueres erfahren über Porsche-Typen. »Ja bittschön«, sagte mein Gegenüber. »Über welchen denn?« Er verwies auf einen Schrank voller Aktenordner. »356? A, B oder C? 911, 912, 914, 916? 924, 944, 928? Oder gar 904, 906, 908, 917?« »Nein«, stotterte ich, »Sie mißverstehen mich. Ich möchte etwas über die Typen wissen, die diese Typen fahren. Und ob ich selbst ein Porsche-Typ bin.«

Jetzt hatte er verstanden, was ich wollte. »Marktforschung?« sagte er. »Das haben wir hier nicht. Da müssen Sie schon nach Tamm gehen.« Damit meinte er den Porsche-Vertrieb in Ludwigsburg, der auf der Gemarkung eines Ortes namens Tamm angesiedelt ist. Also fuhr ich über die Dörfer nach Tamm.

Hier stieß ich auf volles Verständnis. Ein Panzerschrank wurde geöffnet, eine Flut von Daten ergoß sich über mich. Als ich wieder auftauchte, hatte ich verstanden, daß Menschen, die einen Porsche fahren, zumindest eines gemeinsam haben: den Porsche.

Ich verstand auch, daß sich die Inhaber des Panzerschrankes für diese Gemeinsamkeit besonders interessierten. Ein Porsche-Fahrer, der auf einen BMW umsteigt, so bekam ich heraus, gilt hier als ziemlich lasch. Ein BMW-Fahrer, der einen Porsche kauft – da werden sie in Tamm hellwach.

Aber ich wollte zunächst über mich etwas wissen. Ich erfuhr, daß ich hier nicht als Porschefahrer oder Porschebesitzer eingestuft werde, sondern als hauptsächlicher Benutzer. Nur als solcher bin ich interessant.

Das ist leicht zu erklären: Wer einen Porsche gekauft hat, wer ihn von der Steuer ab- oder in seine Verlustrechnung einsetzt – das spielt keine Rolle. Es kommt darauf an, für wen der Porsche da ist; auf den hauptsächlichen Benutzer. Freilich – meist ist er auch der Eigentümer. Allerdings um so weniger, je teurer das Auto: Von hundert 924 werden 86 vom Eigentümer gefahren, von hundert 928 nur 73.

Im Trend nehmen die Eigentümer-Benutzer ab. Einmal weil das Leasing Schule macht, zum andern auch, weil sich öfter jemand findet, der die kleine Mühe des Kaufens auf sich nimmt.

Beim 924 sind das insbesondere »andere Privatpersonen«. Ich habe mir sagen lassen, daß hierunter zuvörderst Ehemänner zu verstehen sind, die ihre Frauen gern als hauptsächliche Benutzer eines 924 sehen. Der umgekehrte Fall – die Frau kauft, der Mann fährt – ist einstweilen noch selten. Die Frau kauft, die Frau fährt – das wird häufiger und hat seine Gründe. Ich komme noch darauf zurück.

Die Firma kauft, der Mann fährt – das gibt es öfters, insbesonders beim 928. Dennoch ist nur ein Viertel der Käufer auf diesem Weg in den Besitz dieses wertvollen Objekts gekommen. Wobei, wie gleich noch zur Sprache kommt, eine sehr intensive Nutzung stattfindet.

Das Einkommen – na ja, ich habe schamhaft für mich behalten, daß ich netto weniger verdiene als ein durchschnittlicher hauptsächlicher Benutzer meiner Typenklasse. Ich werde den Gründen nachgehen und entsprechende Maßnahmen ergreifen. Denn auch ich bin dem wirtschaftlichen und finanziellen Erfolg nicht abhold. Porschefahrer sind »Achiever«, wurde mir gesagt. Sie setzen sich Ziele und erreichen sie. Meine nächsten Ziele ergeben sich aus den Porsche-Preiserhöhungen.

In Ludwigsburg freut man sich darüber, noch mehr Bestverdiener in den Kundenlisten zu haben als BMW und Mercedes. Ich wünsche aber auch Menschen mit kleinerem Einkommen einen Porsche – irgendwie werden sie es schon schaffen.

Die Anzahl von Personenkraftwagen im Haushalt: Da zeigt sich, daß die Benutzung eines Porsche es oft zuläßt, noch einen Zweit- oder Erstwagen, beim 928 sogar noch einen 0,1 Drittwagen in die Garage zu stellen. Auch das ist ein Trend: Der Drittwagen, so lernte ich, ist unausbleibliche Begleiterscheinung größerer Familien. Ich weiß nun, was auf mich zukommt.

Die 928-Fahrer sind in Sachen Familie besonders stark, sie bringen es auf eine durchschnittliche Haushaltsgröße von 2,7. Das hängt allerdings, so wurde mir angedeutet, auch mit den Sitzverhältnissen zusammen: Der 928 wird mehr als andere Porsche von Leuten benutzt, die auch mal zu viert fahren. Selbst im Vergleich mit Limousinen erreicht er einen hohen Auslastungsfaktor.

Kindersegen ist auch bei anderen Porsche-Modellen nicht selten. Sogar der 911 hat eine solide Aufgabe als Familienauto. Wobei es unumgänglich ist, auf die Frage des Verheiratetseins einzugehen: Dieser alte Brauch findet bei Porschebenutzern in unerwartet hohem Maße Zuspruch. Obwohl mit durchschnittlich 40 Jahren in einem Alter, in dem Playboydasein attraktiv sein kann, haben 67 Prozent der 911-Fahrer lieber stets dieselbe Dame auf dem Nebensitz. Und die 928-Menschen, kaum älter, bekennen sich nahezu geschlossen zur Ehe.

Daß der Anteil der Porsche fahrenden Frauen zunimmt, so entnahm ich subtilen Psychogrammen, ist nicht einer Verweiblichung der Porsche-Autos anzulasten. Nein – die Frau gewinnt durch die Beherrschung des Sportwagens ein Stück Männlichkeit. Und ein Schuß Mann gehört zum abgerundeten Persönlichkeitsbild der Frau – wie auch für den Mann, umgekehrt, eine weibliche Komponente in seinem Innenleben durchaus unentbehrlich ist. Frauen fühlen sich also im männlichen Auto nicht nur auf dem Beifahrersitz wohl.

So ist auch die Porsche fahrende Mutter keineswegs ein Einzelfall. Den Porsche gibt es nicht nur für Einmann-Familien: Von den durchschnittlich 2,5 Personen im Porsche-Haushalt sind 0,3 Kinder unter 13, die als Fahrzeugbenutzer noch nicht in Frage kommen. So kann man guten Gewissens pro Person ein Auto rechnen. Der Porsche steht offenbar selten in der Garage: Während es das bundesdeutsche Auto im Durchschnitt nur noch auf gut 12 000 Kilometer im Jahr bringt, legen Porschebenutzer im Schnitt doppelt soviel zurück, nämlich 24 500 km.

Der 928 übertrifft selbst jene renommierten Limousinen, die im Dienst- und Geschäftswagen-Sektor etabliert sind. Er bringt es im Schnitt auf 30 900 km pro Jahr. Rund um den Kirchturm kommt das nicht zusammen – offensichtlich wird dieses Auto oft als vollwertige Alternative zu Flugzeug und Intercity betrachtet. Womit denn auch jegliche Einwände des Finanzamtes entkräftet sind, denn solche Kilometerzahlen deuten auf echte berufliche Nutzung eines Autos, das viele als reines Luxusgefährt betrachten.

Ein Privatflugzeug mit vier Rädern, sagen die einen, »Staubomber« die anderen. Letztlich hängt die Schnelligkeit des Vorwärtskommens davon ab, wann man fährt. Und die 928-Fahrer scheinen die typischen Antizykliker zu sein. Sie können es sich leisten, denn sie sind zu 77 Prozent Selbständige oder arbeiten in freien Berufen. Auch beim 911 überwiegen diese Gruppen – als verheirateter Freiberufler sehe ich mich unter den Porschebenutzern am richtigen Platz.

Was die Informationen angeht: Die Porsche-Menschen sind gute Zeitungsleser, bei den Zeitschriften tendieren sie zu einem Blatt, das von Haus aus Auto-orientiert ist: »auto motor und sport«. Auf »Spiegel« und »Stern« wird die Lesegunst ziemlich gleichmäßig verteilt, »Capital« und die »Frankfurter Allgemeine« interessieren mehr bei den Fahrern von 911 und 928 als bei denen des 924 oder 944, und die Gruppe der 928 S-Benutzer läßt ihre offensichtlich gut gemischte Struktur dadurch erkennen, daß sowohl »Welt« als auch »Playboy« bei ihr auf überdurchschnittliche Raten kommen.

In meinem Umgang mit der Freizeit bin ich als Nicht-Tennisspieler untypisch, als Skifahrer dagegen typisch. Damit, daß ich bereits nach Hockenheim reiste, um ein Sicherheitstraining zu absolvieren, bin ich sogar ein Musterknabe. Denn mehr als die Hälfte aller Porsche-Fahrer würde gern einmal den Umgang mit Kurven und das rechtzeitige Bremsen systematisch studieren, aber nur wenige haben es tatsächlich schon getan.

Hypothetisch, so zeigt sich, würden sie schon einmal von der reinen Lehre des Sportwagens abweichen. In Wirklichkeit dagegen kann Porsche Loyalitätsraten verbuchen, von denen andere Hersteller nur träumen. An der Spitze liegt der 928, der von seinen Besitzern zu 94 Prozent beim Wechsel wieder gekauft wurde – auch von denen, die das Auto zunächst ohne »S« und Heckspoiler besaßen. Weit über dem Durchschnitt der Sportwagen liegt mit 80 Prozent auch der 911 – nur die schon erwähnten renommierten Limousinen erreichen ähnliche Werte.

Die Markentreue der 911-Fahrer erweist sich als unschlagbar, wenn es um die künftigen Absichten geht. 93 Prozent wollen wieder einen Porsche kaufen, und die Fahrer der übrigen Modelle liegen mit ihren im Busen gehegten Absichten im gleichen Trend: 80 bis 88 Prozent beträgt ihre »prosperierende Loyalität«. Dieser Begriff aus der Marktforschungssprache ist insbesondere für den ruhigen Schlaf derjenigen von Bedeutung, die sich über künftige Absatz- und Modellpolitik Gedanken machen müssen.

Porsche wird den Porschebenutzern freilich auch weiterhin nur ganz bestimmte Autos verkaufen können. In diesem Punkt sind sie eigen, und sie wollen selbst innerhalb des Programms nur wenig wechseln. Als am ehesten verführbar erweisen sich die Fahrer des 924 und 944, die zu etwa 15 Prozent vom 911 träumen. Von 100 Fahrern des 911 dagegen würden nur sieben vielleicht auch einen anderen Porsche nehmen. Und die Lenker des 928 S sind ebensowenig geneigt, auf einen anderen Porsche oder gar ein anderes Auto umzusteigen.

Zurück aus Tamm und randvoll mit Daten verfiel ich in tiefen Schlaf und sah mich unversehens vor einem hohen Gericht. Streng fragte mich der Vorsitzende: »Denkst du daran, jemals statt deines Porsche eine viertürige Limousine zu kaufen?« »Nein«, sagte ich standhaft. »Oder ein komfortables Coupé aus...?« (folgten die Namen zweier Städte in Süddeutschland). »Nein.« »Oder einen Exoten aus Italien?« »N-n-nein«, stotterte ich, schnell Anschaffungs- und Wiederverkaufspreis rekapitulierend.

Das Gericht zog sich zur Beratung zurück. Endlich kam der Urteilsspruch: »Du bist ein Porsche-Typ. Anerkannt als einer von vielen möglichen Porsche-Typen.«

Selig lächelnd erwachte ich.

61

59 Typ 906 (1966), Motor
60 Typ 906 (1966), PCA-Parade Ozarks '83

61 Typ 356 A – 1600 GS Carrera (1958), Nürburgring 1984
62 Typ 356 B – 1600 GS/GT Carrera (1960), Travering 1983

63 Porsche Parade beim »National Event 1980« des Porsche Clubs of America (PCA), vorm Mount Hood (Oregon)
64 Porsche-Parade Stuttgart 1984 (Schloß Solitude)

65 Typ 550 A Spyder (1956), Matsuda-Collection
66 Typ 935/78 in einer Kundenausführung (1978)

Mobil
43

454
200
461
10
439

143
222

PORSCHE

BBS

PORSCHE

71

67 Typ 914/4, US-Modell (1975)
68 Typ 904 GTS (1974), Porsche-Museum Zuffenhausen
69 Heckansicht des Prototyps (Versuchswagen) 956–001 (1982)
70 Typ 904 GTS (1964), Motor
71 Typ 904 GTS (Schriftzug auf Heck), 1964
72 Cockpit des Porsche »Nr. 1« (1948)
73 Typ 912, Motoransicht, 1968
74 Porsche-Parade beim Nürnberger Norisring-Rennen 1974
75 Porsche-Parade Laguna Seca 1982 (vorn ein Gmünd-Coupé)
76 Typ 911 Turbo (1975)

72

73

LAGUNA SECA
CHAMPION
LAGUNA SECA

PORSCHE
S-CK 1493

S PR 147

78

77 Walter Röhrl beim Powerslide in der Toskana – in einem Carrera S 4 mit Allradantrieb und 285 PS Leistung. Mit einem 911 SC dominierte er 1981 die San-Remo-Rallye

78 911 Turbo, mit Allradantrieb, 2 Turboladern und 408 PS Leistung. Von 0 auf 100 in 4,5 Sekunden.
High Tech vom Feinsten – mit Luxus und Komfort

79 Die Krönung der 911er-Reihe.
Der neue Elfer ist größer und komfortabler geworden. Das Revolutionäre an ihm: Der Sechszylinder-Boxermotor ist jetzt wassergekühlt.

80 Die 911-Familie. Von unten rechts: 911 Targa, 911 Carrera 4 S, 911 Turbo, 911 Carrera RS, 911 Carrera/911 Carrera 4, 911 Carrera Cabriolet. Fast 1800 PS sind hier versammelt

79

81 911 Targa, mit festmontiertem Glasdach, dessen Mittelteil elektrisch verschiebbar ist, per Knopfdruck
82 Cockpit des Boxsters. Design folgt der Funktion

83 Porsche Boxster, die neueste Création der Zuffenhäuser. Ein Sechszylinder-Roadster mit 204 PS
84 Automobilbau als Kunstform: die »Röntgenaufnahme« eines 911 Turbo

85 Das neue 911 Cabriolet mit aufgesetztem Hardtop. Das abnehmbare Dach aus Aluminium verleiht dem 911 eine optische »Anmutung«, die selbst den ausgebufftesten Porsche-Kenner fasziniert.

86 und **87** – der Boxster, das neueste Porsche-Highlight, ein Mittelmotor-Roadster zum genußvoll-sportlichen Reisen, mit 204 PS bei 6000 U/min

80

81

S PR 986

85

86

S PR 909

88

89

ups
WORLDWIDE EXPRESS
Mobil 1
IBM

26
Mobil
H&R
MICHELIN
BILSTEIN
BILSTEIN

Carrera
S PR 143

INGO SEIFF

WILLKOMMEN AUF DEN STRASSEN DER WELT – DER BOXSTER

Seit Herbst 1996 buchstabiert sich der Markenname Porsche vorläufig wie BOXSTER. Vorbei ist die Modell-Monokultur, in der mit fast autistischer Verinnerlichung der 911 mit seinem luftgekühlten Heckmotor als das Maß aller (Porsche-)Dinge galt und keine Nebenbuhler neben sich duldete. So mußten selbst solch zukunftsorientierte prachtvolle Porsche-Modelle wie der Typ 968 oder der Typ 928 ins Gras beißen. Den gnadenlosen Verdrängungswettbewerb konnte der Oldie – fast schon dinosaurierhaft – noch einmal für sich entscheiden. Doch mit dem Boxster, einem waschechten, kompromißlosen Roadster, erwächst dem Elfer eine starke Konkurrenz. Sein Name ist ein Kunstwort aus Boxer und Speedster.

Keine Frage, daß der Sechszylinder des Boxsters ein Boxermotor sein mußte, wie er den 911 seit über 34 Jahren unverwechselbar gemacht hat. Doch das neue Aggregat, ein Mittelmotor, wird jetzt mit Wasser gekühlt, was den gestiegenen Komfortwünschen der Käufer entgegenkommt. Außerdem wurden in den letzten Jahren die Geräuschvorschriften verschärft, so daß auch akustisch Mäßigung angesagt ist. Der Boxermotor mit 2,5 Liter Hubraum, zwei obenliegenden Nockenwellen pro Zylinderreihe, vier Ventilen pro Zylinder, leistet 204 PS bei 6000 Umdrehungen pro Minute und liefert ein maximales Drehmoment von 245 Newtonmeter bei 4500 U/min. Als Höchstgeschwindigkeit geben die Zuffenhäuser 240 km/h an, mit 6-Gang-Schaltgetriebe. Kosten soll Porsches hochkarätiger Hoffnungsträger ca. 76 500 Mark.

Das Mittelmotorprinzip

So stark wie nie zuvor beruft sich die Firma in ihrem Werben um Käufer auf die historische Kontinuität und auf die innovative Tradition, mit der man diesen prominenten Markennamen assoziiert. Es überrascht daher nicht, daß mit Nachdruck das Mittelmotorprinzip als das Optimale für den Boxster propagiert wird. Bis dahin waren Heckmotor und Porsche über Jahrzehnte hinweg ein Synonym für sportliches, männliches Fahren schlechthin. Was eigentlich immer übertrieben war, denn die Mittelmotorkonfiguration hat bei Porsche eine große Tradition. Ferdinand Porsches Auto-Union-Grand-Prix-Rennwagen, ab 1934 auf den Rennpisten der Welt zu bewundern, protzten mit einem 16-Zylinder-Kompressor-Motor in Mittelposition. Auch die 12-Zylinder ab 1938 wurden von Mittelmotoren angetrieben. Das Mittelmotorprinzip trieb Porsche und seine Mitarbeiter auch um, als sie der Deutschen Arbeitsfront, der zuständigen Behörde für den Volkswagen, eine sportliche Version des »Kraft-durch-Freude-Wagens« vorschlugen. Die Pläne wurden stets

88 Der Sechszylinder-Heckmotor des 911. Jetzt flüssigkeitsgekühlt. Hubraum 3387 ccm, 300 PS Leistung. Er hat Vierventiltechnik, ist leise, sauber, sparsam.

89 Fahren im offenen Porsche ist immer noch das Schönste. Auf Knopfdruck gibt das elektrohydraulisch bewegte neue Cabrio-Faltdach in 20 Sekunden den Himmel frei und verschwindet in einer Schale zwischen Rücksitzen und Heckmotor.

90 Der Siegerwagen von Le Mans 1998 – ein Porsche 911 GT 1 '98, pilotiert von Laurent Aiello, Allan McNish, Stephane Ortelli. Der Bolide wurde von einem 3,2-Liter-Sechszylinder-Boxermotor mit Doppelturbo-Aufladung angetrieben, mit 550 PS Leistung. Es war Porsches 16. Le-Mans-Sieg.

91 Fahren in seiner schönsten Form. Für 160 000 Mark.

abgeschmettert, aber auf den Stuttgarter Zeichenbrettern entstanden dennoch Entwürfe, die einen aerodynamischen Sportwagen auf VW-Basis als Mittelmotorwagen auswiesen.

Auch der Cisitalia Grand-Prix-Rennwagen von 1947/49, den Ferry Porsche mit seinen Mitarbeitern Erwin Kommenda und Karl Rabe für den italienischen Geschäftsmann Piero Dusio entwarf und baute (Professor Ferdinand Porsche saß zu diesem Zeitpunkt noch in einem französischen Gefängnis) besaß einen 1,5-Liter-Zwölfzylinder-Mittelmotor. Und auch die eigentliche Urzelle der Porschemania und aller Porsche-Mythen, der Porsche Roadster »Nr. 1«, mit der Fahrgestell-Nr. 356 001, wurde noch von einem Mittelmotor angetrieben. Ab dem Porsche 356 Coupé »Ferdinand« von 1950 lag der luftgekühlte Boxermotor im Heck.

Aber der erfolgreichste Porsche der frühen Jahre, der Spyder 550, folgte nun wieder dem Mittelmotorprinzip, das heute alle erfolgreichen Rennsportwagen auszeichnet – auch bei Porsche, von eben diesem Spyder 550 bis zum jüngsten Porsche GT 1. In diese Ahnengalerie paßt unter anderem auch der Porsche Typ 804 Formel-1-Rennwagen von 1962, der in Konzeption und Fahrwerk den heutigen Mittelmotor-Rennwagen entsprach. Ja, und dann die Porsche 914-4, 914-6 und – eigens für Ferdinand Piëch gebaut – der potente 914-8! Hier lagen die Motoren hautnah hinter dem Fahrer. Porsches Techniker können beredt über den Sinn des Mittelmotorprinzips meditieren: »Die Vormachtstellung des Mittelmotors im Rennsport bis hin zur Formel 1 hat eindeutige physikalische Vorzüge. Eine Konzentration der Massen um die Fahrzeugmitte bewirkt ein geringes Trägheitsmoment um die Hochachse. Das läßt sich am Lenkrad mühelos begreifen – Mittelmotorautos reagieren agil auf Lenkeinschläge, sie sind besonders kurvenwillig, es macht einfach Spaß, damit zu fahren. Der Konstrukteur eines solchen Automobils ist allerdings gefordert, diese attraktiven Fahreigenschaften zu kultivieren, ohne daß die Lebhaftigkeit des Lenkverhaltens eigenmächtig und im Grenzbereich zum Risiko wird. Die sichere Abstimmung eines Mittelmotorautos gehört zu den besonders anspruchsvollen Herausforderungen an einen Fahrwerkskonstrukteur. Und fünf Jahrzehnte Rennerfahrung – wie sie Porsche hat – sind daher immens nützlich. Die grundsätzlich günstigen Voraussetzungen beim Porsche Boxster mit gleichmäßiger Gewichtsverteilung auf beide Achsen, mit niedriger Schwerpunktlage und mit relativ langem Radstand ließen bald erkennen, daß das angestrebte Wohlverhalten des Boxsters auf der Straße auch ohne extremen technischen Aufwand zu erreichen ist.« Wir sehen, daß ein großer Innovations- und Erfahrungsschatz vorhanden war, als 1992 bei Porsche entschieden wurde, all diese Vorgaben und »Erbanlagen« in einem Typ zu verschmelzen. Wendelin Wiedeking, Vorstandsvorsitzender der Porsche AG, erinnert sich, wie die Entscheidungslage damals war: »Zu diesem Zeitpunkt war uns allen klar, daß sich viel bewegen muß, sonst bewegt sich bei Porsche bald gar nichts mehr.« 1992 fuhren die Modellreihen 968 und 928 – allerdings mit hohem Drehmoment – in ihre Götterdämmerung hinein, und der 911 war bei all seiner ungebrochenen Faszination ausgereizt (und muß sich noch wacker halten, bis sein Nachfolger, der Typ 996, etwa 1998 auf die Straßen rollt).

Simultaneous Engineering

Der Boxster ist ein Kind der in jüngster Zeit erfolgreichen Zusammenarbeitsform des »Simultaneous Engineering«. Es zeigte sich dabei, daß diese junge Form der vernetzten Konstruktionsarbeit weit über das bis dahin bekannte Maß entwicklungsfähig ist. Beim Projekt Boxster waren einerseits alle im Hause beteiligten Abteilungen in die Entwicklungsarbeit einbezogen. Das heißt, es saßen nicht nur Forscher, Konstrukteure, Designer und Versuchsleute an einem Tisch, sondern auch die Einkäufer, die

Produktionsfachleute, Qualitäts- und Logistikexperten waren mit von der Partie. Zur anderen Seite hin erweiterte sich der Kreis der Boxster-Baureihe um die Partner in der Zulieferindustrie, die früh zur Mitarbeit an dem Projekt eingeladen wurden, um ihren Beitrag an der integrierten Entwicklungsarbeit zu leisten. Krupp Hoesch Automotive beispielsweise liefert nicht nur die Stoßdämpfer, sondern auch komplette Radaufhängungen für vorn und hinten mit Querlenkern, Federbeinen, Spurstangen und Stabilisatoren.

Wer soll und wird den Boxster kaufen?

Die Porsche AG hat recht: Der Boxster trifft auf eine Konsumgesellschaft, die allmählich von überkommenen Statussymbolen Abschied nimmt – oder neue kürt. Das herkömmliche Automobil ist auf dem Rückzug. Sogenannte Nischenmodelle gewinnen immer mehr an Bedeutung, wie Geländewagen, Vans, Kombis und Cabrios. Nun ist auch der Roadster wieder im Kommen, verkörpert einen neuen Trend. Ein technisches Nachschlagewerk definiert den Begriff »Roadster« wie folgt: »... aus dem Englischen übernommener Ausdruck für zweisitzige, offene Sportwagen mit einfachem Scheren- oder Klappverdeck. Oft ist eine hintere Notsitzbank vorhanden, statt seitlicher Kurbelfenster werden gelegentlich auch einsteckbare Plexiglas-Scheiben verwendet. Zumeist können Roadster (oder Spider) auch mit einem aufsetzbaren Dach (Hardtop) versehen werden.«

Porsche merkt an, daß der Wertewandel beim Autobesitz zugunsten zweisitziger Sportwagen nicht nur mit den veränderten Familienstrukturen zusammenhängt, aber es sei offensichtlich, daß bei der zunehmenden Zahl der gutverdienenden kinderlosen Paare die Vorliebe für Limousinen abnimmt. Gemeint sind wohl die sogenannten DINKS (Double income, no kids), von denen amerikanische Marktforscher meinen, diese seien die wahren Trendsetter in der überreizten Erlebniswelt des gehobenen Konsums. In diesem Marktsegment soll der Porsche Boxster plaziert werden, »denn«, so Porsche, »die Abkehr von überlieferten Werten auch beim Autokauf folgt einem Trend, der in der Gesellschaft auch in differenzierterer Einschätzung der Tugenden Disziplin, Gehorsam und Pflichterfüllung zu erkennen ist. Eine verstärkte Neigung, persönlichen Stil auszudrükken, führt zu einer neuen Orientierung bei der Wahl des Automobils. Konsum ist hier nicht mehr allein die Erfüllung von Bedürfnissen, sondern eine Individualisierungshilfe.« An dieser für eine Sportwagenfirma neuen Diktion von Pressetexten kann man erkennen, daß man den Boxster nicht im Getto aggressiver Sportlichkeit ansiedelt, sondern daß er jetzt eher dem »Feel-good-Syndrom« zuzuordnen ist. »Der Porsche Boxster beschleunigt zielsicher diesen Trend und den Wunsch nach aktiver Selbstverwirklichung. Er erfüllt die Wunschkategorien seiner Zielgruppe nach Individualität, Nonkonformität und Sportlichkeit. Und dabei drückt er durch seinen Markennamen einen hohen Sozialstatus aus.«

Hier haben wir es mit einer neuen Produktlyrik zu tun, die überraschend locker ist. Wurde der legendäre Elfer doch stets mit einer bramarbasierenden Verkaufssprache angeboten, die jeden Charme vermissen ließ und solidarisch ergänzt wurde durch die Testberichte der Motorjournalisten, die sich mit ihren Begriffen wie »Überholprestige«, »Geschoß« und »Bolide« oft anhörten wie die Reportagen von Kriegsberichterstattern.

Porsche denkt um. Seine Marktprognosen rechnen vor allem mit einem starken Zuwachs bei den Sportwagen im mittleren Preissegment. Und zwar nicht nur, weil die Mehrzahl der Käufer aus den Kreisen junger aufsteigender Berufstätiger kommt. Als weitere Kundengruppen treten laut Porsche die sogenannten »Empty Nesters« auf. Gemeint sind die wohlsituierten, aktiven Senioren.

Der Boxster soll neue Käuferkreise für Porsche gewinnen, weil er sich an den neuen Typ der »Smart Buyers« wendet, der sich nicht von hohen Preisen, sondern vom Preis-/Gegenwert-Verhältnis beeindrucken läßt. Sowohl materielle als auch emotionelle Qualitäten sind dabei gefragt. Hier setzt der Boxster im Roadstertrend ein eigenes Zeichen. Stichwort Emotionen: Es ist sicher, daß der Boxster die »splendid isolation«, in der sich die eingeschworenen Elfer-Fans wie ein konspirativer Geheimorden eingeigelt haben, aufbrechen wird. Auch in dieser Hinsicht ist der Boxster ein »Future-Car«.

Design hilft verkaufen

»Der Boxster besitzt ein Porsche-typisches Design mit den bekannt emotionalen Merkmalen« – so ein Pressetext der Zuffenhäuser. Ob das Design des Boxsters den mit Porsche assoziierten Kriterien entspricht, sollten Experten bewerten, die von einem großen deutschen Automagazin eingeladen waren – Modeschöpfer, Architekten und Designer. Es galt auch, zwei Roadster anderer Firmen zu beurteilen. Es zeichnete sich bald ab, daß den Kennern das Design des Boxsters am besten gefiel. »...mit Abstand der Schönste, weil er hinten unglaublich weich ausklingt und Rasse verkörpert«, »...von hinten betrachtet eine Sensation«, »...der Boxster ist der am besten designte, auch im Detail«, »...die ganze Linie des Boxsters ist mit Abstand die schönste«, »...für mich ist er ganz klar wieder ein richtiger Porsche« und so weiter. Andere bescheinigen ihm eine erotische Ausstrahlung. Doch mit dieser Bewertung hat man denn doch so seine Schwierigkeiten. Ein Auto als ein Instrument der Zärtlichkeit zu bezeichnen, das geht dem Lebenskundigen gegen den Strich. Zugegeben: Mit dem offenen Boxster nachts über die Grande Corniche zu fahren, unter klarem Sternenhimmel, die Tausenden von Lichtern der Côte d'Azur tief unter sich, dazu Leonard Cohens »Suzanne« aus den Lautsprechern – da können schon Glücksgefühle aufkommen. Aber da der Boxster nicht mal andeutungsweise über eine Rückbank verfügt und das Gestühl keine Liegesitzfunktionen haben kann, wird der Boxster auf jene Erwähnung verzichten müssen, wie sie dem legendären Ford T, der Tin Lizzie, im Roman »Straße der Ölsardinen« zuteil wurde. John Steinbeck schrieb nämlich: »Die meisten Babies jener dahingegangenen Epoche wurden im Modell T Ford gezeugt und nicht wenige in ihm geboren.« Diese Nutzanwendung kann der Boxster nicht bieten. Soll nicht heißen, daß der neue Roadster lustfeindlich ist, aber solche Fruchtbarkeitsriten wie im Ford T werden in ihm nicht stattfinden können, es sei denn, man ist ein Kontorsionist (ein Schlangenmensch).

Ein echter Porsche

Das Leitmotiv der Entwicklung lautete: Der Boxster muß ein echter Porsche werden. Die Designer haben diese Aufgabe perfekt erfüllt. Die Karosserie ist eine moderne Interpretation klassischer Porsche-Modelle; sie enthält mit guter Absicht stilistische Elemente des Porsche Nummer 1 von 1948 (mit Mittelmotor) und des Spyder 550 von 1953 (ebenfalls mit Mittelmotor). Und damit wären wir bei James Dean, denn in solch einem Porsche-Spyder verunglückte der Hollywoodstar am 30. September 1955 auf der Einmündung der Route 466 in den Highway 41. Eine Reihe von Stilelementen des 550 Spyder finden sich im Boxster wieder. James Dean hätte den neuen Roadster gemocht. Vor allem schon deswegen, weil im Gepäckabteil des Bugs ein Kasten mit Budweiser-Bier und im Heckgepäckraum seine geliebten »baked beans« Platz gefunden hätten. Der Schauspieler war durch drei Filme berühmt geworden (»Jenseits von Eden«, »... denn sie wissen nicht, was sie tun«, »Giganten«). »Wär' er in einem biederen Ford umgekommen, so wäre er vielleicht schon vergessen. Aber erst der Tod in einem Porsche hat ihn zu einer Fußnote in der Geschichte des Automobils gemacht«, so vermutet die »Sunday Times«. Das englische Eliteblatt listet auch auf, wer sich denn noch so auf dem Markt für sportliche Zweisitzer tummelt: der Mercedes-Benz SLK Roadster, der Jaguar XK 8, der MG F, der BMW Z 3. Und urteilt dann: »Der Boxster hat den Motor mit dem größten Sexappeal, fährt sich wie ein Traum und sieht genau so extraordinär aus wie James Deans Spyder.«

Der Boxster – ein Frauenauto?

Ein englischer Porsche-Repräsentant berichtete, daß erst kürzlich eine junge Frau, »langbeinig, sprachgewandt und total entspannt« in den Porscheverkaufsraum schritt, cool fragte, wann sie einen Boxster haben könne, und sich anschickte, einen Scheck über 35 000 Britische Pfund auszufüllen. »Das ist neu«, wundert sich der Porsche-Mann und die »Sunday Times« fragt besorgt: »Was ist dann mit der sogenannten ›Porsche-Legende‹, wenn die Stuttgarter einen Sportwagen lancieren, der nostalgisch und kongenial an den alten Spyder erinnert und der dann bei reichen Frauen Interesse weckt? Was passiert dann mit all den Burschen mit haariger Brust und Goldkettchen?«

Spielen wir doch mal diesen Fall durch: Nehmen wir an, die oben erwähnte Dame ist Moderedakteurin und ihr Lover Börsenmakler. Beide verkörpern vom Einkommen her die Boxster-Zielgruppe. Sie lädt ihn zu einem Weekend in Schottland ein. Ihre Freunde hatten zur Schnepfenjagd und zum Golfspiel geladen. Im Boxster stehen Gepäckräume mit insgesamt 260 Liter Ladekapazität zur Verfügung. Zu verstauen sind: Zwei Golfbestecke, 2 Paar Wellies, 2 Barbour-Wetterjacken, 2 Regenschirme, warme Klamotten, Smoking und Abendkleid fürs Dinner, 2 Purdey-Schrotflinten, Munition dafür, Geschenke (möglichst Rheinwein) für die Gastgeber und so weiter. Da wird es zu eng im Boxster. Aber für die englische »lower upper class« kein Problem. Da schickt man den Butler mit dem Range Rover voraus.

TECHNISCHE DATEN DES PORSCHE BOXSTER

Karosserie:	selbsttragende, beidseitig verzinkte Bleche, Ganzstahl-Karosserie, partiell HSLA, Fullsize-Airbag für Fahrer und Beifahrer, zwei Sitzplätze, Stoffverdeck, wahlweise zusätzlich Hardtop (Aluminium)
Luftwiderstand:	$c_W = 0{,}31$
Motor:	6-Zylinder-Boxermotor mit Aluminium-Kurbelgehäuse und Zylinderkopf, wassergekühlt, Trockensumpfschmierung, 2flutige Abgasanlage mit je einem Dreiwege-Katalysator, hydraulischer Ventilspielausgleich, DOHC
Bohrung:	85,5 mm
Hub:	72 mm
Hubraum:	2.480 cm^3
Verdichtung:	11,0:1
Motorleistung:	150 kW/204 PS bei 6.000/min
Max. Drehmoment:	245 Nm bei 4.500/min
Motorsteuerung:	Klopfregelung
Gemischaufbereitung:	DME (Digitale Motor-Elektronic) Ansteuerung der Einspritzventile sequentiell
Kraftstoffart:	Kraftstoffqualität (ROZ/MOZ) 98/88 unverbleit
Elektrik:	Schaltgetriebe ohne Klimaanlage 60Ah/280A, Tiptronic S + Schaltgetriebe mit Klimaanlage 70Ah/340A, Drehstromgenerator 1.680 W
Kraftübertragung:	Motor und Getriebe zu einer Antriebseinheit verschraubt. Antrieb über Doppelgelenkwellen auf die Hinterräder.

Übersetzungsverhältnis:	Schaltgetriebe 5-Gang	Tiptronic S 5-Gang
1. Gang	3,50	3,67
2. Gang	2,12	2,00
3. Gang	1,43	1,41
4. Gang	1,03	1,00
5. Gang	0,79	0,74
Achsübersetzung	3,889	4,205

Kupplungsdurchmesser 240 mm (Zweimassenschwungrad)

Fahrwerk:	Vorderachse: McPherson-Bauart, Porsche-optimiert. Einzelradaufhängung, geführt durch Aluminium-Längs- und Querlenker. Abstützung über Federbeine mit Querkraftkompensation durch desaxiert zum Dämpfer angeordnete Kegelstumpffedern. Hinterachse: McPherson-Bauart, Porsche-optimiert. Einzelradaufhängung, geführt durch Aluminium-Längs- und Querlenker und Spurstange. Abstützung über Federbeine mit Querkraftkompensation durch desaxiert zum Dämpfer angeordnete Schraubenfedern.
Bremsen:	Hydraulisch-mechanische Zweikreis-Bremsanlage, achsenweise Aufteilung, innenbelüftete Bremsscheiben an Vorder- und Hinterachse, serienmäßig ABS, wahlweise Traktionskontrolle (TC) mit Umschaltmöglichkeit auf automatisches Bremsdifferential (ABD).

Räder und Reifen:

Serie		
vorn	6J × 16 mit	205/55 ZR 16
hinten	7J × 16 mit	225/50 ZR 16
wahlweise		
vorn	7J × 17 mit	205/50 ZR 17
hinten	8,5J × 17 mit	255/40 ZR 17

Gewichte:

Leergewicht DIN	Schaltgetriebe	1.250 kg
	Tiptronic S	1.300 kg
Zul. Gesamtgewicht	Schaltgetriebe	1.560 kg
	Tiptronic S	1.610 kg
Zuladung	310 kg	

Dachlast 75 kg mit Original Porsche-Dachtransportsystem

Maße:	Länge 4.315 mm, Breite 1.780 mm, Höhe 1.290 mm, Radstand 2.415 mm Spurweite mit 16″ vorne 1.465 mm, hinten 1.524 mm Spurweite mit 17″ vorne 1.455 mm, hinten 1.508 mm Kofferraumvolumen nach VDA: 260 Liter Gesamt Tankinhalt: 57 Liter

Fahrleistungen:

Höchstgeschwindigkeit	
Schaltgetriebe	240 km/h
Tiptronic S	235 km/h
Beschleunigung 0–100 km/h	
Schaltgetriebe	6,9 sec
Tiptronic S	7,6 sec
Beschleunigung 0–1000 m:	27,4 sec

DIE SERIENAUSSTATTUNG DES PORSCHE BOXSTER

Airbag für Fahrer und Beifahrer
Anti-Blockier-System Bosch ABS 5
Servolenkung
Leichtmetallräder vorn 6J × 16, hinten 7J × 16
Hochgeschwindigkeitsreifen vorn 205/55 ZR 16, hinten 225/50 ZR 16
Elektrische Fensterheber mit Komfortautomatik
Automatische Absenkung der Seitenfenster beim Öffnen und Schließen der Türen
Lenkrad und Schalthebel mit Lederbezug
Lenkrad-Längsverstellung
Freiflächen-Scheinwerfer für Abblend- und Fernlicht
Nebelscheinwerfer
Scheinwerfer-Warnsummer
Pollen- und Staubfilter
Schlüssel beleuchtet
Sitzhöhenverstellung links
Sitzlehnenverstellung links und rechts elektrisch
Überrollbügel aus hochfestem Edelstahl
Verdeckbetätigung elektrisch
Verdeckverriegelung zentral
Verdeckkastendeckel aus Stahlblech
Wärmeschutzglas
Wegfahrsperre mit Transponder
Zentralverriegelung einschließlich Tankklappe

HEINZ HORRMANN

959 – DER »ÜBER-ELFER«

Mit Böllern und Raketen, mit Fanfarenstößen und tausend guten Wünschen wurde im Schloßpark von Versailles die Karawane auf die 13 000 km lange Reise von Paris nach Dakar geschickt. Die hysterische Silvesterliebe der jubelnden Franzosen schloß an diesem kalten nieseligen ersten Morgen des jungen Jahres 1985 alle Teilnehmer der siebten Rallye Paris–Dakar ein, die Reichen und Schönen, die Cleveren mit dem Gespür für den sensationellen PR-Wert der Veranstaltung, die Besessenen, die oft alles opfern, um dabeizusein, und die abgeklärten Profis. Drei dieser letzten Gruppe hatten neben der Order, wenn möglich, den Porsche-Vorjahressieg zu wiederholen, zugleich auch die gewaltigste Auto-Probefahrt unserer Tage durchzuführen. Jacky Ickx, Jochen Mass und René Metge steuerten drei blau-weiß-rot lackierte 959-Prototypen, die Sportautos der Zukunft.

Wie üblich hatte Porsche nicht gekleckert, sondern mit technischem Aufwand geklotzt. Nach Art des Hauses waren die Wagen für die Materialschlacht technische Meisterwerke, ausgestattet mit neuen Elementen, von denen andere Hersteller nur träumten. Lediglich der Motor war diesmal noch der bekannte Sauger des 911 Carrera, weil das zukünftige 959-Biturbo-Aggregat ohne Erprobung nicht die erforderliche Reife für einen derart brutalen Härtetest haben konnte. »Wenn für uns der Gesamtsieg allein im Vordergrund gestanden hätte, wären wir ganz auf Nummer Sicher gegangen«, argumentierte Entwicklungschef Helmuth Bott, »und hätten das verbesserte Vorjahresauto an den Start gebracht. Die Erprobung war aber wichtiger als die Favoritenstellung.«

Als sich nach zehn Tagen wilder Wüstenjagd die letzten noch übriggebliebenen Kämpfer für das Finale rüsteten, waren die von der Zigarettenfirma Rothmans finanzierten Gruppe-B-Porsche nicht mehr dabei. Jochen Mass hatte sich nach Aufholjagd filmreif überschlagen, Jacky Ickx war bei Tempo 180 eine sandbedeckte Felsnase im Wege, und Metge demolierte bei einem Dreher die Ölleitung. So wird diese Rallye als eine der wenigen Totalausfälle in die Aufzeichnungen der langen Sportgeschichte des Unternehmens eingehen.

In der Entwicklungsabteilung aber herrschte keine Niederlagenstimmung. Man gab sich gelassen. Es sei unausbleiblich, daß es mit Prototypen Probleme gebe, und durch den langen Arbeitskampf habe man darüber hinaus auch noch eine Menge Zeit verloren. Als auf den ersten Etappen der berühmt gewordene Hinterbolzen mehrfach brach, kamen die Fahrer in Zeitdruck, verloren das Gefühl der Überlegenheit und riskierten mehr, als vorgesehen war. Da aber erkannte Fehler beim fertigen Produkt ausgemerzt sein werden, hat dieser Einsatz ohne Sieg

daß der 959 seine Wagenhöhe nach Wunsch des Fahrers elektronisch anheben kann, bei schwierigem Gelände, Morast oder beim Auffahren auf einen Bordstein beispielsweise. Bei höherer Geschwindigkeit wird das Auto dann automatisch wieder auf die niedrigste Bodenfreiheit abgesenkt.

Es gehört schon zum Traditionsdenken der Zuffenhausener – das für viele Fans zur Weltanschauung geworden ist –, einen großen Teil der Entwicklungsarbeiten in die aktiven und passiven Sicherheitselemente zu investieren. Dazu gehört sicherlich das Allrad-Konzept, die überdimensionierten Bremsen mit dem verfeinerten, rennerprobten ABS-System; allerdings gibt es das auch bei anderen Firmen.

Doch darüber hinaus hat der 959 serienmäßig Sicherheitsreifen, die bei Luftverlust das Fahrzeug sicher in der Spur halten. Er hat außerdem automatische Luftdruckanzeigen, so daß der Fahrer frühzeitig erkennen kann, wenn an einem der Räder der Druck nachläßt. Die Kontrolle erfaßt auch die Hohlspeichen der Zentralverschluß-Räder: Risse im Metall werden ebenso zuverlässig gemeldet wie Undichtigkeiten im Reifen. Beide Systeme verwendet Porsche schon beim Typ 956, wo sie sich bereits gut bewährt haben.

Nun wird es viele Kunden geben, die zwar die Vorteile freudig in Kauf nehmen, sich aber mit den technischen Details noch nicht so eingehend wie mit der äußeren Form und der Ausstattung beschäftigen. Um auf praxisbezogene Kundenwünsche einzugehen, wurde die schon angesprochene Windschlüpfrigkeit durch weichere Rundungen gegenüber dem 911 und eine komplett verkleidete Wagenunterseite erhöht. Wahrscheinlich ist dies einmal die Form des späteren 911.

Der Erkenntnis, daß Technik eine faszinierende Sache ist, aber viele potente Kunden auch eine damit vergleichbare gediegene, ausgefallene und wertvolle Ausstattung kombiniert haben möchten, tragen die sonst als so sparsam charakterisierten Schwaben äußerst großzügig Rechnung. Ist die Wettbewerbsausführung aus Gewichtsgründen unverkleidet und nackt, bekommt die Komfortversion jeden nur denkbaren Luxus. Weiches, duftendes Leder wurde für die bequemen Sitze verwandt, elegante Armaturen und Konsolen wurden eingebaut und die exklusiven Polsterstoffe und weichen Teppiche peinlich genau mit dem Karosserielack abgestimmt. Wahrscheinlich muß gar nicht erwähnt werden, daß Heizung, Lüftung und die Klimaanlage elektronisch geregelt sind.

Es ist daher kaum verwunderlich, wie begeistert dieses luxuriöse Auto der Zukunft von der Kundschaft angenommen wurde, noch bevor das erste Auto überhaupt fertig war und trotz des Kaufpreises in Höhe eines Bungalows im Grünen. Resümierte Helmuth Bott schon Monate vor der Vorstellung auf der IAA '85:

»Wir hätten noch viel mehr als die 130 Komfort-Wagen verkaufen können (20 der Serie sind reine Wettbewerbsfahrzeuge mit minimalem Gewicht und maximaler Leistung, 50 werden als leichtere Straßenausführungen, aber auch für Sportzwecke hergestellt), so groß war das allgemeine Interesse, so zahlreich waren die Anfragen.«

Das ist bei Kleinserien für Homologations-Modelle nicht immer der Fall. Audi versprach sich beispielsweise einen ähnlichen Zuspruch für den kurzen Sport-Quattro. Doch nach mehr als einem Jahr waren von den Typen ganze 50 verkauft. Porsche dagegen hatte schon mit dem 911 RS in den sechziger Jahren positive Erfahrungen gemacht. Auch diese Kleinserie war den Sportwagenherstellern förmlich aus der Hand gerissen worden.

Wenn auch die unfaßbar kurze Entwicklungsphase ein absoluter Branchenrekord ist, ändert sich dennoch auch schon in zwei Jahren eine Menge. Erkenntnisse und Verbesserungen überholen Festgelegtes. So war beispielsweise in der ersten Phase des 959 das Thema Umwelttechnik und Schadstoffvernichtung noch relativ unbedeutend. Als der Umweltschutz und die Luftverbesserung aber dominierend wurden, erkannten Bott und seine Mannen, daß ein Auto der Zukunft ohne vollständige Abgasentgiftung nicht komplett sei. Man sprang in der Entwicklung auf den fahrenden Zug und erarbeitete für den Hochleistungsmotor ein Katalysator-System, das ihn so gut wie schadstofffrei machte. Änderungen gab es auch bei der elektronischen Regelung für den Allradantrieb. Ursprünglich war die Auslegung mehr auf den Sporteinsatz abgestimmt. Im Laufe der Monate änderten die Weissacher das System zugunsten der Kunden, die den Wagen als Straßenfahrzeug benutzen wollen.

Mehr als 11 Jahre sind nun vergangen, nachdem der 959 auf der IAA 1985 mit geradezu schriller, ekstatischer Begeisterung, Bewunderung und Begierde gefeiert wurde. Den »Über-Elfer« nannten sie ihn. Kraftquelle war der von einem 300 000mal gebauten Motor abgeleitete, luftgekühlte, auf 8,3:1 verdichtete 2,8-Liter-Sechszylinder-Boxermotor mit wassergekühltem Vierventil-Zylinderkopf. Mit zwei Turboladern leistete der 959 300 kW/450 PS und katapultierte das 1450 kg schwere Auto mit variablem, elektronisch geregeltem Allradantrieb in 3,9 Sekunden von 0 auf 100 km/h bis zur Höchstgeschwindigkeit von 320 km/h. Der Porsche-Ingenieur Manfred Bantle, an der Entwicklung des 959 maßgeblich beteiligt, nannte ihn einen »Technologieträger« und ein »Lernfahrzeug«. Was die Weissacher mit diesem Superporsche wirklich wollten, merkte Helmuth Bott, damals Entwicklungsvorstand bei Porsche, an: »Mit den Komponenten eines Rennwagens wollten wir einen Hochleistungssportwagen konzipieren, der sich fahren läßt wie ein Straßenfahrzeug.« Der offizielle Grundpreis von 450 000 Mark schloß von vornherein Krethi und Plethi als Käufer aus. Tatsächlich erwarben von der Kleinserie mit 283 Exemplaren 220 Enthusiasten einen 959, dessen Preis wegen der künstlichen Verknappung bis auf 1,4 Millionen stieg – so viel wurde in Inseraten für diesen Boliden geboten. Trotz des für den Normalverbraucher unerschwinglichen Preises bezeichnete Professor Bott das Auto als das teuerste Werbegeschenk, denn es sei darin nicht einmal ein Großteil der Entwicklungskosten der anspruchsvollen Systeme und hochwertigen Werkstoffe enthalten. Elf Jahre später nannte die »Frankfurter Allgemeine« den Super-Porsche »eine Art Sportwagen zum Lernen«. Viele seiner technischen Gene fanden sich in den Elfern der nachfolgenden Evolutionsstufen wieder. So war das Vierrad-System des 959 die Hohe Schule des Allrad-Antriebs, wovon die Carrera 4 ab 1989 profitierten. Beim neuesten »Elfer«, den man fachkundig eigentlich 993 nennen müßte, ist erstmals nach 30 Jahren eine völlig neu konstruierte Hinterachse eingebaut worden. Damit sollte endgültig die einst gefürchtete Heckschleuder 911 gezähmt werden. Eine aus dem Doppelquerlenker-Prinzip des 959 weiterentwickelte Mehrlenker-Hinterachse löste die Schräglenkerachse ab. Und auch die Frontpartie des 993 entspricht in ihrer optischen Anmutung dem »Antlitz« des 959.

Vom Biturbo-Prinzip des 959 profitiert heute auch der aktuelle, allradangetriebene 911 Turbo. Allerdings sind bei ihm die beiden Abgas-Turbolader parallel angeordnet und nicht hintereinander, wie bei der Register-Aufladung des 959.

Der Porsche 959 wurde zum Nukleus einer ganzen Generation zukunftsorientierter Modelle des Hauses Porsche. Er hat sich im nachhinein als ein einmaliger Glücksfall für die Weissacher und Zuffenhäuser erwiesen.

LOTHAR BOSCHEN

DIE SUPER-PORSCHE: VOM 917 BIS 962

Seit gut 35 Jahren ist der Sportwagen-Hersteller Porsche mit verbesserten Serienwagen oder reinrassigen Sportboliden in der internationalen Motorsportszene äußerst erfolgreich aktiv. Dennoch glauben die, die dabei gewesen sind, daß die Zeit von 1967 bis 1973 in dieser Hinsicht wohl die besten Jahre für die Stuttgarter waren.

Zu dieser Zeit begann alles mit den Rennwagen Typ 910 (2 Liter, 6 Zylinder) und Typ 907 (2,2 Liter, 8 Zylinder), die 1967 unter verschiedenen Fahrern in der Langstrecken-Weltmeisterschaft dank ihrer Zuverlässigkeit für Furore sorgten. Gegen hubraum- und leistungsstärkere Konkurrenz fehlte Porsche am Ende des Jahres nur ein Punkt zum Gewinn des Welt-Championats. Das Reglement, das dann ab 1. Januar 1968 Prototypen mit maximal 3 l Hubraum und homologierte Sportwagen (mindestens 25 gebaute Fahrzeuge) mit maximal 5 l Hubraum zuließ, öffnete Porsche dann überraschend das Tor zum großen Rennsport.

Doch es gab einen Wermutstropfen. Da allgemein nur die »3-l-Formel« beim neuen Reglement erwartet worden war, hatte auch Porsche seine Entwicklungen in dieser Richtung vorangetrieben. So gab im April 1968, beim Vortraining zu den 24 Stunden von Le Mans, zwar der Typ 908 (3 Liter, 8 Zylinder) seine Premieren-Vorstellung, doch durch das zweigeteilte Reglement war er eigentlich schon wieder ein überholtes, weil leistungsmäßig für schnelle Strekken unterlegenes Auto. Denn hätte Porsche, wie auch die anderen Werke, rechtzeitig gewußt, daß es eine Zweiklassen-Gesellschaft gibt, wären die Stuttgarter sicherlich, statt den Umweg über den kleinen Prototyp, gleich in die große Klasse eingestiegen.

Während weltweit noch über die Unmöglichkeit des Reglements diskutiert wurde, reagierte Porsche. Im März 1969, zur Überraschung selbst der Fachwelt, präsentierten die Stuttgarter schon den Typ 917 (4,5 Liter, 12 Zylinder, 580 PS) im rennfertigen Trimm. Knapp einen Monat später führte Porsche sogar die geforderten 25 Mindestexemplare dieses »Sportwagens« einer Kontrollkommission vor. Zum Stückpreis von 140 000,– DM sollten 20 dieser Super-Porsche von Privatteams käuflich erworben werden.

Bereits im Mai, bei den 1000 km Spa in Belgien, wurde zum erstenmal ein Porsche 917 in einem Rennen eingesetzt. Doch dieses in Rekordzeit gebaute Renngerät wies noch eine Reihe von Ungereimtheiten auf. Selbst die routinierten Werksfahrer scheuten sich, in dieses »Monster« einzusteigen – ihnen fielen dazu tausend Ausreden ein.

Porsche buchte die Saison 1969 mit dem Typ 917 notgedrungen unter »Test- und Versuchsjahr« ab. Zwischendurch ließ das Renn-Coupé aber schon erkennen, welches Potential in ihm steckte. Um Erfahrungen zu sammeln, schickten die Verantwortlichen deshalb auch einen 917 zum 1000-km-Rennen auf die Nordschleife des Nürburgrings. Keiner der Werksfahrer wollte jedoch »diesen Bock reiten«, weil man sich um reelle Siegeschancen gebracht sah. So fuhren die BMW-Werksfahrer Hubert Hahne und Dieter Quester das weiße Coupé im Training, nicht aber im Rennen. Das besorgte die extra aus London eingeflogene englisch-australische Paarung David Piper und Frank Gardner. Sie brachten, allen Unkenrufen zum Trotz, das ungeliebte Kind auf den achten Gesamtrang und auf Platz zwei in der Gruppe-4-Wertung.

Le Mans im Juni sah das dritte Rennen eines Typs 917. Dort dominierte einer der beiden eingesetzten Werkswagen fast 20 Stunden lang, bis eine streikende Kupplung den schon greifbaren Sieg verhinderte. Im September 1969, beim 1000-km-Rennen auf dem Österreichring, gab es dann mit den Fahrern Jo Siffert und Kurt Ahrens den ersten Sieg. Als der 917 seine Kinderkrankheiten nach aufwendiger Detailarbeit so nach und nach abgelegt hatte, eroberte er sich nicht nur eine führende Position bei den Rennen, sondern untermauerte ganz entschieden das Technik-Image des Hauses Porsche. Bis etwa 1975, teilweise in Privatteams eingesetzt, dominierte der 917 in seinen vielfältigen Varianten gegen die Ferrari 512, Mirage-Cosworth, Matra, McLaren, Lola u. a.

Die Motorleistungsdaten des Porsche 917 spiegeln dabei sehr deutlich wider, daß die besagte Konkurrenz Porsche immer dicht auf den Fersen blieb. Konnte in Le Mans 1969 ein 917 mit 4,5 Liter und 580 PS aus dem luftgekühlten Zwölf-Zylinder-Boxermotor noch über Dreiviertel der Distanz eine führende Position einnehmen, so mußten es in den folgenden Jahren schon der 4,9 Liter mit 600 PS, dann der 5,0 Liter mit 630 PS und der 5,4 Liter mit 660 PS sein.

Bei den Rennen in der Saison 1969 zeigte sich aber für Porsche ein anderes Problem: Die Entwicklung, Vorbereitung und der Einsatz der Rennwagen 908 und 917 belasteten den Technikerstab in Weissach über Gebühr. Die Stuttgarter sahen sich nach einem Partner um, der die 917-»Werks«-Armada in eine siegreiche Auseinandersetzung führen konnte. Partner wurde der Brite John Wyer, der vorher die Ford GT 40 erfolgreich eingesetzt hatte. Wyer stieg 1970 mit Unterstützung des Mineralölkonzerns Gulf in die Rennszene ein. Dazu kam als halboffizielles Werksteam Porsche Salzburg (Österreich). Ein Jahr später übernahm dann das Martini-Racing-Team den österreichischen »Werks-Rennstall«.

Gleich in seinem ersten Einsatz, den 24 Stunden von Daytona/USA, kam Wyers Truppe mit den Fahrern Rodriguez/Kinnunen und Siffert/Redman zu einem Doppelsieg. Am Ende einer nur zweijährigen Zusammenarbeit hatte Wyer sein Soll mehr als erfüllt: insgesamt elf Siege in den Rennen zur Marken-Weltmeisterschaft. Dem Werk blieb offiziell nur der Erfolg in Österreich von 1969. Die Salzburger Mannschaft gewann einen Lauf 1970 und das Martini-Team ein Jahr später zwei Marken-Weltmeisterschafts-Rennen. Porsches Engagement mit dem Typ 917 kostete die Firma geschätzte 15 Millionen DM, umgerechnet auf die 43 Modelle (Kurz- und Langheck) ergibt dies rund 350 000 DM pro Rennwagen. Während der erste 917 noch für 140 000,– DM zu haben war, kostete für den Privatkunden ein 917-Kurzheck 1971 bereits 280 000,– DM, ein neuer 917-10 (Spyder) gut 325 000,– DM, und denselben »Zweisitzer« mit einem turboaufgeladenen Zwölfzylindermotor gab es erst ab 450 000,– DM.

Der größte Erfolg in der einmaligen Karriere des Porsche 917 war sicherlich der Gewinn des Langstrecken-Rennens in Le Mans 1970. Im Jahre 1951 hatten die Stuttgarter die erste Einladung zu diesem populären Rennen angenommen und drei Wagen vom Typ 356-Alu nach Frankreich geschickt, von denen einer einen vielbeachteten Klassensieg holte. Den ersten Gesamtsieg nach 19 Jahren »Dabeisein« feierten die Schwaben überschwenglich: Der 917 K(urzheck) in den Farben von Porsche Salzburg rollte in einer Triumphfahrt vom Zuffenhausener Werk quer durch die Stadt zum Stuttgarter Rathaus. Doppeltes Glück: Zu den siegreichen Piloten gehörte außer dem Briten Dick Attwood auch der Einheimische Hans Herrmann.

Eine Langheck-Ausführung, von der Firma Sera zusammen mit Porsche für dieses Rennen entwickelt, war 62 Zentimeter länger als das Kurzheck und erreichte bei einem C_w-Wert von 0,36 eine theoretische Höchstgeschwindigkeit von 400 km/h. Der wegen seiner farbenfreudigen Lackierung »Hippie« genannte 917 L(angheck) kam unter Larrousse/Kauhsen hinter dem siegreichen österreichischen Porsche immerhin auf Platz zwei.

Ebenfalls von dem Ingenieurbüro Sera stammte auch eine weitere besondere 917-Ausführung, die mit dem Spitznamen »Dicke Berta« versehen wurde: Auf der Chassis-Nummer 917-20 saß eine kürzere Karosserie als beim 917 K üblich, sie war dafür aber mit 2,22 Meter enorm breit. Dieser Wagen gewann das über vier Stunden laufende Trainingsrennen von Le Mans 1971; blieb aber sonst hinter den Erwartungen zurück. Da er auch das offizielle 24-Stunden-Rennen von Le Mans mit wenig Erfolg absolvierte, tauchte er 1971 nicht mehr auf.

Nachdem Porsche 1969 bis 1971 (zweimal davon mit dem Typ 917) die Marken-Weltmeisterschaft gewonnen hatte, zog sich das Werk aus gegebenem Anlaß aus dieser Rennserie zurück. Eine Änderung des bestehenden Reglements zum 1. Januar 1972 war die Ursache für diese Entscheidung. Danach waren nur noch Fahrzeuge bis maximal 3 Liter Hubraum zugelassen und außerdem das Mindestgewicht auf 650 Kilogramm festgelegt.

In der Zeit der aktiven 917-Einsätze hatte man jedoch ein neues Betätigungsfeld für Rennen »getestet«. Die CanAm (Canadisch-Amerikanische Rennserie) in Übersee schien ein optimales Pflaster für den 917. Allerdings nicht als Coupé, sondern in der wesentlich leichteren Spyder-Version. Der Werksfahrer Jo Siffert erhielt im Sommer 1969 einen solchen in aller Eile gebauten und 917 PA benannten Spyder – technisch noch immer wie das erste Coupé aufgebaut. »PA« steht hier übrigens für Porsche Audi, den Bewerber in den Übersee-Rennen. Obwohl Siffert nur noch an sieben von elf Rennen teilnahm, war er am Ende der Saison 1969 Vierter im Gesamtklassement. Damit war bewiesen, daß ein entsprechend vorbereiteter 917 auch hier Siegeschancen hatte. Die Gelegenheit dazu kam aber erst 1971, denn 1970 war aus Zeitmangel einfach kein weiteres Engagement mehr möglich gewesen.

Wieder war es Jo Siffert, der mit seinen CanAm-Erfahrungen ab Mitte 1971 für Unruhe unter den US-Teams sorgte. Ein neuer 917 Spyder (5,0 Liter, 630 PS) brachte ihm nach nur sechs Rennen bereits den dritten Gesamtrang hinter zwei Werks-McLaren. Doch als der großartige Rennfahrer, der ja auch noch Formel-1-Rennen fuhr, beim Grand Prix in Brands Hatch tödlich verunglückte, zog Porsche »seinen« Wagen zurück.

Für 1972 blieb das Werk dennoch bei der schon begonnenen indirekten Werksbeteiligung und gab dem amerikanischen Roger-Penske-Team und seinem Fahrer Mark Donohue die Möglichkeit, mit einem speziell für die CanAm entwickelten Wagen, dem 917-10, ganz vorne mitzufahren. Dieser CanAm-Spyder hatte als Antriebsquelle einen turboaufgeladenen Zwölfzylindermotor, der aus 5 l Hubraum knapp 1000 PS lieferte! Die ersten Versuche mit der damals im Rennsport weitgehend unbekannten Motoraufladung wurden am 4,5-l-Motor durchgeführt, wobei von Anfang an zwei Turbolader – pro Zylinderreihe einer – verwendet wurden. Mit einer Leistung von gut 850 PS kam diese Ausführung bei der europäischen CanAm, der Interserie, zu zahlreichen Erfolgen. In der Übersee-Serie, in Erwartung der starken McLaren-Chevrolet, wurde die hubraumschwächere Ausführung gar nicht erst eingesetzt.

Nach einem spektakulären Unfall fiel Mark Donohue für einige Monate aus, und der auf so potenten Wagen vollkommen ungeübte Amerikaner George Follmer nahm in seinem Schalensitz Platz. Dennoch brachte er, nach einer nur sehr kurzen Eingewöhnungszeit, den Porsche 917-10 zu einem überlegenen Gesamtsieg.

Für die folgende Saison stand wieder Donohue zur Verfügung. Ihm baute man mit dem 917-30 den stärksten Rennwagen, der bis heute auf einer Rennstrecke gelaufen ist. Zwar hatte Follmer die McLaren meist schlagen können, doch sein Vorsprung war häufig nur sehr knapp. Um für die Saison 1973 kein Risiko einzugehen, gab man Donohue als Antriebsquelle in seinem 917-30 Spyder den nur mit einem Lader aufgeblasenen 5,4-Liter-Zwölfzylinder-Motor. Dieser leistete auf der Motorbremse über 1500 PS und im Wagen immer noch gut 1100 PS. Der Durst war entsprechend groß, denn die an Bord befindlichen 400 Liter Superbenzin reichten gerade für ein Sprintrennen. Der 917-30 hatte zudem gegenüber seinem Vorläufer einen längeren Radstand, vorne eine breitere und hinten eine schmalere Spur. Die Karosserie war ebenfalls länger und zudem etwas schmaler.

Wunschgemäß gewann Donohue mit diesem Boliden die CanAm-Serie 1973. Die Überlegenheit der Porsche, inzwischen fuhren auch einige 917-10 in Privatteams, nahmen die Organisatoren zum Anlaß, für 1974 ihr Reglement so zu ändern, daß Turbo-Fahrzeuge kaum mehr eine Chance hatten. Porsche zog sich offiziell zurück und überließ das Feld den Privatfahrern. Doch ohne die Beteiligung der spektakulären Turbo-Porsche mit internationalen Fahrer-Stars überlebte die CanAm mit dem Anti-Porsche-Reglement nur ein Jahr, und der Interserie erging es später ähnlich. Die letzten Ausführungen der grandiosen 917-Baureihe verschwanden in die Museen.

Das heißt nicht ganz. Einer der beiden Porsche 917-30, und zwar der Einsatzwagen, blieb in den USA, und dort kam »der perfekteste Rennwagen der Welt«, wie ihn sein Pilot Mark Donohue nannte, noch einmal zu Ehren. Die auf der französischen Rennstrecke Paul Ricard Ende 1972 bei Testfahrten erreichten 394,3 km/h Höchstgeschwindigkeit schienen Donohue eine ideale Voraussetzung, einen Rekord besonderer Art aufzustellen: den Bestwert für eine Runde auf einer geschlossenen Rennstrekke. Ihn hielt bis dahin A. J. Foyt (Coyote) mit 350,53 km/h. Beim Training auf der Rekordstrecke in Talladega/USA gingen jedoch zwei der Rekord-Motoren zu Bruch. Porsche sprang ein, schickte einen der 1100-PS-Motoren mit verbesserter Kühlanlage, und am 9. August 1975 paßte es dann zum erstenmal richtig: 355,85 km/h wurden für Mark Donohue in seinem Porsche 917-30 gemessen – Weltrekord.

Doch zu diesem Zeitpunkt hatte ein neues Produkt aus der Weissacher Denkfabrik seine ersten Rennweihen schon hinter sich. Der Porsche Carrera RS (2,8 Liter, 305 PS, 6 Zylinder) gab 1973 einen erfolgreichen Einstand in Daytona Beach/USA. In der folgenden Saison arbeiteten sich die Carrera-Piloten dank eines aufgeladenen Sechszylinder-Motors (2,1 Liter, 490 PS) bis in die Phalanx der echten Prototypen vor. Zwar konnten die silberfarben lackierten Rennwagen-»Zwitter« nie einen Gesamtsieg erringen, plazierten sich aber immer hervorragend. Über den 934 (3,0 Liter, 485 PS) für Privatkunden mit kleinerem Geldbeutel lief die Entwicklung weiter zum Typ 935 (2,85 Liter, 590 PS).

Porsche betrieb hier, mit Blick auf ein neues Reglement, eine konsequente Entwicklung. Sollte doch unter dem Sammelbegriff »Produktions-Rennwagen« ab 1975 eine Gruppe-5-Weltmeisterschaft starten. Aber die Reglementmacher vertagten kurzfristig alles um ein Jahr und zwangen damit Porsche einmal mehr zu einer Pause. Doch die Schwaben kamen, wie versprochen, mit Beginn der Saison 1976 auf die

Rennstrecke zurück. Der Umstieg von den abstrakten Rennwagen (wie dem Typ 917) auf die Produktionswagen gelang ihnen mit dem Typ 935 und dem Gewinn der Weltmeisterschaft fast reibungslos.

Nicht ganz so glatt verlief die Saison 1977. Von den acht Läufen zur Marken-Weltmeisterschaft gewann das Werk lediglich vier. Der Einsatz nur eines Werkswagens (2,85 Liter, 630 PS), angesichts immer noch schwacher Konkurrenz, war einige Male »ins Auge gegangen«. Zwar verlor Porsche dadurch ein wenig von seinem Glanz, aber nicht die für die Marke wichtigen WM-Punkte. Denn in diesem Jahr tauchten wieder eine Anzahl Porsche-Teams auf, die sich mit ihren privat gebauten und eingesetzten 935 hervorragend in Szene setzten.

Parallel zu den Einsätzen mit dem 935 in der Marken-Weltmeisterschaft, ohnehin halbherzig betrieben, hatten die Ingenieure schon nach neuen Betätigungsfeldern Ausschau gehalten. Da man in Stuttgart sogar befürchtete, daß die Gruppe-5-Serie aus Mangel an beteiligten Marken gestrichen würde, bauten sie 1976 in aller Eile einen zweisitzigen Spyder für die Sportwagen-Weltmeisterschaft (Gruppe 6). In diesem Championat, so hofften die Weissacher, würde man zumindest in einigen Rennen auf die starken Werks-Renault-Alpine treffen. Allerdings gelang der 936 (2,1 Liter, 520 PS) getaufte Spyder auf Anhieb so gut, daß auch er in seinen Rennen meist klar dominierte und von der Konkurrenz wenig zu sehen war.

Höhepunkt in einem Rennjahr sind für Porsche zweifellos die 24 Stunden Le Mans. Jeder neue Rennwagen hat sich hier zu bewähren, so auch der 936-Spyder. Zwar fiel 1976 von den zwei eingesetzten Porsche 936 einer nach 14 Stunden aus, doch der zweite Wagen unter dem belgisch-holländischen Fahrerteam Jacky Ickx und Gijs van Lennep siegte überlegen.

Le Mans war ein Jahr später auch Mittelpunkt einer dramatischen Rennschlacht, die den Fans bis heute in Erinnerung geblieben ist. Den 936 mit der Start-Nummer 4 hatten gleich zu Beginn einige Probleme gebeutelt, und so lag er nach einem Viertel der Renndistanz scheinbar aussichtslos auf Platz 41! Doch in einer Parforce-Jagd über 18 Stunden brachten Jacky Ickx, Hurley Haywood und Jürgen Barth den Porsche zurück auf Platz eins.

Mit Ende der Saison 1977 mottete Porsche seine Werks-935 ein, baute eine Kleinserie (935–77) dieses erfolgreichen Gruppe-5-Wagens für Privatkunden und überließ ab 1978 eben jenen Kunden weltweit diese Rennwagenklasse. Zwar tauchte sporadisch der Werks-Porsche 935 wieder auf, aber nur um eine neue Technik, zum Beispiel den vierventiligen, aufgeladenen Sechszylindermotor oder eine Langheck-Karosserie (»Moby Dick«), auszuprobieren.

Auch 1978 und 1979 hielt sich das Werk mit Renneinsätzen merklich zurück und wurde prompt bestraft: Die Rennen in Le Mans gingen für Porsche nach Defekten und Unfällen verloren. Präziser: für die Werkswagen, denn die Kunden gewannen auf Porsche 935 und 936 weltweit, was es nur zu gewinnen gab. 1979 allein mehr als 20 nationale und internationale Meisterschaften, bis hin zum Weltmeistertitel.

Wieder einmal nahmen die Bürokraten des Motorsports, die Reglementmacher, Porsche die Entscheidung über ihre Rennsport-Zukunft ab. Der Typ 935, immer noch auf dem 911 basierend, und damit technisch weitgehend ausgeschöpft (3,2 Liter, 750 PS), paßte nicht mehr in die neuen Vorschriften, die weniger Änderungen erlaubten als bisher und speziell über eine Verbrauchsregulierung der Leistungseskalation Grenzen setzen sollten.

Die ersten Resultate aus den Überlegungen für ein dem Reglement weitgehend angepaßtes Rennfahrzeug erblickten bei Porsche schon Ende 1979 das Licht der Öffentlichkeit: Auf der Basis des Porsche 924 Straßenturbo entstand das Homologationsmodell 924 Carrera GT (210 PS, 240 km/h) und daraus drei 924 Carrera GT/Le Mans (320 PS, 290 km/h) für das obligatorische Langstrecken-Festival in Frankreich. Praktisch die gleiche Ausgangssituation wie 1973, als der Carrera RS aus dem normalen 911 entstand und sich dann zum 935 entwickelte. Obwohl die drei leistungsunterlegenen Werks-924 bei der 24-Stundenprüfung 1980 Rang 6, 12 und 13 belegten, kam es nicht zum erhofften Nachzieheffekt bei den Kunden. Das nur bruchstückhaft bekannte neue Reglement veranlaßte zumindest die Privatteams, lieber die ständig weiter modifizierten 935 einzusetzen.

Auch Porsche wußte keine Antwort auf Fragen zur motorsportlichen Zukunft und experimentierte weiter mit dem 924 GTR (externe Bezeichnung des Carrera GT/Le Mans) sowie einem 924 GTP. Dieser hatte einen 2,5-l-Vierzylindermotor eingebaut, der mit einem vierventiligen Zylinderkopf und Aufladung 410 PS und rund 300 km/h Spitze in Le Mans erreichte. Dieser GTP (=Grand Tourisme Prototyp) war übrigens der technische Vorläufer des später erscheinenden Porsche 944 für die Straße.

Um in Le Mans 1981 wieder gewinnen zu können, reaktivierten die Techniker zwei 936 aus dem Museum. Die Spyder erhielten den Sechszylinder-Boxermotor mit 2,65 Liter Hubraum, allerdings mit Vierventil-Zylinderkopf, luft-/wassergekühlt und zwei Turboladern, wie er – mit noch mehr Leistung – ursprünglich für einen Einsatz bei den 500 Meilen von Indianapolis/USA vorgesehen war. Dieses Technikpaket sorgte für standfeste 620 PS und eine Höchstgeschwindigkeit von über 360 km/h.

Mit dem Sieg eines der beiden 936-Spyder ging auch eine eindrucksvolle Ära zu Ende, die von 1976 bis 1981 gedauert hatte. Sie brachte den viermaligen Gewinn der Marken-Weltmeisterschaft und ungezählte Titel für das Fabrikat Porsche. Die Entwicklung der Rennwagen-Typen 935 und 936 durch das Werk galt damit als definitiv abgeschlossen. Ein neues Fahrzeug für das nun ab 1982 in Kraft gesetzte neue Motorsport-Reglement, mit einer geänderten Gruppeneinteilung, befand sich bereits in Arbeit.

Porsche entschied sich für die »Gruppe C« und baute dazu passend ein völlig neues Rennfahrzeug, den Typ 956. Außer den vorgegebenen Maßen für Länge, Breite und Höhe des zweisitzigen Rennsportwagens ist in dieser Gruppe C die Verbrauchslimitierung eine Herausforderung an die Motorentechniker. Denn es wurden anfänglich nur maximal 100 Liter Treibstoff an Bord erlaubt, die in Verbindung mit erlaubten Tankstopps – zum Beispiel fünfmal bei einem 1000-km-Rennen – einen Verbrauch zwischen 50 bis 60 Liter ergaben.

Der hauseigene Computer errechnete für ein 800 Kilogramm leichtes Coupé – mit Monocoque statt Rohrrahmen – ein Leistungsgewicht von 1,35 kg/PS und eine Höchstgeschwindigkeit von über 350 km/h. Der bewährte Sechszylinder-Boxermotor lieferte dabei aus 2,65 Liter Hubraum über 600 PS.

Premiere hatte der Porsche 956 bereits im Mai 1982, beim 6-Stunden-Rennen in Silverstone/GB. Technik-Vorstand Helmuth Bott führte persönlich Regie und den ersten fertigen Gruppe-C-Renner auf Platz zwei im Gesamtklassement. Aber der Einsatz in Le Mans, wenige Wochen später, brachte ein Ergebnis, wie es auch die größten Optimisten nicht vorausgesagt hätten. Drei Porsche 956, der überholte Wagen von Silverstone und zwei neue, siegten in der Reihenfolge 1–2–3 nach einem spannenden Rennverlauf. Man mag sich erinnern: Zehn Monate zuvor hatte erst die Entwicklung begonnen, die ihre Krönung in diesem Erfolg fand.

Getreu einer Tradition, ausgereifte Rennwagen auch Kunden zur Verfügung zu stellen, baute Porsche im Winter 1982/83 eine Kleinstserie von zehn 956 in der technischen Spezifikation der Werkswagen von Le Mans. Auch nach den USA gingen einige dieser auf Anhieb so erfolgreichen Rennwagen.

Die auch in Europa bekannte IMSA-Serie, vergleichbar einer internationalen Rennwagen-Meisterschaft, sperrte sich allerdings durch Reglementsänderungen für den Porsche 956. Im

Interesse der Überseekunden beugte Porsche vor: Überarbeitete Motoren nach der IMSA-Spezifikation wurden freigegeben für den Einbau in Lola-, March- oder andere Chassis.

In fast allen Rennen der Welt- und Europa-Meisterschaft 1983 setzten sich die Kundenwagen optimal in Szene. Die Werkswagen blieben dabei bewußt Objekte für eine ständige Weiterentwicklung. Neben Arbeiten am Fahrwerk und aerodynamischen Verfeinerungen stand die Einführung der Motorelektronik im Vordergrund. Diese neue Technik erlaubte eine Erhöhung der Verdichtung und damit des Wirkungsgrades. Die Motoren gewannen an Leistung, ohne mehr Benzin zu verbrauchen. Trotz aller »Überredungskünste« seitens Porsche und der Aktiven blieben die IMSA-Organisatoren weiterhin beim indirekten Ausschluß des 956. Porsche beschloß deshalb, Ende 1983 den Kunden in den USA einen auf die gültigen IMSA-Bestimmungen zugeschnittenen Komplett-Rennwagen zu liefern.

Für 1984 stand dann der Typ 962 zur Verfügung. Und obwohl sich der europäische 956 und der amerikanische 962 optisch weitgehend gleichen, sind die technischen Unterschiede doch beträchtlich. So besagt ein Teil der IMSA-Ausschreibung, daß die Füße des Fahrers nicht weiter nach vorne ragen dürfen als bis zur Mitte der Vorderachse. Da dies beim 956 nicht der Fall ist, mußte der Radstand für den 962 um 12 Zentimeter, auf jetzt 2,77 Meter, verlängert werden. Das bedingte zwangsläufig auch eine Überarbeitung des Monocoque. Um aber die Gesamtlänge des Wagens beizubehalten, kürzte man den vorderen Karosserieüberhang entsprechend. Daraus folgten eine Neuformierung der Ober- und Unterflächen-Aerodynamik.

Motorseitig fiel nach langen Diskussionen die Entscheidung für den 2,86-Liter-Zweiventilmotor mit nur einem Turbolader (650 PS). Diese IMSA-Version bot den Vorteil, daß das Fahrzeugmindestgewicht nur 850 kg betragen mußte, statt 900 kg mit dem 2,1-l-Motor und zwei Turboladern. Der Basismotor stammt aus dem 935 und hat luftgekühlte Zylinderköpfe, im Gegensatz zu dem wassergekühlten Zylinderköpfen des vierventiligen Motors im 956.

Am 17. Oktober 1983 begannen die Zeichenarbeiten am neuen Monocoque, Mitte November der Bau des Chassis. Am Tag vor Heiligabend war das Monocoque fertig, und der Zusammenbau des 962.001 am Montag, dem 24. Januar 1984, abends um 18.00 Uhr, geschafft. Ohne die sonst üblichen Tests ging es per Transporter direkt zur Rennstrecke nach Paul Ricard. Ein Motorschaden zu Beginn des zweiten Testtages brachte das Konzept nur kurzfristig durcheinander. Am Ende des Kurztests auf dem südfranzösischen Kurs stand fest, daß der 962 gleich schnell wie das 956-Kurzheck zu fahren ist. Für das 24-Stunden-Rennen von Daytona/USA am 5. Februar 1984 stand dieser 962 mit dem 21jährigen Mike Andretti, Sohn des berühmten Mario, nach dem Training auf dem besten Startplatz.

Das Rennen mußte er nach Getriebe- und Motorschaden vorzeitig aufgeben. Der 962 kam in der Auslaufphase der Gruppe C noch einmal zu späten Ehren. 1994 wollte ein neues Reglement für Le Mans das Ende der Gruppe C und den Aufbau einer neuen Sportwagen- und GT-Szene berücksichtigen. Auch neue Supersportwagen wie der McLaren F 1 wurden eingebunden, wodurch sich eine höchst interessante Nische im Reglement ergab. Porsche erkannte, daß in der Kategorie GT 1 der Start eines neu entwickelten Modells auf der Basis einer Straßenversion des 962 vom Jochen Dauer Racing Team erlaubt war. Damit feierte der 962 drei Jahre nach seinem Abschied noch einmal ein Comeback, in erster Linie optisch. In wesentlichen Punkten mußte das Auto mit den Handicaps der GT 1-Klasse leben. Es war eine letzte Chance, der zu Ende gehenden ruhmreichen Karriere des 962 noch ein Glanzlicht aufzusetzen. Gesamtsieger 1994 wurden die Fahrer Dalmas, Baldi, Haywood, mit einem Dauer 962 Le-Mans-Porsche.

JÜRGEN BARTH

KUNDEN(SPORT)-BETREUUNG RUND UM DIE WELT

Der Porsche-Kundensport ist fast genauso alt wie die Porsche-Fahrzeuge – denn schon in den fünfziger Jahren waren die damaligen Serienwagen der Typen 356 für jene Zeit ideale Sportgeräte. 1950 gewann Walter Glöckler erstmals mit einem aus Porsche-Teilen aufgebauten Sportwagen die Deutsche Meisterschaft. Bei Porsche entschloß man sich dann 1954, eine kleine Serie von Rennwagen für den Eigenbedarf und selbstverständlich auch für den Kunden zu bauen: Das war der Typ 550.

In den folgenden Jahren wurden pro Jahr Kleinserien von mehr als 100 Rennwagen ausschließlich für den sportbegeisterten Rennkunden erstellt. Daß die Siege, die von diesen Kunden überall in der Welt erzielt wurden, dem Image von Porsche die entscheidende Richtung gaben, mag außer Zweifel sein. Da in der Vergangenheit die Rennfahrzeuge eine fast identische Ähnlichkeit – speziell die Motoren und Getriebe und teilweise auch das Fahrgestell und die Bremsen betreffend – aufwiesen, konnte die Ersatzteilversorgung über die normalen Kanäle des Hauses Porsche und die Porsche-Händler gesteuert werden. Erst im Jahre 1964 ging man mit dem Bau des Typs 904 dazu über, in Stuttgart ein spezielles Ersatzteillager aufzubauen, aus dem der Kunde direkt versorgt wurde.

Zu dieser Zeit koordinierte Baron Huschke v. Hanstein alle Porsche-Sportaktivitäten. Ihm stachen die Nachwuchssorgen in der deutschen Rennsportszene ins Auge, und so wurde in Zusammenarbeit mit der Volkswagen AG in Wolfsburg die erste Volkswagen-Super-V-Rennwagenserie in Teilen aus den Vereinigten Staaten in die Bundesrepublik eingeflogen und dann von den Kundensport-Mechanikern zu zwölf schicken billigen Rennwagen für das erste Rennen in Deutschland verbaut. Die von Huschke v. Hanstein verpflichteten, hochkarätigen Fahrer zeigten eine gute Show, so daß sich der deutsche Rennsport in den folgenden Jahren erfolgreiche Nachwuchspiloten aufbauen konnte.

Da jedoch – von der Rennkonkurrenz fast erzwungen – immer neue Rennwagentypen nötig waren, wurde die Versorgung der Kunden mit neuem Fahrzeugmaterial zugunsten des Werksports zurückgestellt. So konnte bei den Typen 908 und 907 der Privatfahrer jeweils nur ein gebrauchtes Fahrzeug erwerben, das bereits ein oder zwei Einsätze für das Werksteam bestritten hatte. Dadurch wurde die Ersatzteilversorgung etwas problematisch. Erschwerend kam noch hinzu, daß von einem Wagentyp verschiedene Ausführungen gebaut wurden, um gegen die Ferraris und Chevrolets konkurrenzfähig zu bleiben. Beim 908 Langheck gab es zum Beispiel eine Ausführung »lang schmal« und eine Ausführung »lang breit«. Auch bei den Motoren gab es verschiedene Ausführungen. So konnte den Kunden hin und wieder nur mit gebrauchten, vom Werk nur einmal verwendeten Teilen geholfen werden.

Das Telefon klingelte. Es war gerade Mitternacht vorbei, Freitagmorgen zwei Uhr. Spanische Worte. Eine Ersatzteilbestellung für einen Porsche 908, der einen Trainingsunfall hatte. In weniger als dreißig Stunden sollte das Rennen gestartet werden. Ein Schwall von Bitten sprudelte aus dem Telefon, den Einsatz des Wagens zu ermöglichen und ihn zum Sieg zu führen.

Freitagmorgen sieben Uhr in der Rennabteilung: Die Suche nach gebrauchten und Neuteilen für den 908 Spyder ging los, denn für diese Rennwagen gab es kein eigentliches Ersatzteillager. Um die Mittagszeit am Freitag hatten wir alles zusammen. Auf die am Morgen erfolgten Telefonate des Kunden hin hatten wir beschlossen, am frühen Nachmittag ein Flugzeug nach Spanien zu besteigen und im Handgepäck die gewünschten Teile nach Barcelona zu bringen.

Der Kunde war überglücklich, baute die Nacht über und den Samstag und – Sie werden es nicht glauben – gewann das Rennen auf seinem Spyder souverän. Diese Story spielte sich im Jahre 1968 ab, als der Porsche-Kundenrennservice noch in den Kinderschuhen steckte.

In der Zwischenzeit wurde viel geleistet, so daß Situationen wie die geschilderte nicht mehr vorkommen. Auch sollte erwähnt werden, daß in dieser Zeit von der Kundensportabteilung verschiedene Rallyeeinsätze geleitet wurden, die zwar von Kunden gefahren, jedoch vom Werk direkt unterstützt wurden. So entstanden zum Beispiel im Jahre 1968 die Rallyewagen des Typs 911 für die Langstreckenfahrt von London nach Sydney, die für die über 10 000 km lange Strecke mit vielen Besonderheiten ausgerüstet wurden. Auffallendes Merkmal war der Überrollbügel, der über das gesamte Fahrzeug reichte und sogar eine spezielle Vorrichtung hatte, um eventuell angefahrene Affen mit Hilfe eines Gitters über der Windschutzscheibe abzufangen. Drei Mechaniker begleiteten die Fahrzeuge per Flugzeug oder im Auto bis nach Australien. Leider reichte es nur zum 3. und 15. Platz, ein Fahrzeug fiel aus, aber man hatte viele Erfahrungen gesammelt für zukünftige Einsätze.

Im Jahre 1969 wurde dann von der Kundensportabteilung, die zur Hälfte zur Reparatur- und zur anderen Hälfte zur Presseabteilung unter Huschke v. Hanstein gehörte, die gesamte Rallye-Weltmeisterschaft und Europa-Rallyemeisterschaft für das Werk durchgeführt. Mit einer kleinen Mannschaft von maximal fünf Mechanikern und zwei bis drei Betreuern gingen wir mit zwei bis drei 911-T-Rallyewagen in den Kampf. Dazu gehörten Einsätze bei der Rallye Monte Carlo / Schweden / Akropolis / Alpenfahrt / Jugoslawien etc. Als Fahrer wurden neben den Schweden Waldegaard und Andersson der Pole Zasada, aber auch privat eingesetzte Porsche quasi nebenbei gewartet und versorgt. Da konnte es schon mal passieren, daß es an verschiedenen Serviceplätzen plötzlich nicht nur die drei Semi-Werkswagen waren, bei denen man die Reifen wechseln mußte, sondern auch noch bei zehn weiteren Privatwagen.

Daß gute Arbeit geleistet wurde, zeigte der Gewinn der Rallye-Weltmeisterschaft und Europameisterschaft 1969 und in den darauffolgenden Jahren sowie der Sieg von Sobieslav Zasada bei der einmalig gefahrenen Rallye Argentinien. Gérard Larrousse hatte schon im Jahre 1969 die Rallye Tour de France für sich und Porsche verbuchen können. Um aber 1970 gegen die gemeldeten Matra-Prototypen genauso gut abschneiden zu können, brauchte er ein spezielles Fahrzeug. Er wollte den leichtesten 911, der je gebaut worden war, und als Anreiz zur Verwirklichung dieser Forderung sollte jedes Kilo, um das das Fahrzeug leichter war als 800 kg, mit einer Flasche Champagner belohnt werden. Leider gab es bei der Rallye nur einen 2. Platz, jedoch elf Flaschen Champagner für den Kundensport: Der Wagen brachte insgesamt nur 789 kg auf die Waage.

1970 entstand in der Nähe vom Hauptwerk in Zuffenhausen – und zwar in Korntal – die erste eigenständige Kundensportabteilung unter der Leitung von Herbert Staudenmaier und fünf weiteren Mitarbeitern. Jetzt konnte der Kunde in einem angemieteten Wohn- und Lagerhaus die von ihm benötigten Teile direkt beziehen. Die Information über jeden Rennwagen in Form von Rundschreiben und Ersatzteile-Katalogen wurde optimiert.

In den folgenden Jahren wurde auch der Service an der Rennstrecke selber aufgezogen. Mit einem kleinen LKW und ca. 1000 Teilen und verschiedenen Ersatzmotoren konnte dem Kunden während des Rennwochenendes an der Strecke aus der Not geholfen werden. Das betraf besonders die Motoren. Der Kunde konnte einen 908- oder 917-Motor im Tausch gegen seinen alten erhalten; ihm wurden dann die bei der Überholung des eigenen Motors angefallenen Kosten in Rechnung gestellt. Daß der Kundenservice viel zu tun hatte, zeigt zum Beispiel das 24-Stunden-Rennen von Le Mans 1970, an dem nicht weniger als 24 Porsche 911 und 914/6 teilnahmen. 1971 waren es in Le Mans sogar 33 Porsche-Starter, die versorgt werden mußten.

Im selben Jahr entstand auch der Porsche Cup für Privatfahrer. An dieser auf einem Punktesystem basierenden und mit 250 000,– DM dotierten Preisgeld-Ausschreibung waren die Porsche-Privatfahrer auf der gesamten Welt teilnahmeberechtigt. Erster Sieger, der insgesamt 50 000,– DM mit nach Hause nahm, war Erwin Kremer. Als mit dem 911 RSR im Jahr 1973 der fast ideale Kundenrennwagen gebaut und von Privatfahrern eingesetzt wurde, war auch der Kampf um den Porsche Cup dementsprechend hart und interessant.

Nach Herbert Staudenmaier übernahm Elmar Willrett den Kundenservice und gleichzeitig den Bau der zukünftig entstehenden Kundenrennwagen. Speziell der Bau der Typen 935 ging in den Jahren 1975 bis 1979 hervorragend vonstatten, nur stellte sich das Problem der Weiterentwicklung dieser Rennwagen. Da sich in den vorhergehenden Jahren herausragende Porsche-Kundenteams gebildet hatten – wie zum Beispiel die Gebrüder Kremer in Köln oder auch das Team von Reinhold Joest aus Absteinach –, konnte es in den Rennen zur Markenweltmeisterschaft passieren, daß plötzlich ein Kundenauto vor einem Werkswagen lag. Diese Situation, die auf den harten Konkurrenzkampf bei der Deutschen Rennsportmeisterschaft zurückzuführen war, konnte in dieser Zeit als totale technische Aufrüstung bezeichnet werden. Fast bei jedem Rennen gab es neue technische Meisterleistungen, die nicht immer dem Porsche-Prinzip der Zuverlässigkeit und Ausdauer gerecht wurden.

Auch in den Vereinigten Staaten ergaben sich ähnliche Situationen, so daß man sich entschloß, nicht nur die beiden großen Rennen in Daytona und Sebring in den Kundenservice aufzunehmen. 1977 startete Gerd Schmid unter Mithilfe von Volkswagen of America einen ähnlichen Kundenservice mit Ersatzteilversorgung und Betreuung bei fast allen amerikanischen Rennen, an denen Porsche-Kunden teilnahmen. Damit wurde sichergestellt, daß von Porsche freigegebene Ersatzteile eingesetzt wurden und die Erfolgschancen für die Kunden somit wieder stiegen. Die Preisgeldsumme im Porsche Cup wurde im Jahre 1977 ebenfalls weiter erhöht: Nun konnten 300 000,– DM an erfolgreiche Kunden ausgeschüttet werden.

Im selben Jahr wurde wieder einmal die Rallye London–Sydney veranstaltet, für die Sobieslav Zasada einen 911 gemeldet hatte. Diesmal jedoch wollte er den Service selber durchführen, was auch einigermaßen klappte. Vor der Ankunft in Australien lag er an zweiter Stelle hinter einem vom Werk eingesetzten Mercedes, und die Kundensportabteilung mußte wieder eine schnelle Aktion leisten: Innerhalb von drei Tagen wurden ein Mechaniker und ich auf die Reise nach Australien geschickt. Fragen Sie nicht, wie wir es geschafft haben, alle Visa so schnell zu besorgen; doch es klappte. Wir konnten Sobieslav Zasada im Hafen von Perth empfangen (die Wagen kamen mit dem Schiff aus Singapur).

Es folgte ein harter Einsatz für Fahrer und Betreuer. Noch insgesamt 15 000 Kilometer kreuz und quer durch Australien mußte Zasada bewältigen – und dies alles innerhalb einer Woche. Unser australischer Importeur stellte uns, den Betreuern, ein Sportflugzeug samt Pilot zur Verfügung, so daß wir fast immer über Zasada fliegen konnten und sofort zur Stelle waren, wenn es irgendwelche Probleme gab. Und das geschah prompt: Nach ungefähr der Hälfte der in Australien zurückzulegenden Kilometer fuhr Zasada zu schnell in ein vom Regen ausgewaschenes Flußbett und riß die gesamte Lenkung aus dem Hilfsträger seines Fahrzeuges. So unglaublich es klingt, aber er reparierte mit Bindedraht provisorisch das Lenkgehäuse und kam dann – allerdings mit etwas Verspätung – an den ausgemachten Servicepunkt in Rabbit Flat (so hieß der Ort, in dem nur ein einziges Haus stand). Im Umkreis von mindestens 500 Kilometern nichts als Steppe und eine Landepiste. Zu unserem Glück besaß die dort wohnende Familie einen alten Traktor. Aus diesem Gefährt sägten wir zwei Winkeleisen heraus, mit deren Hilfe wir die defekte Lenkung wieder am Hilfsträger befestigten.

Zasada konnte weiterfahren, verlor jedoch seinen zweiten Platz, da die Reparatur einige Stunden in Anspruch genommen hatte. Nach Einbruch der Dunkelheit konnten wir mit unserem Flugzeug nicht mehr von der Piste starten und schliefen deshalb in unseren Schlafsäkken unter dem Flugzeug in der Steppe. Zasada kam nach dieser Woche leider nur als Fünftplazierter ins Ziel, wir von der Betreuung hatten 16 000 Flugkilometer zurückgelegt. Wir ließen es uns nicht nehmen, die im Busch reparierte Lenkung auszubauen und als Anschauungsobjekt im Werk vorzulegen. Unsere abenteuerliche Lösung wurde sogar noch auf ihre Belastbarkeit getestet, und – man glaubt es kaum – sie war belastbarer als ein vergleichbares Serienteil.

Heute wird versucht, den Porsche-Rennkunden einen Service zu bieten, der nicht nur aus dem zentralen Ersatzteillager in Weissach/Flacht, sondern auch bei jedem großen internationalen Rennen mit den Renntypen 956/962 oder 935 etc. aus dem Porsche-Kundenservice-Lkw besteht, der ca. 3000 verschiedene Teile mit sich führt. Dieser Service ist nicht nur auf die Teileversorgung an der Rennstrecke begrenzt, sondern er umfaßt auch die Beratung durch erfahrene Porsche-Techniker und -Mechaniker. Seit 1982 ist die Kundensportabteilung direkt in die Rennabteilung in Weissach eingegliedert, so daß der Kunde durch die räumliche Zusammenlegung und somit bessere Kommunikation unmittelbar vom Werksrennsport profitiert. Neuerungen kommen ihm dadurch schneller zugute.

Sie sollten wissen, daß nach Einführung der neuen Sportregeln im Jahre 1982 bis heute immerhin 25 Rennwagen des Typs 956/962 nur für Kunden gebaut wurden. Außerdem gab es 1983 noch eine Kleinserie von 20 speziellen Fahrzeugen des Typs 911 SC/RS, hauptsächlich als Rallyewagen. So fuhr unter anderem Henri Toivonen mit dem neu gegründeten Privat-Team von Rothmans die Läufe zur Rallye-Europameisterschaft mit und verfehlte infolge eines Rückenleidens nur knapp den Titel. Saed Al Hajri gewann dann 1984 den FIA-Meistertitel der Middle-East-Meisterschaft für Porsche. Daß sich hierüber die Kundensportabteilung besonders gefreut hat, ist verständlich, denn ihr oblagen die gesamte Abwicklung der Motoren- und Getriebe-Überholungen sowie der Aufbau und Verkauf der Wagen.

Aber nicht nur das Rothmans-Rallye-Team war so erfolgreich, sondern auch in Belgien konnte die Meisterschaft zu unseren Gunsten entschieden werden. Nachdem das Porsche-Werksteam beschlossen hatte, die 24 Stunden von Le Mans 1984 nicht zu fahren (es gab Probleme mit der Stabilität des von der FISA gemachten Gruppe-C-Reglements), war es das Bestreben der Porsche-Kundenteams, gegen die Werksteams von Lancia, Jaguar und Peugeot das Rennen erfolgreich zu beenden. Der Porsche-Kundenservice versuchte durch die Bereitstellung von zusätzlichem Material an der Rennstrecke zu helfen, wo es nur ging.

Das Mittwochtraining hatte kaum begonnen, als es bereits den ersten Blechschaden gab. Ein 956 des Brun-Teams wurde bei diesem Unfall ziemlich böse beschädigt; sogar das Monocoque war betroffen. Der Fahrer kam mit dem Schrecken davon. Nach langer Diskussion entschlossen wir uns, das Fahrzeug zu reparieren. Walter Brun charterte ein Flugzeug, mit dem wir die noch benötigten Ersatzteile – insbesondere Blechteile für das Monocoque – einflogen. In Tag- und Nachtarbeit wurde dann der Wagen in der Garage des Rondeau-Teams unter Mithilfe seiner Mechaniker wieder aufgebaut.

Am Samstagmorgen, gerade noch rechtzeitig zum Warm-Up, konnte Walter Brun mit seinem reparierten Fahrzeug die ersten Runden drehen. Für dieses Team verlief das Rennen hervorragend – 5. Platz in der Gesamtwertung. Besonders zu bewundern war hierbei die Kondition der Mechaniker, die fast ununterbrochen von Mittwochnacht bis Sonntagmorgen schufteten. Obwohl es sechs Stunden vor Rennschluß noch nicht so ausgesehen hatte, als ob Porsche einen erneuten Triumph landen könnte, gelang infolge der sprichwörtlichen Zuverlässigkeit der Zuffenhausener wiederum ein siebenfacher Sieg der Porsche-Kunden in Le Mans. Daß dazu die Mitarbeiter der Kundensportabteilung, speziell Gerd Schmid, Rainer Gohl und Bernd Müller, sowie die Mechaniker, die von Porsche eingesetzt waren, ihr Scherflein beigetragen hatten, ist ohne Frage.

Seit Jürgen Barth, mehrfacher Le-Mans-Gewinner und Leiter der Abteilung »Kundensport« der Porsche GmbH, die obigen Zeilen geschrieben hat, sind über 6 Jahre vergangen. Die Arbeit der Kundensportabteilung ist noch intensiver, noch professioneller geworden. Zunächst sollte man aber daran erinnern, daß in den Jahren 1982 bis 1991 insgesamt fast 150 Fahrzeuge der Typen 956/962 durch die Kundensportabteilung gebaut und verkauft wurden. Sie wurden weltweit von Privatteams in den verschiedensten Meisterschaften eingesetzt und konnten zahlreiche Erfolge an die Fahnen des Hauses Porsche knüpfen. Durch die steigenden Kosten der Rennwagen mußten aber auch neue Wege gefunden werden, um die sportbegeisterten Kunden nicht zu verlieren. So entstanden die Porsche-Cups mit dem 944 Turbo Cup und später mit dem 911 Carrera Cup. Diese erst auf nationalem Niveau laufenden Serien wurden immer beliebter, so daß der Super Cup hinzukam, der als Vorrennen der Formel 1 zum Medienspektakel wurde. Leider gab es nach dem Zusammenbruch der Gruppe C keine Alternative für Porsche, sich im internationalen Sport mit anderen Marken zu messen. So entstand die Idee, eine private GT-Serie ins Leben zu rufen (1994). Diese BPR-Serie (BPR = Barth/Peter/Radell) konnte nach nur 3 Jahren ein internationales Niveau erreichen, so daß es der Kundensportabteilung wieder möglich war, mit Fahrzeugen wie dem Carrera RSR 3,8 und dann dem GT2, spezielle Kleinserien für seine Kunden anzubieten. Da jedoch die Konkurrenz von Ferrari und McLaren in 1996 so stark wurde, daß mit dem 911-Heckmotorwagen keine Möglichkeit bestand, Rennen zu gewinnen, entstand der Porsche 911 GT, ein auf dem 911 basierendes Mittelmotor-Auto. Mit ihm wird es den rennbegeisterten Porsche-Kunden in Zukunft möglich sein, wieder Siege bei internationalen Langstreckenrennen herauszufahren.

HANS KLAUSER / HERMANN BRIEM

WIE ALLES BEGANN

Mehr als 40 Jahre hat Hans Klauser dem Hause Porsche gedient. 1933 trat er als Zeichenpraktikant in die 1931 gegründete Firma Dr.-Ing. h. c. Ferdinand Porsche in der Stuttgarter Kronenstraße 24 ein. Als Hans Klauser am 8. Juli 1913 geboren wurde, war sein späterer Chef bereits ein berühmter Mann in der Automobilindustrie. Das Porsche-Elektromobil war 1900 zur Sensation der Pariser Weltausstellung geworden. 1906 wurde Ferdinand Porsche Technischer Direktor der Austro-Daimler-Werke in Wiener Neustadt. 1909 konstruierte er seinen ersten Flugzeugmotor.

Ein Jahr später gewinnt Ferdinand Porsche mit dem von ihm entwickelten »Großen Daimler« die Prinz-Heinrich-Fahrt, wobei eine Höchstgeschwindigkeit von 146 km/h erreicht wurde. 1911 bricht die Ära der berühmten Porsche-Flugzeugmotoren an. Darunter befindet sich ein Koloß wie der Neun-Zylinder-Doppel-V-Motor, in drei Reihen zu je drei Zylindern angeordnet. Dieser Flugzeugmotor hatte einen Gesamthubraum von 10,9 Litern und leistete 3000 U/min bei 300 PS.

Am 12. November 1912 kam Direktor Ferdinand Porsche zu allerhöchsten Ehren, als der österreichische Kaiser Franz Josef I. »dem lieben Getreuen, den Technischen Direktor der Österreichischen Daimler-Motoren Aktiengesellschaft in Wiener Neustadt zum Ritter Unseres Franz-Joseph-Ordens ernannte«. Hans Klauser hatte sich also die richtige Adresse ausgesucht, um seine Autoleidenschaft zum Beruf zu machen. Von Ferry Porsche, der damals dort als junger Konstrukteur und Stellvertreter seines Vaters arbeitete, und von dem legendären Chefingenieur Karl Rabe hat Klauser viel gelernt. Ab 1936 war er an der Entwicklung des Volkswagens beteiligt – als Versuchsfahrer.

Nach dem Zweiten Weltkrieg betreute er eine Zeitlang die nagelneuen Volkswagen der französischen Besatzungstruppen in Baden-Baden. Dreißig Monteure waren damit beschäftigt, die Käfer aus der unter britischer Regie wieder angelaufenen Produktion in Wolfsburg zu warten. In dieser harten Zeit war es von großem Vorteil, solch einen lukrativen Job zu haben, denn wenn die deutschen Monteure alle zwei Wochen nach Hause fuhren, brachten sie ihren Familien Lebensmittel, Cognac und anderen Schnaps mit.

Das Jahr 1949 bedeutete für Hans Klauser die große Wende. Ferry Porsche teilte ihm mit: »Wir fangen in Stuttgart wieder an, Autos zu bauen. Haben Sie Lust, mitzumachen?«

Hans Klauser erzählt:

Der Anfang in Zuffenhausen war denkbar primitiv. Wir mußten viel improvisieren. In einer kleinen Halle mit ca. 600 qm Fläche spielte sich alles ab. Sie gehörte zum Karosseriewerk Reutter. Das erste Chassis – als Muster – haben wir aus Österreich (Gmünd) geholt und fingen dann an, neue Autos zu bauen, besser gesagt: das »alte« mit einigen Modifikationen.

Von der Aluminium-Karosserie haben wir uns schnell verabschiedet. Erstens war Aluminium schwer zu beschaffen, und zweitens konnten damals nur wenige Spezialisten Aluminium schweißen, nach einem Unfall zum Beispiel. Also Umstieg auf Stahlblech. Wir schlüpften bei der Firma Reutter unter und schlossen mit ihr einen Vertrag, demzufolge sie für das 356-Coupé nach Konstruktionen und Styling des Hauses Porsche die Karosserien herstellen sollte. Unser hochgestecktes Produktionsziel: Wir wollten ca. 500 Autos vom Typ 356 bauen! Und die mußten ja erst mal verkauft werden.

So entwickelte ich mich allmählich zu einem Vielzweck-Mitarbeiter. Ich war Betriebsleiter, Versuchsleiter, Produktionsleiter, Kundendienstleiter – und Verkäufer in einem. Am Gründonnerstag 1950 fuhr ich zusammen mit meiner Frau nach Wiesbaden, um Rudolf Sauerwein, einem bekannten Langstrecken- und Rallyefahrer, das Coupé vorzustellen. Auf der Rückfahrt machten wir noch einen Abstecher zur Firma Gerstenmaier in Baden-Baden, die vor dem Krieg vor allem auf Luxuswagen, zum Beispiel Horch, spezialisiert war.

Überhaupt war der Verkauf der ersten 356er ein Husarenstück. Die wichtigsten VW-Großhändler (zum Beispiel Glöckler aus Frankfurt, van Raffay aus Hamburg, Hahn aus Stuttgart, Kraus aus Nürnberg, Haberl aus München, Fleischauer aus Köln – um nur einige zu nennen) wurden eingeladen und gefragt, wieviel Wagen sie bestellen und vorfinanzieren würden. Wir haben ihnen klargemacht, daß ohne ihre Vorbestellung der 356 nicht in Produktion gehen könnte. Allmählich hoben sich die Finger; Fritz Hahn sagte: »Ferry, I nehm' vier!« Glöckler orderte fünf, Gottfried Schultz aus Essen acht und Franz (Firma Fleischauer) sogar zehn ... und so ging das weiter.

Besorgt haben wir uns dann bei aller Begeisterung gefragt, ob wir diese Stückzahlen überhaupt schaffen könnten. Aber das große Hallo überwog, und wir haben zur Bekräftigung mit Champagner angestoßen. Ich werde oft gefragt, wie wir so schnell die in Frage kommenden Käufer motivieren konnten.

Zum einen war es der Name Porsche, zum anderen die gelungene Form des Wagens, dann aber auch die Chuzpe, mit der wir auftraten. Das wohl wichtigste Argument für den 356 war: Er »ging« 140 km/h! Damit war er unter den damaligen neuen deutschen Autos konkurrenzlos. Und er war standfest. Mit Vollgas über die Autobahn, das war für ihn kein Problem, was man von den Sportwagen anderer Marken nicht behaupten konnte.

Der Basismotor des 356 war der VW-Motor, wie er in Tausenden von Exemplaren während des Zweiten Weltkriegs gebaut wurde, wir haben ihm nur einige PS mehr entlockt und ein bißchen Christbaumschmuck an ihm angebracht ... Der Motor hatte in vielen Kübel- und Schwimmwagen seine Bewährungsprobe bestanden. Im Rückblick kann man sagen, daß der VW-Kübelwagen der Jeep der Wehrmacht war. Also: Der Motor des 356 war nichts Exklusives. Daß wir aus den ursprünglich 23 PS schließlich 40 PS gemacht haben, wurde zunächst einmal mit Verwunderungsausrufen wie »Um Gottes willen!« oder »Wahnsinn!« quittiert.

Für uns Techniker war es Schulbubenarbeit. Als wir merkten, daß der Markt den Wagen akzeptierte, haben wir als erstes Handbücher und Betriebsanleitungen erstellt. Wir erkannten auch, daß in vielen VW-Werkstätten Fachkräfte für die Arbeit am 356 geschult werden müßten. Zu diesem Zweck zog ich gute Monteure mit pädagogischem Geschick aus der Produktion ab und machte sie zu Kundendienstberatern. Die Richtlinien waren streng. Ich sagte zu ihnen: »Tragt eine Krawatte, laßt euch anständig die

so konnten wir die Kundschaft zufriedenstellen. Um eine viel gestellte Frage noch einmal zu beantworten: Dem 911-Konzept lag keine wissenschaftlich geführte Marktanalyse zugrunde. Wir haben lediglich die Wünsche und Träume der Kunden in die Tat umgesetzt.

Der 911 war nicht nur technisch für uns alle eine Herausforderung, sondern er stellte auch seinen Fahrer auf eine besonders harte Probe: Er diktierte dem Fahrer, wie er zu behandeln sei, nicht umgekehrt. Vor allem die ersten 911er hatten schnell den Ruf, sich wie störrische Reitpferde zu benehmen, die man nur mit hartem Schenkelschluß bändigen könne. Schnell bildeten sich auch Legenden um die 911-Käufer: harte Burschen und Männer, die sich bestätigen wollen; ältere Porschefahrer erarbeiten sich den 911, um ihrer blutjungen Freundin zu imponieren. Psychologen sprachen bald vom »sexy Ninehundredeleven«, mit dem man seine geheimsten Libidowünsche auf der linken Spur abreagieren könne...

Sehr schwer war es auch, den 928 gegen den 911 zu lancieren, denn die 911-Fahrer verstehen sich ja als so eine Art Ritterorden. Und dabei sollte der 928 ja nicht den 911 verdrängen, sondern eine ganz neue Variante des Porsche-Feelings anbieten. Wenn doch mal ein 911-Fan auf den 928 S umsteigt, mit ihm von Stuttgart nach Hamburg fährt, ganz toll Radio hören kann und völlig entspannt auf dem Jungfernstieg aussteigt ... da wird dann so manches Vorurteil abgebaut. Der 928 S ist eine wunderschöne, exzeptionelle Fahrmaschine, der 911 ein immer noch faszinierendes Biest.

Als jahrelanger Kundendienstchef bin ich oft gefragt worden, warum sich Menschen einen Porsche kaufen, der bekanntlich ein Hochpreisauto ist – und warum es zum Beispiel ein Turbo sein müsse, der mehr als 100.000,– DM kostet. Wer sich solch ein Auto kauft, der ist gegen alles Konventionelle auf den Straßen. Um von A nach B zu fahren, brauchen Sie keinen Porsche, keinen Jaguar, keinen Ferrari, keinen 500 SE, keinen Aston Martin. Sie brauchen ein Auto mit vier Rädern, das ruhig fährt, das Sie sicher, zuverlässig und preiswert von A nach B bringt. Und doch sind es mehr als 50 000 Menschen im Jahr, die sich einen Porsche kaufen, einen Vier-, Sechs- oder Achtzylinder.

Auf solche Fragen nach dem Sinn eines Porsche-Kaufs habe ich immer folgendes Beispiel parat: Eine Timex-Uhr kostet heute zwischen 200 und 300 DM, eine Rolex zwischen 4000 und 5000 DM, eine Cartier, mit Brillanten besetzt, so an die 15 000 DM. Sie zeigen alle dieselbe Zeit an. Und dennoch... Oder nehmen Sie Menschen, die nur Maßanzüge für 2000 bis 3000 DM tragen. Heute kaufen Sie erstklassig sitzende Konfektionsware für 600 bis 700 DM, und dennoch... Oder: Warum kaufen sich Leute Reitpferde? Oder Fahrräder aus Titan für 10 000 DM? Nur weil sie einige Kilogramm leichter sind? Und warum glauben grauhaarige Männer über 50, daß ihr Porsche es ihnen erleichtert, junge Mädchen zu erobern, mit denen sie dann doch nichts anfangen können?

Porschefahren hat – so glaube ich – viel mit Tiefenpsychologie zu tun, und deswegen gibt es auch so wenig überzeugende Antworten nach dem Sinn der Porsche-Philosophie.

Als Porsche sich anschickte, die USA zu erobern, übernahmen einige Kundendienstspezialisten aus Zuffenhausen die Rolle von Schrittmachern. Hermann Briem war einer von ihnen. Hier ist nun seine Geschichte.

Hermann Briem, gelernter Kraftfahrzeugmeister, war viele Jahre als Rennmonteur, Service-Spezialist, Troubleshooter und Obermeister der Reparaturabteilung in Zuffenhausen auf den Straßen Europas und der USA in Sachen Porsche unterwegs. Er zählt zu den Porsche-Pionieren der ersten Stunde. Das Jahr 1921, in dem er geboren wurde, hatte es faustdick hinter den Ohren: Dr. Ferdinand Porsche stellte seinen für damalige Verhältnisse sensationellen Austro-

Daimler »Sascha« vor, Fritz Rumpler verblüffte die Auto-Fachwelt mit seinem »Tropfenauto« in Stromlinienform, Friedrich Bergius gelang es, synthetisches Benzin aus Kohle (»Kohleverflüssigung«) zu gewinnen – und Albert Einstein erhielt den Nobelpreis für Physik.

Hermann Briem war, solange er zurückdenken kann, ein Autonarr. Im Jahr 1935 begann er seine Lehre als Automechaniker in einer Firma, die mit Wagen und Motorrädern der Marken Auto-Union, NSU-Fiat, NSU und DKW handelte. Motorsport war damals die große Leidenschaft aller jungen Deutschen. Vor allem im Raum Stuttgart gab es viel zu bestaunen: zahlreiche Rennen auf dem Solitude-Kurs und die Testfahrten der Mercedes-Benz-Silberpfeile auf der Autobahn. Fahrten zum legendären Nürburgring konnte sich ein Lehrling mit 2,50 Reichsmark Wochenlohn nicht leisten, so daß Hermann Briem die Rennen in der »Grünen Hölle«, wie der Ring auch genannt wurde, nur am Radio erlebte.

Im Jahr 1938 legt Hermann Briem die Gesellenprüfung ab und macht seine Führerscheine. Den Kriegsausbruch erlebt er im Krankenhaus: bei einer Probefahrt mit dem Motorrad wird er ohne eigenes Verschulden in einen schweren Unfall verwickelt. Erst nach monatelangem Krankenhausaufenthalt und mehreren Operationen kann er als geheilt entlassen werden. Zwei Jahre später wird er Soldat. Er übersteht den Krieg einigermaßen glimpflich. Im April 1945 gerät er nahe der Brücke von Remagen in Kriegsgefangenschaft.

Nach seiner Entlassung kann er sehr bald die Arbeit in seiner Lehrfirma wieder aufnehmen. Sein Ehrgeiz ist es, Kraftfahrzeugmeister zu werden. So sucht er sich einen Job, bei dem er sich »nebenbei« auf die Meisterprüfung vorbereiten kann. Er wird Chauffeur im Stuttgarter Finanzministerium, besteht die Meisterprüfung und liebäugelt mit einer Anstellung bei Daimler-Benz, weil der Dienstwagen, den er chauffiert, ein Mercedes 170 V ist.

Aber da passiert auf einer Dienstfahrt etwas Sensationelles: Auf der Autobahn von Karlsruhe nach Stuttgart wird sein Mercedes von einem flachen silbergrauen Sportcoupé überholt. Wie ein Phantom schießt es an dem 170 V vorbei. Briem hat dieses Auto zwar noch nie in full speed gesehen, aber er vermutet anhand von Pressefotos – es muß der neue Porsche sein. Und diese Begegnung mit einem der ersten 356er wird Hermann Briems Leben entscheidend verändern.

Er bewirbt sich bei Porsche. Hans Klauser ist sein Gesprächspartner. Stolz legt er seinen Meisterbrief vor und meldet seinen Wunsch an, bei Porsche »schaffe zu könne«. Klauser reagiert sachlich-nüchtern: »Mir brauchet koin Meischter ond koi Zeugnis, mir brauchet Leut, wo schaffe kennt.« Außerdem seien die 1,50 Stundenlohn, die der junge Meister verlangt, viel zu hoch. Man einigt sich nicht – doch einige Monate später kommt eine Postkarte von Klauser mit der Mitteilung, daß Hermann Briem am 1. Oktober 1950 bei Porsche anfangen könne. Stundenlohn 1,50 Mark.

Hermann Briem erzählt:

Ich war natürlich stolz. Der Name Porsche war für mich schon lange ein Begriff, vor allem durch den Auto-Union-Rennwagen vor dem Zweiten Weltkrieg. Ich mußte mich zunächst um die aus Gmünd eintreffenden Aluminium-Karosserien kümmern. Porsche hatte für Le Mans 1951 gemeldet, so daß wir mit den Vorbereitungen für dieses strapaziöse Rennen rechtzeitig beginnen mußten. Ich wurde sehr bald zum ersten Rennmonteur ernannt. Wie erfolgreich Porsche-Autos in Le Mans waren, wird an anderer Stelle dieses Buches erzählt.

Bis 1954 war ich Rennmechaniker, bereitete Wettbewerbswagen für Rennen vor und wartete sie. Im Grunde genommen war ich der »Hans Dampf in allen Gassen« bei Tests und Renneinsätzen. Dieser Zeitabschnitt wurde auch für mich zu einer harten Teststrecke. Wahrscheinlich hat man mich auch deswegen 1954 zum Kundendienst »abkommandiert«. Zusammen mit meinem Kollegen Gustav Wölfle führte ich Kundendienst-Lehrgänge durch. Weil wir diesen Job gut geschaukelt haben, avancierten wir zu technischen Außendienstspezialisten.

Das Gebiet, das Wölfle und ich zu betreuen hatten, deckte ganz Westeuropa ab. Heute wäre so etwas undenkbar. Wölfle betreute Nordeuropa einschließlich Skandinavien, während ich als »Feuerwehr« für das Europa südlich des Mains zuständig war, also Schweiz, Österreich, Italien, Frankreich... Aber das war noch gar nichts im Vergleich zu dem Bezirk, den mein Kollege Herbert Linge zu betreuen hatte: die Vereinigten Staaten von Amerika, von der Eastbis zur Westcoast! Kein Wunder, daß er verzweifelt in Zuffenhausen um Unterstützung bat.

Die Folge war, daß man mich probeweise für zunächst drei Monate ebenfalls in die USA schickte. Rasch lernte ich einige Brocken Englisch und brach im Januar 1956, begleitet von Herbert Linge, in Richtung New York auf. – Im übrigen lief dieser Arbeitsplatzwechsel nach dem üblichen Porsche-Muster ab: »Wir haben vor, dich nach den USA zu schicken. Red mit deiner Frau und sag uns morgen Bescheid. Erst mal für drei Monate.« Nicht viel Drumherumreden, sondern ins Wasser geschmissen und schwimmen! Als stationäre Porsche-Missionare, von amerikanischen Porsche-Händlern angeheuert, fungierten schon einige Jahre vier Spezialisten: Sigmund Mayerlen, Standort in Sebring, Harry Weber in San Francisco, Erich Bucklers und Rolf Wütherich in L.A., (er saß neben James Dean, als dieser am 30. September 1955 mit seinem Porsche Spyder auf dem Highway 466 tödlich verunglückte).

Was die amerikanischen Porsche-Besitzer brauchten, waren Troubleshooter, die überall dort helfend eingriffen, wo hochkarätiges technisches Know-how in Sachen Porsche gebraucht wurde. Von Max Hoffmanns Büro in New York aus entwickelten wir unsere Strategie. Herbert Linge war bald nach meiner Ankunft nach Stuttgart zurückgekehrt; als zweiter Mann traf mein Kollege Herbert Tramm von dort ein. Wir teilten die Vereinigten Staaten unter uns auf: Herbert Tramm übernahm den Osten der USA, während ich verantwortlich war für das gesamte Gebiet westlich des Mississippi, mit Standort in Los Angeles beim Westküsten-Importeur Johnny von Neumann.

Vorher hatte ich aber noch mit Herbert Linge in New York eine Art von Kundendienstschule aufgebaut. Wir hatten provisorisch in einem Raum Aggregate und Werkzeuge ausgelegt und zur Schulung Monteure von Chicago bis Miami eingeladen. Es gab damals in den USA insgesamt 3000 Porsches, die Hälfte davon in Kalifornien und ca. 300 im Großraum New York. Mich beeindruckte sofort, welch legendären Ruf die Firma Porsche genoß, obwohl das Image ein bißchen romantisch verklärt war. So herrschte zum Beispiel die Ansicht vor, die Porsche-Autos würden irgendwo am Rande des Black Forest in einigen kleinen Werkstätten von einer Handvoll wackerer Mechaniker zusammengebaut – »autos all made by hand!«

Auch unterschied sich der typische amerikanische Porschekäufer erheblich vom deutschen Porschekunden: Während in den fünfziger Jahren Porsches in Deutschland vornehmlich von Angehörigen des Adels und anderen Mitgliedern der High Society gekauft wurden, waren es in den USA nicht die sogenannten Betuchten, sondern Techniker, Ingenieure, Piloten, Ärzte..., wenn möglich noch mit deutschen Vorfahren.

Einerseits waren sie – als Individualisten – von der hochentwickelten Technik des Wagens fasziniert, andererseits hielten sie ihren Porsche geradezu für den Inbegriff des Gütezeichens »Made in Germany«. Ein Porsche galt als ein Juwel aus der Alten Welt. Wer technisch interessiert war und gleichzeitig Zuverlässigkeit schätzte, der träumte von einem Porsche. Aber auch die autosportbegeisterten Amateure schwärmten von ihm. Er machte ihr Renn-Hobby nicht so arg teuer, weil nicht viele Reparaturen anfielen, er verbrauchte nicht viel Benzin, und er hatte eine Garantie von sechs Monaten »auf alles«. (Übrigens war ich für die Abwicklung solcher Garantiefälle auch zuständig.)

Porsche-Troubleshooter in den USA in den fünfziger Jahren wie Herbert Linge, Herbert Tramm und ich zählten sicherlich zu den beneidenswertesten letzten Abenteurern der Automobilindustrie. Zu äußerster Sparsamkeit angehalten, mußten wir jeden Dollar zweimal umdrehen, und dennoch schnell und höchst effektiv sein – und das bei den gigantischen Entfernungen in der Neuen Welt!

Als ich mich von New York in Richtung Kalifornien aufmachte, lud ich meinen Chevrolet Bel Air Station Car bis oben hin voll mit Ersatzteilen aller Art sowie Werkzeugen und Getriebe vom Typ 356. Dann klapperte ich in einer riesigen Schleife einige Bundesstaaten und deren Porsche-Werkstätten ab. Allein in Houston, Texas, habe ich mich vier Wochen aufgehalten, dort einen Spyder komplett überholt und außerdem Mechaniker geschult. Es konnte aber auch passieren, daß ich für eine einzige Reparatur mehrere Tage unterwegs war:. Den Porsche-Besitzern hat es immer mächtig imponiert, wenn da ein Fachmann aus Zuffenhausen erschien, selber Hand mit anlegte und so nebenbei auch noch den amerikanischen Mechanikern viele Tips verriet.

Nach dreimonatiger Arbeit in den USA kam ich zu der Erkenntnis, daß wir eine viel längere Zeit brauchen würden, um den Service für den amerikanischen Markt in den Griff zu bekommen, und zwar so vorbildlich, wie wir Zuffenhausener uns das vorstellten. Aus diesem Grund verlängerte ich meinen Aufenthalt, und im Dezember 1956 kamen auch meine Frau und meine beiden Kinder nach. Wir kauften uns ein Haus in Nord-Hollywood. Dabei bin ich als Schwabe über meinen Schatten gesprungen: Ich fuhr mit dem Wagen durch die Gegend, um nach einem Mietobjekt zu suchen. Eines gefiel mir sehr gut, und der Besitzer merkte, daß ich scharf auf seine Behausung war. Nur ein kurzes Gespräch, und ich mietete nicht, nein, ich kaufte! Für solch eine Entscheidung braucht man bei uns zu Hause ein ganzes Leben. Aber Amerikas Uhren gehen anders.

Oder könnte man sich in Deutschland vorstellen, daß ein porschefahrender Filmstar in die Werkstatt kommt und einem vorführen will, wie schnell er eine Pistole ziehen kann? Ich hab' es erlebt, und zwar mit dem leider viel zu früh verstorbenen Steve McQueen. Steve hatte nicht nur einen Porsche-Tick (er fuhr einen schwarzen Speedster mit Zentralverschluß für die Räder), sondern war auch verrückt nach Pistolen. Er hat sich einen Spaß daraus gemacht, uns mit seinem 34er Colt herauszufordern. Täglich trainierte er mit dem Colt drei Stunden vor dem Spiegel: schnell ziehen, wie John Wayne um den Zeigefinger drehen usw. Mit uns hat er oft folgende Übung praktiziert, während er das Kommando gab: »Halte deine Hände in Hüfthöhe ca. 1 Meter auseinander! Dann gibt einer das Kommando, und bevor du deine Hände zusammenschlägst, bin ich schon mit meinem Colt dazwischen! So schnell bin ich!« Aber selbst an kleinen Rennen durfte Steve McQueen bald nicht mehr teilnehmen – seine Filmgesellschaft hatte es ihm verboten.

Stichwort: Rennsport. Es lag auf der Hand, daß wir neben unserer regulären Kundendienstarbeit auch an jedem Wochenende bei irgendeinem wichtigen Rennen präsent sein mußten, um die Spitzenfahrer zu betreuen. Wie zum Beispiel Jack McAffee, 1956 amerikanischer Sportwagenmeister auf Porsche, oder Eddie Crawford aus Illinois oder Ken Miles. In unserer Werkstatt tauchten mit zunehmenden Porsche-Erfolgen aber auch Fahrer auf, die später im internationalen Grand-Prix-Zirkus, wenn auch zum Teil auf anderen Marken, berühmt wurden, wie Phil Hill (Weltmeister 1961), Richie Ginther, Dan Gurney, der 1962 auf Porsche den Grand

Prix in Rouen gewann – um nur einige zu nennen.

Porsche-Garagen zogen die Kenner an wie ein Honigtopf die Bienen. Hier konnten ihre Zuffenhausener Autos ein bißchen frisiert und optimal eingestellt werden. Die Motoren wurden teilzerlegt, die Ansaugkanäle mit Schmiergel glatt poliert, damit die Strömung besser wurde. Auf diese Weise konnte man 5 PS mehr aus den Porsches herausholen, was bei 50 PS immerhin zehn Prozent waren.

Auf den diversen Rennstrecken der USA gebärdeten sich Porsches wie Füchse im Hühnerhof; sie stifteten unter den weitaus hubraumstärkeren Boliden britischer, italienischer und amerikanischer Herkunft viel Verwirrung. Wenn zum Beispiel Briggs Swift Cunningham mit seiner Jaguar-Flotte auftauchte und Linge und mich mit unseren Stetsons erblickte, witterte er für seine PS-Protze Böses. Die abgesteckten Rennstrecken waren in der Regel sehr kurz, so daß die Jaguars, Ferraris und Maseratis ihre Motorstärke kaum ausspielen konnten. Die Porsches waren beim Kurvenanbremsen immer wieder aufgeschlossen. Und sie hielten länger durch als die Großen. Was Cunningham zu ärgerlichen Sprüchen wie etwa diesem veranlaßte: »Wenn du einen Käfer oder einen Porsche auf den Müll schmeißt und holst sie am nächsten Tag noch mal runter – dann laufen die immer noch!«

Die kalifornischen Porsche-Rennfahrer, die bei den wichtigsten Rennen dabeisein wollten und nicht gerade Millionär waren, mußten viele Strapazen auf sich nehmen. Sie verluden ihre Porsches auf den Truck und fuhren quer durch die USA nach Sebring; tagelang waren sie unterwegs! Von da zog der Zirkus weiter zum Elkhart-Lake-Circuit nördlich von Chicago.

Für Aufregung sorgten Porsche-Autos in den Rennen der Gruppe F, der »modified« Gruppe bis 1,5 Liter; es waren sogenannte Handikap-Rennen. Die ersten drei aus der modifizierten Klasse durften in der Großen Klasse mitfahren, wobei nun auch hier unsere kleinen Spyder bei den Großen in der Spitzengruppe mitmischten, sogar einige Male als Sieger. In der Saison 1958/59 wurden die »Kleinen« ausgeschlossen, zumindestens in Kalifornien, weil die Sponsoren der großen Autos nicht zulassen wollten, daß ihre Boliden von den »kleinen« Porsches »vorgeführt« wurden.

Eine interessante Beobachtung am Rande: Bei den Rennen der Klasse F tauchten neben Porsche vornehmlich englische Marken (wie Triumph, MG, Lotus) auf. Aber auch in der Großen Klasse dominierten Autos aus der Alten Welt: Jaguar, Ferrari, Maserati, Aston Martin, 300 SL Flügeltür usw. Für die Teilnehmer an diesen Halb-Amateur-Rennen wurden Preisgelder aber erst Ende 1958/Anfang 1959 eingeführt.

Aber – so faszinierend die Arbeit für Porsche in den USA auch war –, sie forderte ihren Tribut. Mit meiner Gesundheit, vor allem mit der Beschaffenheit meines Nervensystems stand es nach drei Jahren nicht zum Besten. Weil auch die Kinder eingeschult werden mußten, entschieden wir uns zur Rückkehr nach Deutschland. Wie hart der aufregende Job als Kundendienstmann in den USA gewesen war, ist vielleicht an den 150 000 Meilen abzulesen, die ich in knapp drei Jahren USA-Aufenthalt zurückgelegt habe: Das sind 240 000 Kilometer. Am 1. April 1959 kehrten wir zurück, kurz nachdem mein Freund Kenneth Miles, einer der erfolgreichsten amerikanischen Porsche-Rennfahrer, auf einem Spyder den bis dahin größten Erfolg errungen hatte – den Gesamtsieg im Sportwagenrennen von Pomona.

Nach Zuffenhausen zurückgekehrt, wurde ich alsbald zum Obermeister ernannt und war verantwortlich für die Werkstätten der Fahrwerks- und Motorreparatur sowie der Sportbetreuung der Kunden. Später avancierte ich zum Betriebsleiter der Porsche-Reparaturwerkstätten und schied im Herbst 1984 nach Erreichen der Altersgrenze aus der Firma aus.

DUNLOP B5
DUNLOP
der schlauchlose
Reifen für Pkw
DUNLOP Reifen
DUNLOP
DUNLOP B5
DUNLOP
der schlauchlose
Reifen für Pkw
DUNLOP Reifen

SAXOMAT
FICHTEL & SACHS AG

VEEDOL
VEEDOL
22
22
23

95

92 Großer Preis von Berlin (1955) für Gran-Tourismo-Wagen. Vier Porsche 356 in der Nordkurve der AVUS. Diese berühmt-berüchtigte Steilkurve war 20 Meter hoch, mit einer Fahrbahnbreite von 12 Metern und einer Schräge von 43 Grad. Sie erlaubte Geschwindigkeiten bis zu 180 km/h.

93 Richard von Frankenberg, in den fünfziger und sechziger Jahren einer der erfolgreichsten deutschen Sportwagenfahrer und jahrelang Herausgeber von »Christophorus«, in einem Porsche 550 Spyder 1500 RS (1955).

94 Großer Preis von Deutschland 1959 auf der AVUS.
In der Südkurve drängeln sich vier Porsche-Fahrer auf Spyders 1500 RSK. Nummer 23: Wolfgang Graf Berghe v. Trips (der spätere Sieger), Nummer 21: Jean Behra, Nummer 28: Heini Walter, Nummer 22: Joakim Bonnier.

95 Ein Porsche 356 B – 1600 GS/GT wird beim 12-Stunden-Rennen von Reims (1961) aufgetankt. Rechts mit Sturzhelm Richard von Frankenberg, hinter dem Wagen mit Mütze Fritz Huschke v. Hanstein.

96 Der 500. Porsche verläßt am 21. März 1951 das Werk in Zuffenhausen. Am Steuer Hans Klauser.

97 Porsche nimmt im Jahr 1951 zum ersten Mal an den 24 Stunden von Le Mans teil. Ein 356 Alu (Startnummer 46) mit den Franzosen Auguste Veuillet und Edmond Mouche wurde Erster in der Klasse bis 1500 ccm und Zwanzigster im Gesamtklassement.

96

97

257
257
40-4140

99

98 Max Nathan auf einem privaten Porsche 356 A bei der Mille Miglia 1955.

99 1000-Kilometer-Rennen 1958 auf dem Nürburgring. Hans-Joachim Walter und Paul Ernst Strähle wechselten sich am Steuer eines 356 B – 1600, GS/GT Speedsters ab und wurden Klassensieger.

100 Le Mans 1955. Richard von Frankenberg/Helmut Polensky werden auf einem 550/1500 RS Spyder Klassensieger sowie Vierte in der Gesamtwertung, mit einem Schnitt von 159,572 km/h. Außerdem gewinnen sie die Index-Wertung.

101 Jean Behra in einem Porsche 718/1500 RSK auf der Schauinsland-Rennstrecke im südlichen Schwarzwald (1958).

102 Die Zeltweg-Flughafen-Rennen wurden 1958 durch den Sieg des deutschen Fahrers Wolfgang Graf Berghe v. Trips populär, der auf einem Porsche Spyder 1500 RSK (vor Jean Behra und Edgar Barth, ebenfalls auf Porsche) siegte.

100

101

1
114

198

S-MC 147

105

103 Die Gaisberg-Rennstrecke in der Nähe von Salzburg zählt zu den schnellsten Strecken für Bergrennen. Unser Foto zeigt den jugoslawischen Fahrer Milivoc Boczik in einem Spyder 550 A/1500 RS auf der Strecke (1958).

104 Zwei Porsche 718/RS 61 werden zum Training für die Targa Florio 1961 vom Transporter gerollt. Porsche-Mechaniker von rechts nach links: Herbert Linge, Erich Lerner, Ludwig Schmidt.

105 Junge italienische Auto-Freaks drängeln sich in Sizilien 1961 um Paul Ernst Strähles Porsche.

106 Die Solitude-Rennstrecke bestand aus abgesperrten öffentlichen Straßen in den Wäldern rings um Schloß Solitude, südwestlich von Stuttgart. Unser Foto zeigt Joakim Bonnier auf einem Porsche Formel-2, mit dem er beim Solitude-Grand Prix 1960 den 5. Platz belegte.

107 Nürburgring – 1000 Kilometer-Rennen 1960. Wir sehen Carel Graf de Beaufort am Steuer eines Porsches 718 RS/1600 ccm. Zusammen mit dem belgischen Fahrer Paul Frère wurde er Klassensieger und Fünfter im Gesamtklassement.

22

22

34

34

108

108 Nürburgring – 1000-Kilometer-Rennen 1961. Um den Porsche RS 61 schart sich viel Prominenz: rechts Graham Hill, am Cockpit Dan Gurney, vorm Bug des Wagens Huschke v. Hanstein im Gespräch mit Joakim Bonnier. Das Team Bonnier/Gurney fiel in der letzten Runde wegen Verteilerdefekts aus.

109 Targa Florio 1961. Auch um diesen Porsche RS 60 (jedoch mit 2-Liter-Motor) ist viel Prominenz versammelt. Links vom Wagen der deutsche Fahrer Hans Herrmann, rechts Graham Hill, links von ihm Stirling Moss. Wagen 136 fiel fünf Kilometer vorm Ziel mit Hinterachsschaden aus.

110 Jean Behra in einem Mittellenker-Porsche, Typ 718, beim Großen Preis von Reims 1957.
111 Unser Foto zeigt Richard von Frankenbergs spektakulären Unfall auf der Berliner AVUS am 16. September 1956. Zehntausende Zuschauer erlebten, wie sich sein Porsche 645 (»Micky Mouse«) plötzlich nach rechts drehte, im rechten Winkel über den höchsten Punkt der Böschung raketengleich hinausschoß und wie ein Feuerball ins Fahrerlager stürzte. Weil er aus dem Cockpit herauskatapultiert wurde, blieb Richard von Frankenberg unverletzt!

112 Wolfgang Graf Berghe v. Trips (Nr. 14) und Jean Behra (Nr. 12) beim Training zum Großen Preis von Deutschland 1959 auf der AVUS. Behras Porsche ist ein Formel-2-Eigenbau auf der Basis des Typs 718.
113 Hans Herrmann am Steuer eines Porsche Formel-2-Wagens beim Großen Preis von Deutschland 1961 auf dem Nürburgring. Herrmanns schnellste Zeit im Training: 9.12,7 Minuten. Er fiel während des Rennens wegen Schaltproblemen aus.

136
136
136

14
TRANSMISSIONS
GLAENZER

BP ENERGOL BP
BP
CARDAN
SPICER

ZANO
CINZANO
VARTA

14
12
12

114

114 Joakim Bonniers und Dan Gurneys Porsche 718 RS Coupé nach seinem Ausfall in der 20. Stunde der 24 Stunden von Le Mans (1961) – wegen Kurbelwellenbruch.
115 Jean Behra beim Gaisbergrennen 1958 auf einem Typ 718/1500 RSK.

116 Die »Tausend Meilen« (Mille Miglia) waren bis 1957 – als sie zum letzten Mal gefahren wurden – das aufregendste und gefährlichste Straßenrennen der Welt.
Es führte von der norditalienischen Stadt Brescia bis nach Rom und zurück – ausschließlich auf öffentlichen Straßen. Porsche-Wagen haben dabei nach dem Zweiten Weltkrieg zahlreiche Klassensiege erzielt. 1955 gewannen Wolfgang Seidel (links) und Helm Glöckler (rechts) ihre Klassenwertung auf einem 550/1500 RS.

117 Der Schweizer Michael May versah seinen Porsche 550/1500 RS mit einer »Luftbremse« (hier bei Tests auf dem Nürburgring). May wollte mit diesem Flügel zusätzliche Bodenhaftung erzielen, ohne daß sich dadurch das Gesamtgewicht des Autos wesentlich erhöhte. Ziel des Bastlers: höhere Kurvengeschwindigkeiten.
Beim 1000-Kilometer-Rennen 1956 mußte er allerdings ohne dieses Hilfsmittel fahren.

118 Zwei Porsche-Spyder vom Typ 910 vorm Start zur Europa-Bergmeisterschaft 1966 in Trento-Bordone. Neben der Nr. 108 fachsimpeln die Porsche-Mitarbeiter Peter Falk und Theo Huber.
Rechts mit Nr. 112 der Siegerwagen, den Gerhard Mitter pilotierte.
119 Graf Berghe v. Trips in einem 718/1500 RSK auf Schauinsland 1958.

112

GRAND HOTEL
RICCIONE
SULLA SPIAGGIA

541

BOSCH
BOSCH

4
BE·62682

108
108
S-XR46

VEEDOL
VEEDOL

114

INGO SEIFF

SCHLUSSWORT

Ich will ehrlich sein – von selber wäre ich nicht auf die Idee gekommen, ein Porsche-Buch zu machen. Zu sehr lag jahrelang mein Interessenschwerpunkt in der Oldtimer-Szene, als daß ich in das Klischee eines begeisterten Porsche-Liebhabers gepaßt hätte. Als ich jedoch vor etwa 15 Jahren Manfred Jantke, dem damaligen Leiter der *Abteilung Öffentlichkeitsarbeit der PORSCHE AG,* bei einem köstlichen schwäbischen Menü im Porsche-Cassino hoch über den Dächern von Zuffenhausen die ersten Fotoandrucke meines Bild-Text-Bandes DAS GROSSE BUCH DER OLDTIMER zeigte, stellte er mir wie beiläufig die Frage: »Und wann machen Sie ein Porschebuch in diesem Stil?«

Ich dachte, ich hör' wohl nicht richtig! Wußte ich doch, daß es eine Vielzahl von Porschebüchern gibt (von denen wir im Anhang eine große Anzahl in den Originalausgaben benennen), und daß es überwiegend sorgfältige Arbeiten sind, informative Nachschlagewerke, die mit großer historischer Akribie geschrieben wurden. Viele von ihnen habe ich durchgeackert und im stillen den Kollegen meinen Respekt bezeugt, und doch ... Dem legendären »Porsche-Mythos« bin ich bei all dieser Lektüre nicht auf die Spur gekommen.

Das ist ja auch nicht so einfach. Man muß zunächst einmal begreifen, daß zwischen schlichtem Autofahren und Porsche-Fahren Welten liegen! Porsche-Autos sind eine Weltanschauung auf Rädern; Autos, die nur mit tiefenpsychologischem Vokabular zu beschreiben sind; Autos, die Sigmund Freud – würde er noch leben – als ideale Studienobjekte an sein Seelenforscherherz gedrückt hätte. Phallussymbole auf Rädern für den einen, Spitzenprodukte deutscher Automobiltechnologie für den anderen. Beides stimmt und reicht doch nicht aus, das Phänomen Porsche erschöpfend zu analysieren. Selbst der Slogan »Porsche – Fahren in seiner schönsten Form« kann nur annähernd die Faszination beschreiben, die diese Marke ausstrahlt. (Ich muß aber auch zugeben: nach den beiden Interviews mit Professor Ferry Porsche und Peter W. Schutz ist mir vieles über den »Porsche-Mythos« klar geworden, ich habe vieles dazugelernt.)

So faßte ich, als meine Jagd nach seltenen Bugattis, Hispano-Suizas, Duesenbergs und Bentleys usw. für mein Oldtimerbuch beendet war, den Entschluß: »Eines Tages werde ich ein Porsche-Buch machen, aber ein ganz anderes!«

Ein weiteres Schlüsselerlebnis wurde für mich das Jahrestreffen 1983 des Porsche Clubs of Amerikca (PCA) in Missouri. Dort lernte ich einen Porsche-Besessenen kennen, der früher sündhaft teure Objekte und Mobiles von Alexander Calder gesammelt hatte und sie eintauschte gegen Porsches, die wie »Skulpturen« in seinem Haus stehen. Sportwagen aus Zuffenhausen in den Rang von Kunstwerken erhoben! Oder es schlugen mich jene amerikanischen Porsche-Liebhaber in ihren Bann, die das Profil der Reifen an ihrem 904 mit den gleichen Wattebäuschchen reinigten, mit denen sie zu Hause im Nabel ihres Babys für Ordnung sorgen ... Verrückte?

Diese geradezu fanatische Marken-Fahrer-Bindung ist ein wichtiger Aspekt des Porsche-Mythos. Das ist die eine Seite. Die andere: Seitdem Porsche Autos baut, fährt Porsche auch Rennen. Dabei geht es nicht primär um Siegeslorbeer, sondern auch um Image und weltweites Prestige. Die Entwicklung von Wettbewerbswagen ist für Porsche auch ein Mittel zur Erprobung von Spitzentechnologie, die den Serienautos zugute kommt. Porschefahrer sind hart im Nehmen und sensibilisiert zugleich. Ein Beispiel: Der 911 mit seinem Heckmotor. Er bedarf des starken Mannes und der starken Frau kräftiger Hand. Der Elfer stammt technisch aus einer vergangenen Epoche, ist aber dabei unvermindert so stark gefragt, daß ihn abzuschaffen ein Sakrileg und eine Art Kulturschande wäre.

In meinem GROSSEN PORSCHEBUCH spiegelt sich meine ganz persönliche Auslegung des Themas Porsche wider, belegt durch eindrucksvolle Fotos und durch Texte, die von »an der Basis« arbeitenden Autoren geschrieben wurden. Es ist weder ein Buch für feuilletonistische Schwärmer noch ein Konvolut ausschließlich für Sportauto-Fans oder Technik-Freaks. Ich wollte den Beweis führen, daß Porsche vor allem ein Synonym für »Auto pur« ist, ein Thema, bei dem selbst gestandene Männer – erfolgreiche »Macher« und Trendsetter (und ihnen vergleichbare Frauen), insgesamt ansonsten sehr vernünftige Mitmenschen – ausflippen. Sie bekennen sich offen und stolz zu der Leidenschaft, die sie für ihre Porsches empfinden. Und sie geben zu, daß durch den Zuffenhausener »Kraftprotz« viele ihrer Autoträume wahr geworden sind.

Weil ich glaube, daß ich (noch) den nötigen Abstand zu dieser irrationalen Markenliebe habe, traute ich mir zu, dieses Buch zu machen, was um so leichter wurde, da mir die Firma Porsche ermöglichte, sowohl den 911 Carrera als auch den 944 in Norditalien zu erproben.

Ich bin stolz auf die im Buch vereinigten prominenten und sachkundigen Autoren und Fotografen (vor allem darauf, daß bis auf das Motiv Nr. 82 sämtliche Fotos des Schwarzweißteils von Julius Weitmann stammen, der Lehrmeister für eine ganze Generation von Sportfotografen war). Der Ordnung halber sollte erwähnt werden, daß ich selber drei Texte und rund ein Viertel der Fotos beigesteuert habe. Es ist aber auch wichtig zu betonen, daß meine Arbeit an diesem Buch durch Mitarbeiter des Hauses Porsche wesentliche Unterstützung erfuhr. *Vor allem muß ich mich bei den stets freundlichen Mitarbeiterinnen und Mitarbeitern der »Christophorus«-Redaktion und der Porsche-Presseabteilung bedanken, die in der Entwicklungsphase der Neuedition meines GROSSEN PORSCHE-BUCHES meine unermüdliche Aufdringlichkeit ertragen haben und stets kreativ und hilfsbereit darauf reagierten.*

Das gilt übrigens auch für Klaus Parr, den Leiter des vorbildlich organisierten Historischen Porsche-Archivs. Auch in diese Richtung ein herzliches »Vergelt's Gott!«

Porsche-Besitzer diesseits und jenseits des Atlantiks haben viele nützliche Vorschläge und Anregungen beigesteuert, die dem Buch schon in seiner Erstausgabe gut getan haben. So möchte ich ihnen zurufen: »Many thanks – and have a nice day in a Porsche!«

Noch einige Hinweise zum Umgang mit diesem Buch: Ich hatte nicht den Ehrgeiz, ein weiteres Porsche-Nachschlagewerk vorzulegen und beispielsweise mit Büchern dieser Art von Karl Ludvigsen, Lothar Boschen/Jürgen Barth oder Tobias Aichele konkurrieren zu wollen. Dennoch findet der Leser nicht nur im Textteil, sondern auch im Anhang eine Fülle von nützlichen, interessanten Informationen. Bei den Bildunterschriften ist bewußt auf detaillierte technische Angaben verzichtet worden, um die Optik nicht zu beeinträchtigen. Dafür verweise ich auf die vorderen und hinteren Innenseiten der Buchdeckel. Dort sind wichtige Sport- und Rennwagentypen mit ihren Daten aufgeführt. Redaktionsschluß für diese zweite Neu-Edition war der 7. Juni 1998. Das bedeutet, daß der aufmerksame Leser einerseits Daten und Fakten entdecken wird, die durch aktuelle Ereignisse überholt sind, andererseits aber auch Daten, Zahlen und »Events« vermißt, die berichtenswert gewesen wären, aber erst nach Redaktionsschluß anfielen.

Aber es blieb noch Zeit, den Porsche-Triumph bei den 24 Stunden von Le Mans am Fernseher zu erleben. Zwei Porsche GT 1 '98 belegten die Plätze 1 und 2 im Gesamtklassement. Es war der sechzehnte Porschesieg bei diesem berühmtesten Autorennen der Welt.

Echzell, im Juni 1998 INGO SEIFF

ENTWICKLUNGEN / INNOVATIONEN AB 1948

1948 Erstes Fahrzeug mit dem Namen »Porsche«, Aluminiumkarosserie, Gitterrohrrahmen, Aluminium-Kurbelgehäuse und -Zylinderkopf (Typ 356 Produktionsnummer 1).
1950 Schlepper mit 2-Zylinder-Aluminiummotor (Typ AP 17).
1951 Mit dem Porsche 356 erster Einsatz und erster Klassensieg in Le Mans.
1951 Porsche Ringsynchronisierung, mehr als 200 Patente, über 1 Million gebaute Getriebe durch Lizenznehmer.
1952 Porös verchromte Aluminiumzylinder im 356 1,3 Liter Motor, Vorteil: verschleißfeste Lauffläche mit guter Schmierung.
1954 Porsche-Synchronisierung in allen Grand Prix-Rennwagen.
1955 Flugmotor 1,6 Liter (Typ 678).
1955 Gebogene Verbundglas-Frontscheibe im 356 Speedster (als erstes deutsches Auto).
1955 Königswellenmotor (4-Zylinder-Boxer »Fuhrmannmotor«) geht in Serie (Typ 547), 1,5 Liter Hubraum, 110 PS bei 6700 1/min.
1956 550 Spyder, erster Gesamtsieg bei der Targa Florio.
1962 Porsche 356 B: Angebot Dreipunkt-Gurtsystem, Verriegelung der Sitzlehnen.
1962 Formel 1 Typ 804, 1,5 Liter 8-Zylinder-Motor, Titan-Pleuel, Gasdruckstoßdämpfer, innenumfaßte Scheibenbremse, ein Grand-Prix-Sieg.
1963 Geteilte Sicherheitslenkanlage im Porsche 911.
1963 Carrera 2 mit innenumfaßter Scheibenbremse.
1963 Porsche 904 mit aerodynamischer Kunststoffkarosserie, c_W-Wert 0,33.
1964 Produktionsbeginn Typ 901, später 911.
1965 Sicherheitscabriolet 911 Targa.
1965 Porsche 906 Rennwagen mit Front- und Heckspoiler.
1966 1. Fallversuchcrash in Zuffenhausen mit dem Porsche 904.
1966 Erster Abgasprüfstand in Europa mit Genehmigung der amerikanischen EPA zur Durchführung kalifornischer Abgastests.
1968 907, erster Gesamtsieg 24 h Daytona.
1968 909 Bergspyder, 430 kg, 275 PS, Titan-Fahrwerksfedern und -Kraftstoffbehälter, beweglicher Heckspoiler und Beryllium-Bremsscheiben, Gewinn der Europa-Bergmeisterschaft.
1968 Hochspannungszündung in Serie.
1968 911 T, erste Rallye-Weltmeisterschaft.
1968 Kraftstoffeinspritzung in Serie (alle Modelle 1973).
1968 911 T, erster Gesamtsieg bei der Rallye Monte Carlo.
1969 Automatische 3-Punkt-Gurte, Serie in der BRD.
1969 ABS im 908/02 Rennwagen für Versuche.
1969 908/3, erstmals Einsatz gelochter Bremsscheiben.
1969 908/917, erste Sportwagen-Weltmeisterschaft.
1970 911 2,2 Liter, erstes Serienfahrzeug mit innenbelüfteten Scheibenbremsen.
1970 914/6 serienmäßig mit Magnesiumfelgen.
1970 917 K 4,5 Liter, erster Porsche-Le Mans-Gesamtsieg.
1971 Inbetriebnahme des Entwicklungszentrums Weissach (erste Baustufe) mit 500 Mitarbeitern wegen fehlender Erweiterungsmöglichkeiten in Zuffenhausen.
1971 917 Rennwagen mit Magnesiumrohrrahmen und Verstellstabilisator.
1971 Beschleunigungsschlitten in Weissach.
1971 Galvanisch verzinkte Bodenbleche.
1972 Die Firma Porsche wird Aktiengesellschaft und firmiert *Dr. Ing. h. c. F. Porsche Aktiengesellschaft.*
1972 Überrollversuche mit dem Porsche 911.
1972 Seitenaufprallversuche.
1972 Can Am-Rennwagen (12 Zylinder, Turbomotor, 1000 PS), Typ 917-10 (Gesamtsieg in der Serie).
1973 1. Crashanlage in Weissach, Vorversuche.
1973 Forschungsprojekt Langzeit-Auto – Präsentation auf der IAA.
1973 911 Carrera RS serienmäßig mit Front- und Heckspoiler (1975 Serie 911 Turbo).
1974 Kontaktlose Zündung in Serie.
1974 Abgasturboaufladung im 911 Turbo (als erster Serien-Sportwagen der Welt).
1975 Bremsanlage mit 4-Kolben-Bremszange und gelochten Bremsscheiben in Serie im 911 Turbo.
1975 Einführung der feuerverzinkten Karosserie als erster Automobilhersteller in Serie.
1976 Produktionsbeginn Typ 924, Gesamtproduktion der Vierzylinder-Baureihe 325 822 Fahrzeuge.
1976 935 und 936, Doppelweltmeisterschaft (Gruppe 5, Gruppe 6).
1977 O.R.B.I.T.-Feuerwehrauto (Studie für das BMFT).
1977 Produktionsbeginn Typ 928 mit Soft-Bug und -Heck, Weissach-Achse, Leichtmetallmotor, Transaxle-Bauweise, Fehleranzeige-Display, Auto des Jahres 1978, Gesamtproduktion der Achtzylinder-Baureihe 61 193 Fahrzeuge.
1980 Entwicklung eines völlig neuen Cockpit-Layouts für den Airbus.
1980 Kotflügel aus glasfaserverstärktem Polyurethan in Serie im 924 Carrera GT.
1980 Reifendruckkontrollsystem im Porsche 924 GTP Le Mans.
1981 Produktionsbeginn 944 mit elektronischer Benzineinspritzung (Motronic), weltweit erstmalig beheizte Lambda-Sonde.
1981 SAVE Rettungswagen (**S**chnelle **A**mbulante **V**orklinische **E**rstversorgung).
1981 Porsche Flugmotor; Vorteile: Wirtschaftlichkeit, Einhebelbedienung, geringe Geräusch- und Umweltbelastung. Demonstration der Zuverlässigkeit durch einen Weltflug, bei dem 55 Länder angeflogen und über 100 000 km zurückgelegt wurden.
1981 Formel 1 TAG-Motor, V6 Turbo 1,5 Liter, 1984 erste Formel-1-Weltmeisterschaft.

1982 Doppelkupplungsgetriebe (PDK), Renneinsatz 1985.
1982 956 Gruppe C Rennwagen, Unterboden mit Groundeffekt, vollelektronisches Motormanagement (Motronic), Denloc Sicherheitsrennreifen, Hohlspeichenfelge mit Luftdruckkontrollsystem und 6-Zyl.-Boxer-Turbo-Motor, später kombinierte Luft-/Wasserkühlung, Zylinderkopf und Zylinder verschweißt, erste Gruppe C-Weltmeisterschaft.
1983 959 mit programmgesteuertem Allradantrieb, Dämpfungs- und Niveauregulierung, Kunststoffaußenhaut, Turbo-Motor mit Registeraufladung und Ladeluftkühlung, Titanpleuel, 6-Gang-Getriebe.
1983 ABS in Serie 928S.
1984 Offset-Crashversuche mit 50% Überdeckung.
1984 Beheizte Lambda-Sonde in allen Porsche-Typen weltweit.
1984 Alle Porsche-Fahrzeuge serienmäßig mit Aktivkohlefilter.
1984 Manuell gesteuerter Allradantrieb im Porsche 953 (Basis 911), erster Gesamtsieg bei der Rallye Paris–Dakar.
1985 Türverstärkung weltweit.
1985 Sekuriflex Windschutzscheibe.
1985 4-Ventil-Technik in Serie 928S Kat.
1985 Bootsmotor für Rennboote, 8-Zylinder-Biturbo-Motor (Basis 928), Leistung über 700 PS.
1986 Fahrer- und Beifahrer-Airbag serienmäßig im 944 Turbo für USA, als erster europäischer Hersteller.
1986 2. Crashanlage in Weissach.
1986 Inbetriebnahme des Weissacher Windkanals mit geschlitzten Wänden und Grenzschichtabsaugung.
1986 944 Turbo Cup, erste Rennserie mit Katalysatorfahrzeugen.
1986 911 Carrera für Schweiz und Australien mit Geräuschkapselung.
1986 Katalysator in allen Modellreihen (ohne Leistungsreduzierung).
1988 928 S4 mit RDK (Reifendruckkontrolle) und PSD (Porsche Sperrdifferential).
1988 Carrera 4 mit Allradantrieb, Metallkatalysator, ausfahrbarem Heckspoiler, recyclingfähigen Bug- und Heckstoßfängern, Motor mit Doppelzündung, aerodynamisch optimiertem Fahrzeugunterboden, elektrothermischer Sensor für Tankanzeige.
1989 Carrera 2 mit Tiptronic (lastschaltbares 4-Gang-Getriebe).
1989 Airbag serienmäßig, USA alle Fahrzeuge.
1989 March-Porsche, Indy Cart Serie, Sieg in Mid.-Ohio.
1989 Keramik-Portliner als erster Hersteller, im Typ 944 Turbo.
1990 Alle Porsche-Fahrzeuge auf asbestfreie Bremsbeläge, Kupplungsbeläge und Dichtungen umgestellt.
1990 911-Motor mit Kunststoffansauganlage.
1991 Porsche-Fahrzeuge sind weitgehend cadmiumfrei.
1991 Porsche stattet als erster Hersteller in der BRD serienmäßig alle Modelle mit Fahrer- und Beifahrer-Airbag aus.
1991 968-Motor mit Variocam-Nockenwellenverstellung (elektrisch-hydraulisch), Bypaßsauganlage und Bremsanlage mit spezieller optimierter Kühlluftzuführung. Drehmomentstärkster 3-l-Saugmotor in Serienfahrzeugen.
1991 Stufenweise Umstellung auf wasserlösliche Metallic-Lacke.
1992 Porsche-Fahrzeuge weitgehend FCKW-frei (Schäume, Klimaanlage).
1992 System zur Erfassung des Kraftschlusses zwischen Fahrbahn und Reifen, entwickelt im Rahmen des europäischen Forschungsprogramms PROMETHEUS.
1993 Mehrlenker-Leichtbauachse mit Fahrschemel im 911 Carrera, LSA-System mit verstärktem Leichtbau und optimierter Stabilität und Agilität.
1994 Porsche führt als erster Hersteller Wasserbasislacke für Reparaturlackierungen ein.
1994 Tiptronic S: Doppelfunktionsgetriebe mit fahreradaptiver Steuerung und Schaltmöglichkeit vom Lenkrad.
1994 Fahrdynamisches Allradsystem bestehend aus Allradantrieb, automatischem Bremsdifferential und fahrdynamischem Sperrdifferential im 911 Carrera 4.
1995 911 Turbo mit Biturbomotor, als erstes Fahrzeug weltweit serienmäßig mit On-Board-Diagnose II ausgerüstet, reibgeschweißte 18"-Hohlspeichenräder (Porsche-Patent), Leichtbau-Spoilerdeckel in weiterentwickelter RTM-Technik.
1995 Neues Targadachkonzept, mit elektrisch betätigtem, großflächigem Glasdach.
1995 911 Carrera mit dreistufiger Varioram-Schaltsauganlage.
1996 Ende der Modell-»Monokultur«: der Roadster »Boxster« wird vorgestellt und Beginn der Produktion.
1996 Die Firma Porsche feiert das 25jährige Bestehen ihres Entwicklungszentrums Weissach
1996 (15. Juli) der millionste Porsche läuft vom Band.

Die Porsche-Produktion von 1948 bis Mai 1998

Baureihe	Stückzahl
356	77 361
911/912/912E/911 Turbo (luftgekühlt)	442 075
914/4, 914/6	118 978
924/944/968	325 862
928	61 221
959	283
Speedster	3 028
Boxster (bis Ende 1997)	15 790
	1 044 598

Das Porsche-EntwicklungszentrumWeisach
aus der Vogelperspektive.

PORSCHE ZEITTAFEL

1930 Ferdinand Porsche gründet in Stuttgart ein unabhängiges neutrales Konstruktionsbüro, die Dr.-Ing. h. c. F. Porsche GmbH.
1931 Erste Entwicklung der eigenen Porsche-Firma ist ein 6-Zylinder-Wagen für die Firma Wanderer, Zwickau.
1932 Porsche beginnt die Entwicklung einer 16-Zylinder-V-Maschine, die später in den Auto-Union-Silberpfeilen sehr erfolgreich besteht. Die für den gleichen Wagen konzipierte Drehstabfederung entsteht ebenfalls in diesem Jahr. Für die Zündapp-Werke entwirft Porsche den Kleinwagen vom Typ 12 mit Heckmotor. Die Linienführung erinnert schon deutlich an den Volkswagen.
1934 Der Auto-Union-Rennwagen wird Wirklichkeit und gewinnt auf Anhieb den Großen Preis von Deutschland.
1935 Die Idee zum Bau eines Volkswagens nach Porsche-Entwürfen nimmt durch besondere Initiativen der deutschen Regierung greifbare Formen an. Im Spätjahr werden die ersten VW-Prototypen gefahren.
1936 An Porsche ergeht der offizielle Auftrag, ein Werk für den Bau des Volkswagens zu planen und zu gestalten.
1938 Am 26. Mai (Christi Himmelfahrt) wird bei Fallersleben der Grundstein zum VW-Werk gelegt. Porsche treibt die Entwicklung für den Volkswagen voran. Als Parallelentwicklung wird aus dem VW-Prinzip ein Kübelwagen entwickelt.
1939 Der Volkswagen wird auf der Automobil-Ausstellung in Berlin ausgestellt.
1940 Porsche wird von der Stuttgarter TH zum Honorarprofessor ernannt.
1940–1945 Porsche entwickelt verschiedene wehrtechnische Projekte, u. a. die Panzer Leopard, Tiger und Maus.
1945 Nach Beendigung des Zweiten Weltkrieges zieht sich Porsche nach Zell am See, Österreich, zurück.
1946–1947 Porsche wird von den französischen Besatzungsbehörden verhaftet und in verschiedenen Gefängnissen in Frankreich festgehalten.
1948 Zulassung des ersten Porsche vom Typ 356.
1949 Die Firma Reutter in Stuttgart erhält den Auftrag zur Herstellung der Karossen für den Typ 356.
1950 Porsche feiert seinen 75. Geburtstag. In Stuttgart-Zuffenhausen werden insgesamt 298 Porsches gebaut.
1951 Am 30. Januar stirbt Ferdinand Porsche in Stuttgart. Er wird in Zell am See in Österreich beigesetzt.
Zum ersten Mal ist Porsche beim 24-Stunden-Rennen von Le Mans am Start. Ein Aluminium-Coupé 356 mit 1,1-Liter-Motor wird Klassensieger und kommt auf Platz 20 des Gesamtklassements.
1952 Ein von Porsche entwickeltes Ringsynchrongetriebe geht in Serie und wird später in aller Welt in Lizenz nachgebaut. Es wird auch im Mercedes-Benz 300 SLR verwendet.
1953 José Herrarte gewinnt bei der Carrera Panamericana auf dem Porsche 550-02 in der Klasse bis 1500 ccm.
Bei den 24 Stunden von Le Mans erringen die Porschefahrer Richard von Frankenberg/Paul Frère auf einem 550 Coupé den Klassensieg in der Klasse bis 1500 ccm.
1954 Am 15. März dieses Jahres verläßt der 5000. Porschewagen das Werk.
1955 Das Jahr 1955 bringt einen neuen Höhepunkt im Sportgeschehen: Richard von Frankenberg wird Deutscher Sportwagenmeister. Gemeinsam mit Helmut Polensky siegt er in der 1,5- Liter-Klasse bei den 24 Stunden von Le Mans.
Nicht nur in Europa ist Porsche zu einem festen Begriff geworden: eine nicht minder große und enthusiastische Anhängerschaft gibt es jetzt auch in den USA. Überall entstehen Porsche-Clubs; die Vereinigten Staaten werden schon bald eines der wichtigsten Exportländer für Porsche. Im gleichen Jahr läuft in Wolfsburg der millionste »Käfer« vom Band.
1956 Der 10 000. Porsche wird in Zuffenhausen fertiggestellt.
1957 Mit dem Porsche Speedster 1600, der vom September 1955 bis August 1958 gebaut wird, erzielen im März 1957 Richard von Frankenberg, Paul Emst Strähle und Rolf Goetze in Monza einige Langstreckenrekorde – auf rein privater Basis. In der Klasse 1500 bis 2000 ccm über 1000 Meilen mit 186,6 km/h; die 2000 Kilometer in 186,1 km/h, den 12-Stunden-Rekord mit 186,2 km/h.
1958 Zehn Jahre nach der Premiere des 356 haben bereits über 25000 Sportwagen das Werk in Zuffenhausen verlassen.
Das 1600-ccm-Coupé kostet in diesem Jahr 12 700 Mark, das Cabriolet 13 900. Teuerstes Modell der Saison: das Carrera GS Cabriolet für 19 700 Mark. In Deutschland gab es um jene Zeit 142 Porsche-Händler.
1959 Die jährliche Produktion bei Porsche liegt bei 7055 Wagen. Bundespräsident Professor Theodor Heuß verleiht Ferry Porsche im September das Große Verdienstkreuz der Bundesrepublik Deutschland.
1960 Joakim Bonnier und Hans Herrmann beenden die Targa Florio als Gesamtsieger auf einem RS 60. Bonnier gewinnt auch den GP von Deutschland auf dem Nürburgring in einem Formel 2-Wagen.
1961 Auf vielen Rennpisten ist Porsche jetzt schneller als die Konkurrenz. Vor allem in der Formel 2 sind Porsche-Wagen stets vorn; Joakim Bonnier und Dan Gurney plazieren sich fünfzehn Mal auf einem der ersten drei Plätze. Und bei Bergrennen ist es jetzt zunehmend Sepp Greger, der mit seinem schnellen RSK für Bestzeiten sorgt.
1962 Höhepunkt des Engagements von Porsche im Grand-Prix-Sport ist der Achtzylinder Formel 1, mit dem Dan Gurney den Großen Preis von Frankreich in Rouen gewinnt. Aber noch im selben Jahr zieht sich Porsche vom kostspieligen Formel-1-Sport zurück.
1963 Über 60 000 Porsche-Autos vom Typ 356 sind gebaut, als auf der Internationalen Automobilausstellung in Frankfurt der Nachfolger, der Typ 911, vorgestellt wird.
1964 Der von Ferdinand Alexander Porsche entworfene Typ 904 (Carrera GTS) wird präsentiert. Die Karosserie wird aus glasfaserverstärktem Plastik (Fiberglas hergestellt – das erste Mal in der Geschichte der Porsche-Sportwagen.
1965 In diesem Jahr wird der letzte von insgesamt über 75 000 Porsche 356 gebaut. Den 911 gibt es aber auch schon über ein Jahr. Ferry Porsche wird die Ehrendoktorwürde der Technischen Universität Wien verliehen.
1966 Am 21. September feiert Porsche ein stolzes Jubiläum: der 100 000. Porsche-Wagen wird ausgeliefert, ein 912 »Targa«, ausgerüstet als Polizeifahrzeug.
Der 911 S verfügt jetzt über 160 PS.
1967 Die Schweizer Porsche-Fahrer Steinemann, Voegele, Illert, Siffert und Spoerry stellen mit einem Porsche 911 R einen neuen Weltrekord auf. In 95 Stunden, 35 Minuten und 4,2 Sekunden legen sie, einander abwechselnd, die Distanz von 20 000 Kilometern mit einem Schnitt von 209,24 km/h zurück auf der Piste von Monza.
1968 Vic Elford/Umberto Maglioli gewinnen auf einem Porsche 907 die Targa Florio; ein anderer wichtiger Sieg eines 907 war das 12-Stunden-Rennen von Sebring, mit den Fahrern Jo Siffert und Hans Herrmann.
Vic Elford/David Stone gewinnen auf einem 911 T die Rallye Monte Carlo.
1969 Porsche erringt zum ersten Mal die Markenweltmeisterschaft. Und wieder gewinnen die Zuffenhausener die »Monte«: mit Björn Waldegaard/Lars Helmer auf einem 911 S. Beim 911 konnte man jetzt zwischen drei Motorstärken wählen: dem 911 T mit 125 PS, dem 911 E mit 155 PS und dem 911 S mit 180 PS, basierend auf dem 2,2-Liter Motor.
Die Mittelmotorwagen 914/4 und 914/6 werden vorgestellt.
1970 Erneuter Gewinn der Markenweltmeisterschaft. Zum dritten Mal hintereinander gewinnt Porsche die Rallye Monte Carlo. Wieder sind Björn Waldegaard und Lars Helmer die Sieger – auf einem 911 S.
1971 Der Hubraum des 911 wird auf 2341 ccm vergrößert.
1972 Die Firma Porsche wird Aktiengesellschaft; die Familie Porsche zieht sich aus der aktiven Geschäftsleitung zurück. Das Entwicklungszentrum Weissach, wo schon 1961 mit der Anlage von Teststrecken begonnen wurde, ist bezugsfertig.
1973 Bei Porsche beginnt die epochemachende Entwicklung von Rennmotoren mit Abgas-Turboladern. Höhepunkt: der 917/30 mit 1100 PS – das stärkste Rundstrecken-Rennauto, das jemals gebaut wurde.
Auf der IAA erregt Porsches Studienobjekt, das »Langzeitauto«, Aufsehen. Porsche will mit ihm zeitgerechte Entwicklungstendenzen fördern.
1974 Porsche stellt den 911 Turbo vor, den ersten Serienwagen der Welt mit Turboaufladung. Aus 3 Litern Hubraum schöpft er 260 PS.
1975 Am 31. Januar wird Dr. Ferry Porsche in Wien das Große Goldene Ehrenzeichen der Republik Österreich verliehen.
1976 Porsche entwickelt eine Alternative zu seiner klassischen Heckmotor-Bauweise: das Transaxle-Prinzip. Im jetzt vorgestellten 924 wird es zum ersten Mal angewendet.
1977 Am 3. Juni wird der 250 000. Porsche fertiggestellt.
Der »928«, mit V-8-Motor, kommt auf den Markt.
Der auf der Basis des altbewährten Porsche 911 entstandene Porsche 930 Turbo holt 300 PS aus einem Hubraum von 3,3 Litern heraus.
1978 Mit dem »928« wird zum ersten Mal ein Sportwagen zum »Auto des Jahres« gewählt.
1980 Der 1978 vorgestellte Typ 928 wurde in kurzer Zeit zum erfolgreichsten Sportwagen der oberen Preisklasse. Im Jahr 1980 verfügt der Typ 928 S über eine Leistung von 300 PS.
1981 Der 944, in Ergänzung des Transaxle-Modellprogramms, wird eingeführt. Porsche zeigt auf der IAA eine 911-Allrad-Studie, in Verbindung mit der neuentwickelten Cabrio-Karosserie.
1982 Der 956 C wird zum »Motorsport-Automobil des Jahres« 1982 gewählt.
1983 Auch zwanzig Jahre nach der Premiere des 911 hält Porsche an diesem erfolgreichen Konzept fest. Zum Höhepunkt der IAA in Frankfurt wird die Studie eines Wettbewerbswagens der Gruppe B (der spätere 959). Seine hohe Leistung wird durch eine neue Technologie des Allradantriebs auf die Straße gebracht.
1984 Der neue allradgetriebene Porsche 911 Carrera gewinnt die Rallye Paris-Dakar.
Dr. Ferry Porsche wird anläßlich seines 75. Geburtstages der Titel eines Professors verliehen.
1988 *Vorstellung des Carrera 4.*
1991 *Porsche stattet als erster Hersteller in Deutschland serienmäßig alle Modelle mit Fahrer- und Beifahrer-Airbag aus.*
1991 *Letzter Porsche 944 läuft vom Band.*
1992 *Präsentation des Typs 928 GTS.*
1993 *Dr. Wendelin Wiedeking wird Vorstandsvorsitzender der Dr. Ing. h. c. F. Porsche AG.*
1995 *911 Turbo, mit Bi-Turbomotor. Abgasfreundlichstes Auto in der Bundesrepublik.*
1996 *Der millionste Porsche fährt vom Band. Der Typ Boxster wird der internationalen Presse vorgestellt.*
1997 *Der neue Porsche 911 – mit Wasserkühlung – wird im Herbst vorgestellt.*
1998 *Prof. Ferdinand Porsche stirbt am 27. März 1998.*
Gesamtsieg bei den 24 Stunden von Le Mans.

AUSWAHL-BIBLIOGRAPHIE

AUSWAHL-BIBLIOGRAPHIE

Aichele, Tobias, Porsche 911 – forever young. Stuttgart (Motorbuch Verlag) 1993
Balestra, N., C. de Agostini, Cisitalia. Milano (Automobilia) 1980
Barker, Ronald, Anthony Harding, Automobile Designers: Great Designers and their work. Cambridge MA (Robert Bentley Inc., David and Charles Ltd.) 1970
Barnes, John W., The Automotive Photography of Peter Coltrin. Scarsdale NY (Jr. Publishing Inc.) 1978
Barth, Jürgen, Porsche Pocket History. Milano (Automobile Publishing) 1982
Batchelor, Dean, Illustrated Porsche Buyers Guide. Osceola, Wisconsin (Motorbooks International) 1982
Beaulieu, Lord Montagu of, Lost causes of Motoring – Europe, Vol. 1. London (Cassel & Co. Ltd.) 1969
Becker, Clauspeter/Lewandowski, Jürgen/Völker, Herbert, PORSCHE BOXSTER. Bielefeld (Verlag Delius & Klasing) 1996
Becker, Hans Detlef, Porsche von Fallersleben – Geschichte eines Automobils. Hannover (Sonderdruck »Der Spiegel« Nr. 18–22/1950)
Behr, Lothar, Die Autobosse. München (Verlag Information und Wissen GmbH) 1971
Bellino, Vincent, Porsche Parts Source Directory. Clarkstone GA 1977
Bentley, J. F., Porsche – Ein Traum wird Wirklichkeit. Ein Auto macht Geschichte. Düsseldorf/Wien (Econ Verlag) 1978
–, We at Porsche – The Autobiography of Dr. Ing. h.c. Ferry Porsche. Garden City, N. Y. (Double Day & Co. Ltd.) 1976
Bonatz, P., Leben und Bauen, Stuttgart (Engelhorn-Verlag) 1950
Boschen, Lothar, Das große Buch der Volkswagen-Typen. Stuttgart (Motorbuch Verlag) 1983
Boschen, Lothar, Jürgen Barth, Das große Buch der Porsche-Typen. Stuttgart (Motorbuch Verlag) 1977
English: The Porsche-Book: A Definitive Illustrated History. Cambridge (P. Stephens Ltd.) 1978
French: La Reussite Porsche (Toutes les Porsche). Paris (E.P.A.-Verlag) 1981
–, Das große Buch der Porsche-Sondertypen und -Konstruktionen. Stuttgart (Motorbuch Verlag) 1984
Butz, Evi, Edgar Barth, 30 Jahre Rennen. München (Moderne Verlag) 1966
Campell, Colin, New Directions in Suspension Design. Cambridge MA (Robert Bentley Inc.) 1981
Cancelleri, G., C. de Agostini, M. Schröder, La Legendaire Auto Union. Bologna (Editrice Grafiche Zanini) 1979
Clausager, Anders Ditlev, Porsche: Driving In Its Finest Form. New York (St. Martins Press) 1983
Cohin, Edouard, Paul Couty, Il Historique de la Course Automobile 1894–1965. Clermont-Ferrand 1966
Cosson, L., Ein Auto wird geboren – Porsches Leben. Antwerpen (Edition de Sikke S.A.) 1964
Cotton, Michael, The Porsche 911 and Derivatives: A Collectors Guide, London (Motor Racing Publications, Ltd.) 1980
–, Porsche 911 Turbo. London (Osprey Publishing Ltd.) 1981
–, Porsche. New York (Crescent Books) 1982
Daimler Benz AG, Mercedes-Konstruktionen in fünf Jahrzehnten. Stuttgart 1951
–, Chronik Mercedes Benz – Fahrzeug und Motoren. Stuttgart 1963
Deschenaux, J., Jo Siffert. London (W. Kimber & Co.) 1972
Donohue, Mark, Paul van Valkenburgh, The Unfair Advantage. New York (Dodd, Mead and Co., Inc.) 1975
Editions Briand David, Martini Racing Story. Paris 1983
Edler, Karl-Heinz, Wolfgang Roediger, Die deutschen Rennfahrzeuge. Leipzig 1956
Elfrink, H., Porsche Technical Manual. Los Angeles (Henry Elfrink Automotive) 1965
Frankenberg, Richard von, Porsche macht Renngeschichte. München (Moewig Verlag) 1955
–, Porsche Cars – Porsche Tractors: The success of a Great Man and his Ideas. Mannheim (Book Company for Industry, Commerce and Traffic) 1956
–, Mein geliebter Sport. Stuttgart (Motor-Presse-Verlag) 1957
–, Ferdinand Porsche – Der Weg eines genialen Konstrukteurs. Wien–Zürich–Leipzig (Almathea Verlag) 1957
–, Die ungewöhnliche Geschichte des Hauses Porsche. Stuttgart (Motor-Presse Verlag) 1959
–, Autos. Stuttgart (Steingrüben Verlag) 1962
–, Die ungewöhnliche Geschichte des Hauses Porsche. Stuttgart (Motorbuch Verlag) 1965
English: Porsche, The Man and his Cars. London (Motorraces Book Club, G. T. Foulis & Co. Ltd. 1965
–, Die großen Fahrer unserer Zeit. Stuttgart (Motor Presse Verlag) 1966
Frankenberg, Richard von, Michael Cotton, Porsche: Double World Champions 1900–1977. Somerset (Haynes Publishing Group) 1977
Frère, Paul, Luis Klemantaski, On the starting Grid. London (B. T. Batsford Ltd.) 1957
French: Un des Vingt au Depart. Paris 1956
–, Starting Grid to Chequered Flag. London (B. T. Batsford Ltd.) 1962
–, Das Rennen vor dem Rennen. Stuttgart (Motorbuch Verlag) 1971
English: The Racing Porsches: A Technical Triumph. New York (Arco Publishing Co., Inc.) 1973
–, Cars in Profile No. 5 – The Porsche 917. Windsor, Berkshire (Profile Publications) 1973
–, Die Porsche 911 Story. Stuttgart (Motorbuch Verlag) 1977
English: Porsche 911 Story. New York (Arco Publishing Co. Inc.) 1976 and Cambridge (Patrick Stephens Ltd.) 1980
–, Porsche – Rennwagen der 70er Jahre. Stuttgart (Motorbuch Verlag) 1983
English: Porsche Racing Cars of the 70s. New York (Arco Publishing Co.) 1981
Gregory, Ken, Behind the Scenes of Motor Racing. London 1960
Gretland, P., Historien om Folkvognen. Oslo (Teknologisk For.) 1967
Hack, Gert, Turboautos, Turbomotoren. Stuttgart (Motorbuch Verlag) 1983
Haefli René, Verstummte Motoren. Bern (Edita Lausanne) 1969
Hammer, Henry, Charles Kuell, Kent Schach, Porsche Models International. Miniatur-Auto-Katalog 1978
Harster, Hermann, Das Rennen ist nie zuende. Frankfurt/Main (Verlag Ullstein GmbH) 1969
Harvey, Chris, Great Marques: Porsche. London (Octopus Books, Ltd.) 1980
German: Porsche – Die großen Automobile.
–, The Porsche 911. Oxford (The Oxford Illustrated Press, Ltd.) 1980
–, Porsche – 911 Carrera Superprofile. Sparkford (Haynes Publishing Group) 1982
–, Porsche – The Complete Story. Sparkford (Haynes Publishing Group) 1983
Herrmann, Hans, Helmut Sohre, Ich habe überlebt. Stuttgart 1971
Hill, Graham, Life at the Limit. New York (Coward McCann Inc.) 1970
Hinsdale, Peter, The Fabulous Porsche 917. S. Laguna CA (J. Thompson) 1972
Hirsch, Erich, 25 Jahre – Fahren in der schönsten Form 1949–1974. Stuttgart 1974
–, 100 Jahre Professor Ferdinand Porsche (1875–1975). Stuttgart (Dr. Ing. h. c. F. Porsche AG) 1975
Hopfinger, K. B., Beyond Expectation – The Volkswagen Story. London (G. T. Foulis & Co. Ltd.) 1954
Hornung, Thora, Gerhard Mitter. Stuttgart (Motorbuch Verlag) 1970
Hünninghaus, Kurt, Magier des Automobils. München (Markus-Verlag) 1962
Hütten, Helmut, Schnelle Motoren. Braunschweig-Berlin (C. Schmidt & Co.) 1955
Inouye, Koichi, The Porsche 1978. Neko 1978
–, The Porsche 1979. Neko 1979
–, The Porsche 1980. Neko 1980
–, Porsche IV. Neko 1982
Jenkinson, Dennis, Porsche 356. London (Osprey Publishing Ltd.) 1980
–, Porsche – Past and Present. Sparkford (Haynes Publishing Group) 1982
Jellinek, G., Mercedes, Mein Vater der Herr Mercedes. Wien–Stuttgart–Berlin (Neff Verlag) 1962
Karlmann, J., Porsche, eine namensgeschichtliche Darstellung. Verlag Deutsche Familienchronik 1939
Kirchberg, Peter, Grand-Prix-Report: Auto Union (1934–1939). Stuttgart (Motorbuch Verlag) 1982
Kluke, P., Hitler und das Volkswagen-Projekt. Stuttgart (Deutsche-Verlags-Anstalt) 1960
Knittel, Stefan, Auto-Union Grand Prix Wagen. München (Verlag Schrader und Partner) 1980
Kobayashi, Shotaro, Porsche. Minneapolis MN (International) 1973
Kölling, F., Ein Auto zieht Kreise. Reutlingen (Rardtenschlager) 1962
Koichi, Yazaki, Mareschi, Famous Automobile Museums No. 3: Porsche. Tokyo (Car Styling Publishing) 1980
Langworth, Richard M., Tradition of Greatness. (Publications International Ltd.) 1983
–, Porsche – Die Geschichte einer Denkfabrik. Pfäffikon (Serag AG) 1984
Lapper, Hermann, Porsche KG, Liebe zu Ihm. Stuttgart-Kaltental 1960
Lax, K., Ferdinand Porsche in Gmünd/Kärnten. Kärnten/Klagenfurt (Geschichtsverlag) 1957
Lewandowski, Jürgen, Porsche – Plakate – Posters – Affiches. Konstanz (Verlag Stadler) 1984
Lewis, Lucinda, Porsche. Köln (Könemanns Verlag) 1994
Ludvigsen, Karl, Mercedes-Benz Racing Cars. Newport Beach, CA (Bond/Parkhurst Books) 1971
–, Tribute to the Turbo Carrera. Englewood Cliffs NJ, (Porsche-Audi-Division of Volkswagen of America, Inc.) 1976
–, Porsche: Geschichte und Technik der Renn- und Sportwagen. München–Wien–Zürich (BLV Verlag) 1980
English: Porsche: Excellence was Expected. Princeton, NJ (Princeton Publishing Inc.) 1977
Mackerle, Julius, Air-Cooled Automotive Engines. London (M. E. Charles Griffin and Co., Ltd.) 1961/1972
Macksey, Kenneth, John H. Barchelor, Tank, A History of the Armoured Fighting Vehicle. New York. 1972
Matsuda, Yoshiho, Matsuda Collection: Porsche Parade in Japan. Matsuda Collection: Sports and Classic Car Museum. Matsuda Collection: Porsche – Museum of Japan. Tokyo 1981
–, Great Cars of Great Collections. Vol. 3: Porsche 904 GTS. Tokyo Y.M. 1982
Meisl, C., Richard von Frankenberg, Porsche – The Man and His Cars. London (GT. Foulis Ltd.) 1961
Menzel, W., Ferdinand Porsche und die Gebirgstruppe. München (Die Gebirgstruppe) 1960
Merritt, Richard F., Susann C. Miller, Porsche, Broschures and Sales Literature 1948–1965. Scarsdale, NY (John W. Barnes Jr. Publishing, Inc.) 1978
Miller, Susann, Porsche Year 1982. Laurel Hollow, NY (Carrera International, Inc.) 1982
–, Porsche 911/912: A Source Book. Baltimore MD (Bookman Pub.) 1984
–, Porsche Year 1983–84. Laurel Hollow, NY (Carrera International Inc.) 1984

Mönnich, Horst, Die Autostadt. München (W. Andermann Verlag) 1951
Moriarty, Michael G., Porsche, Now and Then. A Portfolio of Frameable Porsche Prints. Waterbury CT (Ambas and Champion) 1976
Müller, Peter, Ferdinand Porsche – Ein Genie unserer Zeit. Graz-Stuttgart (Leopold Stocker Verlag) 1965
Nelson, W. H., Die Volkswagen-Story. Reutlingen (Ensslin & Laibl) München (Piper) 1965
–, Small Wonder. Boston (Little Brown and Co.) 1965
Neubauer, A., Heute lacht man darüber. Luxemburg (Auto Revue) 1951
Niske, Robert, The Amazing Porsche and Volkswagen Story. New York (Comet Press Books) 1956
Oswald, Werner, Kraftfahrzeuge und Panzer der Reichswehr, Wehrmacht und Bundeswehr. Stuttgart (Motorbuch Verlag) 1970
–, Deutsche Autos 1945–1975, Stuttgart (Motorbuch Verlag) 1976
Owen, David, Targa Florio. Somerset (Foulis/Haynes) 1979
Pascal, Dominique, Porsche in Le Mans seit 1951. Paris 1985
Pellow, H., The ABCs and 912s of Porsche Engines. HCP Research, Cupertino CA, Revision 35 1981
–, Secrets of the Inner Circle. HCP Research, Cupertino CA, Version 11 1981
Perini, Giancarlo, Akira Fujimoto, Porsche and Design. Car Styling, Special Edition No. 31½ (Car Styling Publishing Co.) Tokyo 1980
Pietruska, Richard, Perpetuating Porsche Paranoia. Los Angeles (R.P. Design) 1981
Pihera, Larry, The Porsche 917. New York (J. B. Lippincott Co.) 1972
Porsche KG, Zehn Jahre Porsche-Wagen (Ferry Porsche 50 Jahre). Stuttgart 1959
Porsche, Ferdinand, Professor Porsche – 50 Jahre Arbeit. »Automobil Technische Zeitschrift« 1961
Porsche, Tokyo (Car Graphic Library) 1971
Porsche Sport 1974/75. CBS Publications, Newport Beach, CA 1975
–, Porsche Sport 76/77. Seal Beach, CA (Ruszkiewiecz Publishing) 1977
Porsche Club of America, Up-Fixin der Porsche. Alexandria VA Pubs., Five volumes (1956–1980)
Porsche AG, Porsche Ingenieure plaudern aus der Schule. Stuttgart 1981
Englisch: Porsche Engineers Talk Shop.
Porsche, Exeter Books of Simon & Schuster Inc. New York 1983
Post, Dan R., Volkswagen, Nine Lives Later. Arcadia CA. (Horizon House) 1966
–, The Racing Sports Cars. London (Vantage Books) 1970
–, Sports Car Championship. New York (W. W. Norton & Co., Inc.) 1972
–, Porsche Owners Companion. Arcadia CA. (Post-Era Books) 1981
Preston, C., The Jokeswagen Book. Canada & New York (Random House) 1966
Pritchard, Anthony, Porsche. London (Pelham Books Ltd.) 1969
Quint, Herbert A., Richard von Frankenberg, Porsche, der Weg eines Zeitalters. Stuttgart (Steingrüben Verlag) 1951
Rasmussen, Henry, European Sports Cars of the Fifties. Arroyo Grande CA (Picturama Pub.) 1978
–, Porsche for the Road. Oscedale WI (Motorbooks International) 1981
Porsche 1968–1971
Porsche 1972–1975
Porsche 1975–1978
Porsche 1979–1982
Rathke, K., Wilhelm Maybach, Anbruch eines neuen Zeitalters. Friedrichshafen (Gessler Verlag) 1953
Reutter & Co. GmbH, 1906–1956 Stuttgarter Karosseriewerk Reutter & Co GmbH. Stuttgart 1956
Rich, O. Cee, Porsche: Complete Owners Handbook of Repair and Maintenance. LA & CA (Floyd Clymer Pubs.) 1960
Richter, Craig, How to make an old Porsche Fly. Laguna Beach, CA (Porco) 1983
»Road and Track«, Detroit (Nachdruck). Road and Track on Porsche.
Rusz, Joe, Porsche Sport 73. CBS Publications, Newport Beach, CA 1973
–, Porsche Sport 72. Newport Beach, CA (Bond/Parkhurst Publications) 1973
Sasaki, Tatsuro, Porsche: Motor Fan No. 1. Tokyo (San-ei Shobo Publishing Co.) 1979
Scholz, H., Herr seiner Welt – Der Lebensroman Ferdinand Porsches. Augsburg (Adam Kraft Verlag) 1962
–, Ahnenwiege an der Mies – Ferdinand und die Tachauerin. Geislingen (Jahrbuch der Egerländer) 1963
–, Ferdinand Porsche – Ein großes Leben. Bergisch-Gladbach (Bastei/Lübbe Verlag) 1974
Schrader, Halwart, Porsche 356: Auto classic No. 1. Brentford, Middlesex (Albion Scott Ltd.) 1981
Seherr-Thoss, H. C. Graf v., Die Deutsche Automobil-Industrie. Stuttgart 1974
Seiff, Ingo, PORSCHE – vom Semmering zum Nürburgring. Stuttgart (Motorbuch Verlag) 1994
Senger und Etterlin, v., German Tanks of World War 2. New York 1973
Seper, Dr. Hans, 100 Jahre Steyr-Daimler-Puch AG (1864–1964). Wien (Steyr-Daimler-Puch AG) 1964
–, Damals als die Pferde scheuten – die Geschichte der österreichischen Kraftfahrt. Wien (Österr. Wirtschaftsverlag) 1968
Setright, L. J. K., The Grand Prix Car 1954–1966. New York (W.W. Norton & Co. Inc.) 1968
–, The Designers. Chicago (Follett Publishing Co.) 1976
Shoemaker, Howard, Cartoon Book. Stuttgart (Porsche KG) 1964
Siebertz, P., Gottlieb Daimler, ein Revolutionär der Technik. Stuttgart (Reclam Verlag) 1939
Sins, H., Autos, seine Leidenschaft. Vom Klempner-Lehrling zum Auto-Konstrukteur. Düsseldorf (Verlagsanstalt Handwerk) 1968
Sloninger, Jerry, Porsche Guide. New York (Sports Car Press Ltd.) 1958
–, The Porsche Type 356. Leatherhead, Surrey (Profile Publications Ltd.) 1967
–, The New Porsche Guide. New York (Sports Car Press) 1968
–, The Porsche 911 Guide. New York (Sports Car Press) 1976
–, Porsche: The 4-Cylinder Sports and Racing Cars. Reno, NV (Dean Batchelor Publication) 1977
Sloninger, Jerry, Porsche 924/928/944: The New Generation. London (Osprey Publishing Ltd.) 1981
Sloninger, Jerry, Hans-H. v. Fersen, German High Performance Cars 1894–1965. London (B. T. Batsford Ltd.) 1965
Spielberger, Walter J., Porsche, The first Decade 1949–1959. San Francisco (Blutmans) 1960
–, Panzerjäger Tiger (P) Elefant. Leatherhead, Surrey (Profile Publications Ltd.) 1967
–, Elefant and Maus. (& E-100). Windsor 1973
Spielberger, Walter J., Uwe Feist, Panzerkampfwagen 6. Berkeley, CA 1968
Sponsel, Heinz, Porsche – Autos – Weltrekorde. Bleckede/Elbe (O. Meissners Verlag) 1952
Steyr-Daimler-Puch AG, 75 Jahre Steyr-Werke. Oberdonau (Steyr) 1939
Stirling Moss, A Turn at the Wheel. London (W. Kimber & Co. Ltd.) 1961
Strache, Dr. Wolf, Halwart Schrader, (The Sloningers) 100 Jahre Porsche im Spiegel der Zeitgeschichte. Stuttgart (Porsche AG) 1975
English: 100 Years of Porsche Mirrored in Contemporary History.
–, Die Volkswagenstadt Wolfsburg. Stuttgart (Strache-Verlag) 1961
Stuck, Hans, sen., Tagebuch eines Rennfahrers. München (Moderne Verlag) 1967
Tajima, Haru, Racing Porsches: The Matsuda Collection. Tokyo 1984
Tragatsch, Erwin, Das große Rennfahrerbuch. Bern (Hallweg Verlag) 1970
Ulyett, Kenneth, The Porsche and Volkswagen Companion. Burbank, CA (Autobooks) 1962
Volkswagen Werk GmbH, Plaudereien um den KdF-Wagen und das Volkswagenwerk. Berlin-Grunewald 1939
Walton, Jeremy, Racing Mechanic: Ermano Cuoghi Mechanic to a World Champion. London (Osprey Publishings Ltd.) 1981
Weitmann, Julius, Wolfgang Graf Berghe v. Trips. Dortmund (Krüger Verlag) 1962
–, Porsche Story. Stuttgart (Motorbuch Verlag) 1968
–, Porsche Story. New York (Arco Publishing Co. Inc.) 1968
Weitmann, Julius, Rico Steinemann, Project 928. Stuttgart (Motorbuch Verlag) 1977
Wyer, John, The Certain Sound, Thirty Years of Motor Racing. Lausanne (Automobile Year/Edita SA) 1981
Zimmermann, P. M., The Used 911 Story. Fox Island, WA (Zimmermann Pubs.) 1981
Zweigardt, Mark, Auto im Zeitblick: Porsche 1949–1958. Köln (Automobilia Shop) 1979
–, Auto im Zeitblick: Porsche 1959–1965. Köln (Automobilia Shop) 1980
Zwickl, Helmut, Weltmeister durch technischen K.O. Stuttgart (Motorbuch Verlag) 1969

TECHNISCHE DATEN – 911 TURBO

Karosserie: selbsttragende zweitürige Coupé-Karosserie aus beidseitig feuerverzinktem Stahlblech, Heckspoiler feststehend

Luftwiderstand: c_w 0,340, $c_w \times A$ 0,656 m^2

Motor: luftgekühlter Sechszylinder-Leichtmetallmotor in Boxeranordnung, eine obenliegende Nockenwelle pro Zylinderseite, Zweiventil-Zylinderkopf, Trockensumpfschmierung mit getrenntem Ölbehälter, DME (Digitale Motor Elektronik), 2 Turbolader mit integrierten Bypassventilen, Ladeluftkühlung, Dreiwege-Metallkatalysator mit Lambdaregelung (separat für beide Zylinderbänke), On-Board-Diagnose II

Bohrung: 100 mm

Hub: 76,4 mm

Hubraum: 3 600 cm^3

Verdichtung: 8,0 : 1

Motorleistung: 300 kW / 408 PS bei 5 750/min

Max. Drehmoment: 540 Nm bei 4 500/min

Motorsteuerung: kennfeldgesteuert, elektronisches Motormanagement, Lasterfassung mit Heißfilm, Klopfregelung, Luftmassenregelung

Gemischaufbereitung: sequentielle Multi-Point-Saugrohreinspritzung

Kraftstoffart: Eurosuper Plus bleifrei, ROZ 98, 95 ROZ bleifrei mit eingeschränkter Leistung (ohne Fahrfehler über Klopfregelung abgedeckt)

Elektrik: Batterie 75 Ah, Generator 115 A/ 1 600 W

Kraftübertragung: Motor und Sechsganggetriebe im Heck, drehelastische Antriebswelle zwischen HA- und VA-Getriebe im Transaxle gelagert, variable Drehmomentverteilung durch Viscokupplung, Transaxle-Antrieb über Doppelgelenkwellen auf die Hinterräder und Vorderräder, hydraulisch betätigte Einscheibentrockenkupplung, Sperrdifferential 25 Prozent Sperrwirkung im Zug und 40 Prozent Wirkung im Schub

Fahrwerk: Vorderachse: einzeln an Querlenkern und Federbeinen aufgehängte Räder mit je einer Schraubfeder, einem Gasdruck-Zweirohr-Schwingungsdämpfer und einem Stabilisator
Hinterachse: Doppel-Querlenker-Achse, je Hinterrad eine Schraubfeder mit innenliegendem Schwingungsdämpfer, ein Gasdruck-Zweirohr-Schwingungsdämpfer und ein Stabilisator

Bremsen: Hydraulisch-mechanische Zweikreisbremsanlage mit Antiblockiersystem und Bremsbelag-Verschleißanzeige, rot beschichtete Vierkolben-Aluminiumfestsättel vorn/hinten mit innenbelüfteten, gelochten Bremsscheiben, asbestfreie Bremsbeläge, Zweikreis-Bremsanlage mit achsweiser Aufteilung

Räder und Reifen: 18-Zoll-Hohlspeichen-Leichtmetallfelgen

vorn	8 J × 18 mit 225/40 ZR 18
hinten	10 J × 18 mit 285/30 ZR 18

Gewichte:

Leergegewicht DIN	1 500 kg
Zulässiges Gesamtgewicht	1 840 kg
Zuladung	340 kg
Dachlast mit Porsche-Dachtransportsystem	75 kg

Maße: Länge 4 245 mm, Breite 1 795 mm, Höhe 1 285 mm, Radstand 2 272 mm
Spurweite vorn 1 411 mm, hinten 1 504 mm
Kofferraumvolumen nach VDA-Norm 123 Liter
Tankinhalt 73,5 Liter (Option: 92 Liter)

Fahrleistungen:

Höchstgeschwindigkeit	290 km/h
Beschleunigung 0–100 km/h	4,5 Sekunden
Beschleunigung 0–1000 m	23,0 Sekunden

Verbrauch:

bisheriges Verfahren	
bei 90 km/h	8,2 l/100 km
bei 120 km/h	10,3 l/100 km
Stadtzyklus	21,0 l/100 km
neues Verfahren	
Stadtzyklus	23,5 l/100 km
Überlandfahrt	11,2 l/100 km
gewichtete Gesamtstrecke	15,7 l/100 km

NAMENREGISTER

Das Register führt getrennt Personennamen, Autotypen und Rennsportveranstaltungen auf. Die kursiven Zahlen verweisen auf die Bildnummern, die geraden auf den Text.

SIEGE UND MEISTERSCHAFTEN

14 x Marken- bzw. Team-Weltmeisterschaft
8 x Langstrecken-Fahrerweltmeisterschaft
17 x IMSA-Serie (USA)
3 x IMSA-Supercar-Serie (1991, 1992, 1993)
6 x Deutsche Rennsportmeisterschaft
20 x Europa-Bergmeisterschaft

Formel-1-Siege

1 x Großer Preis von Frankreich 1962 (Rouen)
25 x McLaren mit dem von Porsche für TAG konstruierten und gebauten Motor
3 x Formel-1-Fahrerweltmeisterschaft (McLaren mit Porsche-Motor)

16 x 24 Stunden von Le Mans (1996 Joest-Porsche WSC95, Reuter/Jones/Wurz)
18 x 24-Stunden-Rennen Daytona
11 x Targa Florio
4 x Rallye Monte Carlo
2 x Rallye Paris–Dakar

RENNSPORT-VERANSTALTUNGEN (auszugsweise)

TEXTAUTOREN UND INTERVIEW-PARTNER

Jürgen Barth
Leiter der Abteilung »Kundensport« der Porsche AG.
Mehrfacher Sieger der 24 Stunden von Le Mans

Marc Bongers
Porsche-Spezialist

Lothar Boschen († 1989)
War einer der besten Porsche-Kenner. Verfaßte mehrere Standard-Werke zu diesem Thema.

Helmuth Bott († 1994)
Von 1978 bis 1988 Vorstand Forschung und Entwicklung der Porsche AG

Hermann Briem († 1991)
Baute den Porsche-Kundendienst in den USA auf, war bis zu seiner Pensionierung 1984 Betriebsleiter der Porsche-Reparaturwerkstätten.

Gustav Büsing
Freiberuflicher Motorjournalist

Wolfgang Eyb
War bis zum Eintritt in den Ruhestand Leiter der Hauptabteilung Entwicklung/Karosserien/Fahrwerk der Porsche AG

Peter Falk
War bis zu seiner Pensionierung Leiter der Hauptabteilung Entwicklung Renn- und Sportfahrzeuge der Porsche AG

Paul Frère
Belgischer Motorjournalist und ehemaliger Rennfahrer (u.a. für Ferrari), Autor mehrerer Porsche-Bücher

Paul Hensler
Bis zu Beginn seines Ruhestands Leiter der Hauptabteilung Entwicklung Antriebe der Porsche AG

Walter Hönscheidt
Freiberuflicher Motorjournalist

Heinz Horrmann
Motorjournalist, Motorredaktion »Die Welt«

Fritz Huschke v. Hanstein († 1996)
Bekleidete von 1952 bis 1968 in der Firma Porsche diverse Positionen: u.a. PR-Chef und Verantwortlicher für die Renn- und Sportwageneinsätze

Henry Keller
Schweizer Motorjournalist

Hans Klauser
Baute den Kundendienst der Firma Porsche in der Bundesrepublik Deutschland auf, für den er bis zu seiner Pensionierung weltweit verantwortlich war

Prof. Dr. Ing. h. c. Ferry Porsche
Ehrenvorsitzender des Aufsichtsrates der Porsche AG († 1998)

Peter W. Schutz
Von 1981 bis 1987 Vorstandsvorsitzender der Porsche AG

Ingo Seiff
Gelernter Kaufmann der Energiewirtschaft. Nach zehnjähriger Tätigkeit im Showbusiness machte er sich als Journalist und PR-Berater selbständig. Schrieb zahlreiche Illustriertenartikel und -serien über Show- und Technologiethemen. Auf einem seiner Spezialgebiete, der Automobilhistorie, arbeitete Ingo Seiff auch als Fotograf. Sein 1982 im Hoffmann und Campe Verlag erschienener Text-Bild-Band DAS GROSSE BUCH DER OLDTIMER brachte ihm internationale Anerkennung ein. (Das Buch erschien auch in Englisch und Japanisch.)
Weitere Bücher: DAS GROSSE PORSCHE-BUCH (1985, 2. Auflage 1992, auch in Englisch).
Porsche 911 – ein Mythos (1988), MERCEDES-BENZ – Portrait einer Weltmarke (1989), MERCEDES BENZ – Portrait of a Legend (1989), BMW – FASZINATION AUS TECHNIK UND DESIGN (1990), Vom Parsifal zum Silberpfeil (1990), FERRARI (1991), Der Schottenring – Rennen, Fahrer und Rekorde (1993/94), BUGATTI – Eleganz auf Rädern (1993, PORSCHE – Vom Semmering zum Nürburgring, (1994), TRAUMAUTOS – Die Großen Marken/Die Schönsten Modelle (1996).

Reinhard Seiffert
Journalist und Publizist für Auto, Technik, Verkehr

NACHWEISE

FOTOS NACH BILDNUMMERN

Dennis Ashlock 24, 37
Autopresse 75
autozeitung 44
dppi 18, 23, 26, 29, 33
Werner Eisele 6, 17, 19, 30
Gamma 46
Rodolfo Mailander 93
Herbert Novak 38
Porsche AG Umschlagvorder- und -rückseite, 41, 49, 50, 51, 57, 68, 69, 77–87, 88, 89, 91, 120
Press Sport 22, 32
Klaus Reichert 2, 3, 4, 20, 21, 28, 47, 74
Ingo Seiff 1, 5, 7, 8, 9–13, 14, 15, 35, 39, 40, 48, 54, 55, 58, 59, 60, 61, 62, 64, 66, 70, 71, 72, 73
Hans-Peter Seufert 31, 42, 43, 45, 52, 56, 76
Haru Tajima 65
Leonard Turner 25, 36, 63, 67
Ulli Upietz 90
Julius Weitmann 88–92, 94–115
Vandystadt 16, 34, 53
Michel de Vries 87
Jürgen Zerha 37
Seite 1 Ferdi Kräling
Seite 278/279 Luftbild Elsässer

VOR- UND NACHSATZ

Die Unterlagen für die Dokumentation der Porsche Sport- und Rennwagen wurden uns freundlicherweise von der Porsche AG zur Verfügung gestellt.

IMPRESSUM

Redaktion Foto:
Helmut Müller, Ingo Seiff

Redaktion Text:
Regine Stützner, Ingo Seiff

Genehmigte Lizenzausgabe für Weltbild Verlag GmbH, Augsburg 1998

Umschlaggestaltung: Peter Engel, Grünwald
Umschlagmotive: Porsche AG
Gesamtherstellung: Mateu Cromo Artes Graficas, S.A.
Printed in Spain
ISBN 3-86047-574-6